DEIN COACH ZUM ERFOLG!

Dein ActiveBook auf My**STARK**:

Du kannst auf alle digitalen Inhalte zu diesem Band online zugreifen. Registriere dich dazu unter **www.stark-verlag.de/mystark** mit deinem **persönlichen Zugangscode:**

C05582-001775

Die Inhalte dieser Auflage stehen bis Schuljahresende zur Verfügung.

MySTARK

Das Active**Book** *bietet dir:*

- Die Original-Prüfungsaufgaben von 2022 mit vollständigen Lösungsvorschlägen
- Interaktive Aufgaben mit sofortiger Ergebnisauswertung zu den Themenbereichen *Weimarer Republik, Nationalsozialismus* und *Deutschland ab 1945*
- Videos zur Veranschaulichung der Quellenanalyse

DEIN COACH ZUM ERFOLG!

So kannst du interaktiv lernen:

Interaktive Aufgaben

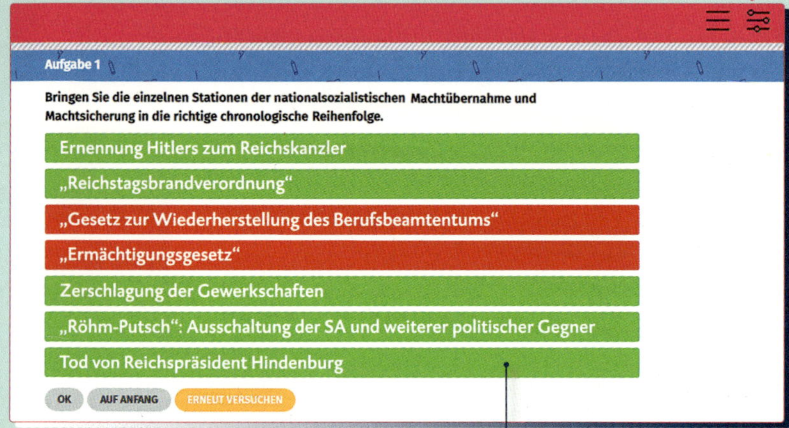

Sofortige Ergebnisauswertung

Lernvideos

Anschauliche Erklärungen zur Analyse von Textquellen und Karikaturen

Systemvoraussetzungen:
- Mindestens 1024×768 Pixel Bildschirmauflösung
- Chrome, Firefox oder ähnlicher Webbrowser
- Internetzugang

2023

Abitur

Original-Prüfungsaufgaben
mit Lösungen

Gymnasium · Gesamtschule NRW

Geschichte GK

STARK

14. ergänzte Auflage
www.stark-verlag.de

Inhalt

Abiturähnliche Übungsaufgaben

Übungsaufgaben für die mündliche Abiturprüfung

Original-Prüfungsaufgaben 2019

Original-Prüfungsaufgaben 2020

Original-Prüfungsaufgaben 2021

Abiturprüfung 2022 .... **www.stark-verlag.de/mystark**

Sobald die Original-Prüfungsaufgaben 2022 freigegeben sind, können sie als PDF auf der Plattform MyStark heruntergeladen werden (Zugangscode vgl. Farbseite vorne im Buch).

Autorinnen und Autoren:

Tipps und Hinweise: Dr. Frank Schweppenstette
Abiturähnliche Übungsaufgaben: Anja Brolle (Aufgabe 2, 3 und 4); Kirsten Impekoven (Aufgabe 7); Dr. Andreas Müller (Aufgabe 1); Tobias Müller (Aufgabe 5); Emma Thun (Aufgabe 6)
Mündliche Übungsaufgaben: Elisabeth Wagner (Aufgabe 8 und 9)
Lösungen zu den Original-Prüfungsaufgaben: Ralf Saal (2019/1, 2 und 3, 2020/1, 2 und 3, 2021/1, 2 und 3)

Vorwort

Liebe Schülerinnen und Schüler,

mit dem vorliegenden Band wollen wir Ihnen alle wesentlichen Fragen zum Zentralabitur in Nordrhein-Westfalen beantworten und Ihnen helfen, sich effektiv auf Ihre schriftliche Abiturprüfung 2023 im **Grundkurs Geschichte** vorzubereiten.

Das einführende Kapitel „**Hinweise zum Zentralabitur in Nordrhein-Westfalen**" fasst wichtige Informationen zu den Rahmenbedingungen, den Prüfungsinhalten und Kompetenzerwartungen sowie zur Struktur der Aufgaben und zum Ablauf des Abiturs zusammen. Außerdem erhalten Sie hier konkrete Tipps zu den Anforderungsbereichen und Arbeitsanweisungen (Operatoren) sowie zur Auswertung von Materialien, die Ihnen in der Prüfung begegnen. Darüber hinaus erhalten Sie in einem weiteren Kapitel wichtige Informationen zur **mündlichen Abiturprüfung im Fach Geschichte**.

Mit diesem Band bekommen Sie außerdem **abiturähnliche Übungsaufgaben**, **Übungsaufgaben für die mündliche Abiturprüfung** sowie die **Original-Prüfungsaufgaben von 2019 bis 2022**. Mithilfe dieser Aufgaben können Sie sich optimal auf die bevorstehende Abiturklausur vorbereiten. Die ausführlichen **Lösungsvorschläge** können Ihnen als Orientierung bei Ihrer eigenen Beschäftigung mit den Aufgaben dienen. Vor den Lösungsvorschlägen zu den Teilaufgaben finden Sie wertvolle **Hinweise und Tipps**, die Ihnen bei der Erschließung der einzelnen Arbeitsanweisungen helfen.

Sollten nach Erscheinen dieses Bandes vom Ministerium für Schule und Bildung noch wichtige Änderungen für die Abiturprüfung 2023 bekannt gegeben werden, finden Sie aktuelle Informationen dazu im Internet unter:
www.stark-verlag.de/mystark.

Autoren und Verlag wünschen Ihnen eine effektive Vorbereitungsphase und eine erfolgreiche Abiturprüfung!

Hinweise zum Zentralabitur in Nordrhein-Westfalen

Die Anforderungen im Zentralabitur

1 Rahmenbedingungen

Wenn Sie sich für Geschichte als schriftliches Abiturfach entschieden haben, gelten folgende Bestimmungen:

- der Kernlehrplan für die Sekundarstufe II im Fach Geschichte
- die Einheitlichen Prüfungsanforderungen in der Abiturprüfung (EPA) der Kultusministerkonferenz für das Fach Geschichte
- die Vorgaben für die inhaltlichen Schwerpunkte und Fokussierungen in der schriftlichen Abiturprüfung

Als **Hilfsmittel** ist in der Abiturprüfung die Verwendung eines Wörterbuchs zur deutschen Rechtschreibung gestattet.

2 Inhalte der schriftlichen Abiturprüfung 2023

2.1 Inhaltliche Schwerpunkte und Fokussierungen

Die Vorgaben zu den Inhalten der schriftlichen Abiturprüfung werden vom Schulministerium veröffentlicht[1]. Diese enthalten die **inhaltlichen Schwerpunkte** sowie die **Fokussierungen**.

Die inhaltlichen Schwerpunkte für die Abiturprüfung stellen die **Inhaltsfelder 4 bis 7** des Kernlehrplans[2] für die Sekundarstufe II dar. Diese sind obligatorisch für den Unterricht und waren daher auch Gegenstand Ihres Geschichtsunterrichts in der Qualifikationsphase. Da von Ihnen vernetztes Denken gefordert wird, werden die historischen Inhalte mit **konkretisierten Kompetenzerwartungen** (Sach- und Urteilskompetenz) verknüpft. Das bedeutet beispielsweise, Sie sollen nicht nur Formen des Widerstandes gegen das nationalsozialistische Regime benennen, sondern diese auch erläutern und beurteilen können.

---

1 Bildungsportal des Landes Nordrhein-Westfalen – Zentralabitur in der gymnasialen Oberstufe (https://www.standardsicherung.schulministerium.nrw.de/cms/zentralabitur-gost/faecher/getfile.php?file=5170)

2 Richtlinien und (Kern-)Lehrpläne für die Sekundarstufe II (http://www.schulentwicklung.nrw.de/lehrplaene/lehrplannavigator-s-ii/gymnasiale-oberstufe/ → Kernlehrplan Geschichte)

Die eingangs genannten Fokussierungen sind eine Spezifizierung ausgewählter inhaltlicher Schwerpunkte. Sie dienen Ihnen dazu, sich inhaltlich noch konkreter auf die zentral gestellte Klausur vorbereiten zu können. Für die Abiturprüfung 2023 gibt es im Grundkurs sechs Fokussierungen in drei Inhaltsfeldern. Da die **Prüfungsaufgaben** jedoch **aus allen inhaltlichen Schwerpunkten** stammen können, reicht es für das schriftliche Abitur nicht aus, nur die Fokussierungen vorzubereiten.

Im Folgenden werden die vier Inhaltsfelder mit den jeweiligen inhaltlichen Themenbereichen aufgelistet und die Fokussierungen angeführt:

- **Inhaltsfeld 4:** Die moderne Industriegesellschaft zwischen Fortschritt und Krise
  - Die „Zweite Industrielle Revolution" und die Entstehung der modernen Massengesellschaft

    Fokussierung: Veränderung der Lebenswirklichkeit für die Industriearbeiterschaft in den Bereichen Arbeit und soziale Sicherheit
  - Vom Hochimperialismus zum ersten „modernen" Krieg der Industriegesellschaft

    Fokussierung: Merkmale, Motive, Ziele, Funktionen und Formen des Imperialismus am Beispiel Afrikas
  - Ursachen und Folgen der Weltwirtschaftskrise 1929

- **Inhaltsfeld 5:** Die Zeit des Nationalsozialismus – Voraussetzungen, Herrschaftsstrukturen, Nachwirkungen und Deutungen
  - Politische und ideologische Voraussetzungen des Nationalsozialismus
  - Die Herrschaft des Nationalsozialismus in Deutschland und Europa
    Fokussierung: Wirtschaftspolitik; Motive und Formen der Unterstützung, der Anpassung und des Widerstandes am Beispiel der Verschwörer des 20. Juli und an einem Beispiel der Jugendopposition
  - Vergangenheitspolitik und „Vergangenheitsbewältigung"
    Fokussierung: Umgang mit dem Nationalsozialismus in den Besatzungszonen

- **Inhaltsfeld 6:** Nationalismus, Nationalstaat und deutsche Identität im 19. und 20. Jahrhundert
  - Die „Deutsche Frage" im 19. Jahrhundert
  - „Volk" und „Nation" im Kaiserreich und im Nationalsozialismus
  - Nationale Identität unter den Bedingungen der Zweistaatlichkeit in Deutschland

    Fokussierung: Neue Ostpolitik
  - Die Überwindung der deutschen Teilung in der friedlichen Revolution von 1989

- **Inhaltsfeld 7:** Friedensschlüsse und Ordnungen des Friedens in der Moderne
  - Europäische Friedensordnung nach den Napoleonischen Kriegen
  - Internationale Friedensordnung nach dem Ersten Weltkrieg
  - Konflikte und Frieden nach dem Zweiten Weltkrieg

2.2 Kompetenzerwartungen

Der Kernlehrplan für die Sekundarstufe II formuliert im Fach Geschichte **Kompetenzerwartungen** (Sach-, Methoden-, Urteils- und Handlungskompetenz), die Ihre Fähigkeiten und Ihre methodischen Fertigkeiten am Ende der Qualifikationsphase beschreiben. Diese müssen Sie auch im Abitur unter Beweis stellen. Im Folgenden finden Sie eine knappe Beschreibung der Kompetenzen:

- **Sachkompetenz:**
  - grundlegendes Wissen über Zeitvorstellungen, Datierungssysteme, historische Epochen, Prozesse und Strukturen besitzen
  - mit Narrationen umgehen können (z. B. vergangene Ereignisse aus Quellen erfassen, vorliegende Deutungen hinsichtlich ihrer Voraussetzungen und Intentionen analysieren)
  - relevante historische Fachbegriffe sachgerecht anwenden

- **Methodenkompetenz:**
  - historisch relevante Informationen beschaffen
  - kausale, strukturelle und zeitliche Zusammenhänge erläutern
  - mit konkurrierenden Deutungen umgehen
  - historische Quellen fachgerecht interpretieren und historische Darstellungen analysieren und kritisch erschließen
  - eigenständige historische Argumentationen entfalten
  - historische Sachverhalte adressatengerecht und sprachlich richtig darlegen

- **Urteilskompetenz:**
  - unterschiedliche Perspektiven erkennen und einnehmen
  - Sach- und Werturteile fällen und begründen
  - sachlich angemessene, in sich stimmige und triftige Argumente für ein gelungenes Sachurteil formulieren
  - beim Werturteil zusätzlich eigene Wertmaßstäbe offenlegen (z. B. ethisch, moralisch, normativ), reflektieren und deren Zeitgebundenheit berücksichtigen

- **Handlungskompetenz:**
  - eigenes Geschichtsbild ausgehend von neu gewonnenen Einsichten verändern oder erweitern
  - historisches Wissen zur Orientierung und zur Reflexion des eigenen Handelns nutzen

3 Anforderungen und Bewertungskriterien

In der schriftlichen Abiturprüfung im Fach Geschichte werden Ihnen **drei Aufgaben** vorgelegt. Sie müssen **eine auswählen** und das zugehörige **Material** (Texte oder nichtsprachliche Quellen) anhand der Aufgabenstellungen bearbeiten. In der Regel handelt es sich um drei Teilaufgaben pro Abituraufgabe. Mit der Bearbeitung dieser drei Teilaufgaben weisen Sie Ihre Kompetenzen nach, die Sie während der Qualifikationsphase erworben haben.

Bei der **Bewertung** der Abiturprüfung ist sowohl die **inhaltliche Qualität** der Lösung als auch die **Darstellungsleistung** entscheidend. Auf Ihrem Aufgabenblatt ist für jede der drei Aufgaben jeweils die zu erreichende Höchstpunktzahl angegeben. Zusätzlich zu diesen Punkten werden Punkte für Ihre Darstellungsleistung vergeben. Bei dieser werden die überfachlichen Kriterien Ihrer Ausführungen in den Blick genommen. Insgesamt können Sie 100 Punkte erreichen.

Folgende **Kriterien** werden in der Darstellungsleistung berücksichtigt:
- Sie strukturieren Ihren Text schlüssig und gedanklich nachvollziehbar und achten auf einen konsequenten Bezug zur Aufgabenstellung.
- Sie stellen folgerichtige Bezüge zwischen beschreibenden, interpretatorischen und wertenden Äußerungen her.
- Sie belegen Ihre Aussagen durch angemessene und vor allem korrekte Zitate oder Paraphrasen aus dem zu bearbeitenden Text.
- Sie beachten die Fachterminologie und formulieren präzise und differenziert.
- Sie schreiben sprachlich korrekt (Grammatik, Rechtschreibung, Zeichensetzung usw.) und stilistisch sicher.

4 Anforderungsbereiche und Operatoren

Im Fach Geschichte werden **drei Anforderungsbereiche** (**AFB**) voneinander unterschieden und in der Abiturprüfung abgedeckt. Ihre Abfolge entspricht dem zunehmenden Schwierigkeitsgrad und Anspruch der geforderten Leistung:
- **AFB I:** Wiedergabe von Sachverhalten im gelernten Zusammenhang, Benutzen eingeübter Arbeitstechniken (Reproduktion)
- **AFB II:** selbstständiges Erklären bekannter Inhalte, Anwenden gelernter Inhalte und Methoden auf andere Sachverhalte, meist anhand des mitgelieferten Materials (Reorganisation und Transfer)
- **AFB III:** kritischer Umgang mit neuen Problemstellungen, eingesetzten Methoden und Erkenntnissen als Voraussetzung für eigenständige Begründungen und Wertungen (Reflexion und Problemlösung)

Den drei Anforderungsbereichen werden bestimmte Verben zugeordnet, die sog. **Operatoren**. Diese geben Handlungsanweisungen, zeigen also an, was Sie „tun" sollen. Da die Operatoren auch in den Aufgabenstellungen des schriftlichen Abiturs verwendet werden, ist es wichtig, dass Sie sich mit ihnen vertraut machen und genau wissen, was Sie bei jedem Operator zu tun haben.

Die Operatoren lassen sich nicht immer ausschließlich einem der drei Anforderungsbereiche zuordnen. Die folgende Liste umfasst die vom Schulministerium in einer Übersicht veröffentlichten Operatoren[3] und verweist auf ihre Anwendung in Aufgaben, die in diesem Buch enthalten sind. Dabei bedeutet beispielsweise der Zusatz A 2/3, dass es sich um Aufgabe 2, Teilaufgabe 3 handelt.

Operatoren, die Leistungen im **Anforderungsbereich I–II** verlangen:

Operator	Beschreibung der erwarteten Leistung	Beispiele
beschreiben	Merkmale/Aspekte eines Sachverhaltes oder eines Materials detailliert darstellen	
nennen	Informationen/Sachverhalte/Merkmale zielgerichtet unkommentiert zusammentragen	
zusammenfassen	Sachverhalte/Aussagen komprimiert darstellen	A 9/1

Operatoren, die überwiegend Leistungen im **Anforderungsbereich II** verlangen:

Operator	Beschreibung der erwarteten Leistung	Beispiele
analysieren	formale Merkmale von Materialien untersuchen und Inhalt und Gedankengang von Materialien (Quellen, Darstellungen) wiedergeben bzw. Bildelemente (Karikaturen, historische Gemälde) beschreiben	A 1/1, A 2/1, A 3/1, A 4/1, 2019-3/1, 2020-2/1, 2021-3/1
begründen	Aussagen (z. B. Urteil, These, Wertung) durch Argumente stützen, die auf historischen Beispielen und anderen Belegen gründen	
einordnen	einen oder mehrere historische Sachverhalte in einen historischen Zusammenhang stellen	A 4/2, A 7/2, 2019-2/2, 2020-1/2
erläutern	historische Sachverhalte durch Wissen und Einsichten in einen Zusammenhang einordnen und durch zusätzliche Informationen und Beispiele verdeutlichen	A 1/2, A 2/2, A 3/2, A 4/2, 2019-2/2, 2020-1/2, 2021-2/2, 2021-3/2
herausarbeiten	aus Materialien bestimmte historische Sachverhalte herausfinden, die nicht explizit genannt werden, und Zusammenhänge zwischen ihnen herstellen	2019-3/2, 2021-2/2, 2021-3/2
untersuchen	Materialien oder historische Sachverhalte kriterienorientiert bzw. aspektgeleitet erschließen	2019-1/2

3 Bildungsportal des Landes Nordrhein-Westfalen – Zentralabitur in der gymnasialen Oberstufe (https://www.standardsicherung.schulministerium.nrw.de/cms/zentralabitur-gost/faecher/getfile.php?file=3946)

Operatoren, die Leistungen im **Anforderungsbereich II – III** verlangen:

Operator	Beschreibung der erwarteten Leistung	Beispiele
charakterisieren	historische Sachverhalte in ihren Eigenarten beschreiben und diese dann unter einem bestimmten Gesichtspunkt zusammenfassen	A 1/2, 2019-3/2, 2021-1/2
entwickeln	auf der Grundlage erarbeiteter Ergebnisse zu einer eigenen Deutung gelangen; gewonnene Analyseergebnisse verwerten, um in einem vorgegebenen Textformat (z. B. Rede, Leserbrief) zu einer eigenen Deutung zu gelangen	
vergleichen	auf der Grundlage von Kriterien historische Sachverhalte problembezogen gegenüberstellen, um Gemeinsamkeiten, Unterschiede, Teil-Identitäten, Ähnlichkeiten, Abweichungen oder Gegensätze darzustellen	A 5/2

Operatoren, die Leistungen im **Anforderungsbereich III** verlangen:

Operator	Beschreibung der erwarteten Leistung	Beispiele
beurteilen	den Stellenwert historischer Sachverhalte in einem Zusammenhang bestimmen, um ohne persönlichen Wertebezug zu einem begründeten Sachurteil zu gelangen	A 6/3, 2019-3/3, 2020-2/3, 2021-2/3
bewerten	wie Operator „beurteilen", aber zusätzlich mit Offenlegen und Begründen eigener Wertmaßstäbe, die Pluralität einschließen und zu einem Werturteil führen, das auf den Wertvorstellungen des Grundgesetzes basiert	A 2/3, A 3/3, A 7/3
Stellung nehmen	eine Problemstellung/eine Bewertung/eine Position auf der Grundlage fachlicher Kenntnisse prüfen und nach sorgfältiger Abwägung eine Einschätzung formulieren	A 1/3, A 4/3, A 5/3, 2020-1/3, 2021-3/3

Operatoren, die Leistungen im **Anforderungsbereich I – III** verlangen:

Operator	Beschreibung der erwarteten Leistung	Beispiele
erörtern	eine These oder Problemstellung auf ihren Wert und ihre Stichhaltigkeit hin abwägend prüfen und auf dieser Grundlage eine eigene Stellungnahme dazu entwickeln. Die Erörterung einer historischen Darstellung setzt deren Analyse voraus.	
interpretieren	Sinnzusammenhänge aus Quellen erschließen und eine begründete Stellungnahme abgeben, die auf einer Analyse, Erläuterung und Bewertung beruht	A 1 bis A 5, A 7, A 9, 2019-1, 2020-1, 2020-2

5 Aufgabentypen der schriftlichen Abiturprüfung

Für die schriftliche Abiturprüfung sind **zwei Aufgabentypen mit gegliederter**, meist dreiteiliger **Aufgabenstellung** vorgesehen.

5.1 A: Interpretation sprachlicher oder nichtsprachlicher historischer Quellen

Der **Aufgabentyp A** sieht die Interpretation **sprachlicher oder nichtsprachlicher historischer Quellen** vor. Beide Quellenarten kommen in verschiedener Form vor. Zu den sprachlichen Quellen gehören beispielsweise Reden, Tagebuchaufzeichnungen, Akten, Streit- oder Gedenkschriften, Berichte, Zeitungskommentare, öffentliche oder private Briefe, literarische Zeugnisse, Urkunden usw.

Bei den **nichtsprachlichen Quellen** handelt es sich im schriftlichen Abitur überwiegend um **Karikaturen** aus einer historischen Epoche. Zu diesen Quellen gehören daneben aber auch historische Karten, Stadtpläne, Grundrisse, Bilddarstellungen auf Flugblättern, historische Gemälde, Statistiken usw. Es ist in der Abiturprüfung nicht ausgeschlossen, dass sich auch diese oder andere nichtsprachliche Quellen als Material zu den Aufgabenstellungen finden.
Hinweis: Den Aufgabentyp A können Sie mit den Übungsaufgaben A 1 bis A 4, A 6 und A 7, mit der mündlichen Übungsaufgabe A 8 sowie mit den Original-Prüfungsaufgaben 2019-1 und 2019-2, 2020-1 und 2020-2 sowie 2021-1 und 2021-2 in diesem Buch üben.

5.2 B: Analyse von und kritische Auseinandersetzung mit Darstellungen

Der **Aufgabentyp B** verlangt von Ihnen die **Analyse von und die kritische Auseinandersetzung mit Darstellungen**. Bei diesen handelt es sich um Sekundärliteratur in Form von fachwissenschaftlichen, populärwissenschaftlichen oder publizistischen Texten. Darin wird ein historischer Sachverhalt dargestellt, der darüber hinaus auch gedeutet oder bewertet wird. Als Dokument ihrer Zeit und des Zeitgeistes können aber auch diese Texte als historische Quelle dienen.

Hinweis: Den Aufgabentyp B können Sie mit den Übungsaufgaben A 5 und A 9 sowie mit den Original-Prüfungsaufgaben 2019-3, 2020-3 und 2021-3 in diesem Buch üben.

Neu gegenüber den bisherigen zentralen Abituraufgaben ist, dass das zu untersuchende Material auch aus **mehreren Quellen bzw. Darstellungen** bestehen kann. Eine Mischung der beiden Aufgabentypen, also etwa der Vergleich einer Quelle mit einer Darstellung, ist dagegen nicht vorgesehen.

1 Auswahl der Aufgaben

Für die schriftliche Abiturprüfung stehen Ihnen **insgesamt 240 Minuten** Zeit zur Verfügung. Davon sind **30 Minuten** als **Auswahl- und Einlesezeit** vorgesehen. Es gilt natürlich, dass diejenigen Themen für Sie in Betracht kommen, die Sie für die Abiturprüfung vorbereitet haben und in denen Sie sich sicher fühlen. Sicher bedeutet, dass Sie den historischen Kontext und den Zusammenhang der jeweiligen Quelle oder Darstellung kennen. Wichtig ist zudem, dass Sie die Aufgabenstellungen mit den Operatoren verstehen.

Gehen Sie bei der Auswahl nach folgenden **Leitfragen** vor:
- Habe ich nach dem ersten und zweiten Durchsehen des ausgewählten Materials ein erstes Verständnis dafür entwickelt?
- Verstehe ich, was die Aufgabenstellung mit ihren Operatoren von mir verlangt?
- Verfüge ich über ein hinreichendes historisches Kontextwissen, sodass ich das Material auch einordnen kann? Fühle ich mich in der Epoche „zu Hause“?

2 Ausarbeitung der Lösung

Haben Sie sich für einen Vorschlag entschieden, **lesen** Sie zunächst noch einmal die **Aufgabenstellung** genau durch. Sie können die verwendeten Operatoren auch **unterstreichen oder markieren**. So erkennen Sie leicht, wenn ein Arbeitsauftrag zwei unterschiedliche Operatoren enthält. Das ist häufig in Teilaufgabe 2 der Fall.
Bevor Sie anfangen zu schreiben, sollten Sie eine **Gliederung** für Ihre Ausarbeitung der drei Teilaufgaben auf einem Konzeptpapier anfertigen. Sammeln Sie zu jeder Teilaufgabe Ideen und Aspekte in Stichworten und notieren Sie diese. So bewahren Sie sich davor, etwas zu vergessen, und vermeiden Wiederholungen. Diese Art der Vorbereitung gibt Ihnen während der Ausarbeitung eine große Sicherheit und zugleich eine Art Wegweiser für die Bearbeitung an die Hand. Versuchen Sie unbedingt, sich an die **Reihenfolge der Teilaufgaben** zu halten, da diese häufig aufeinander aufbauen.

Lassen Sie nach jeder Teilaufgabe etwas Platz unter Ihrer Lösung und beginnen Sie die nächste Teilaufgabe auf einem neuen Blatt. Falls Sie etwas vergessen haben sollten, empfiehlt es sich, die **nachträglichen Ergänzungen** an das Ende der entsprechenden Teilaufgabe zu schreiben. Denken Sie daran, beispielsweise über Zahlen eine eindeutige Zuordnung vorzunehmen. Dies ist umso wichtiger, wenn der Platz unter den Aufgaben für Ihre Ergänzungen nicht ausreicht und Sie diese auf einem Extrablatt notieren müssen.

Lesen Sie Ihre Ausarbeitung am Ende auf jeden Fall noch einmal gründlich durch und achten Sie auf die **sprachliche Richtigkeit**. Die Erfahrung zeigt, dass Sie bei nochmaliger Lektüre etliche kleinere Fehler entdecken und korrigieren können. Der Korrektor ist bei missverständlichen Aussagen nicht dazu verpflichtet, eine Bewertung zu Ihren Gunsten vorzunehmen!

Achten Sie auf eine realistische **Zeiteinteilung** und machen Sie in bestimmten Abständen auch **kleinere Pausen**. Diese helfen Ihnen, kurz „abzuschalten“, um danach wieder mit neuem Schwung und frischen Ideen an die Ausarbeitung zu gehen.

3 Umfang der Lösung

Sie sollten sich die Zeit nehmen, möglichst genau und akribisch mit dem Material zu arbeiten. Nur so können Sie die vielen Aspekte und historischen Bezüge, die in dem Text oder in der nichtsprachlichen Quelle stecken, herausarbeiten. Der Umfang der Lösung lässt sich **nicht generell festlegen**. Eine Orientierung zur Gewichtung der einzelnen Teilaufgaben gibt Ihnen die jeweils angegebene Punktzahl hinter jeder Teilaufgabe. In der hier vorliegenden Aufgabensammlung geht der Umfang der Lösungsvorschläge in der Regel über das hinaus, was von Ihnen in der verfügbaren Zeit erwartet wird. Dies hat folgenden Grund: Die Lösungen sollen einerseits ideale Musterbeispiele für eine sehr gute Abiturlösung sein, andererseits aber so ausführlich gestaltet sein, dass sie sich zur Abiturvorbereitung eignen.

Auswertung von Materialien

1 Erschließung von Texten

In der schriftlichen Abiturprüfung werden Ihnen **historische Quellen** oder **Darstellungen** vorgelegt. Machen Sie sich vor der Ausarbeitung der Lösung zunächst bewusst, welches Material Ihrer Aufgabe zugrunde liegt.

Grundsätzlich können Sie sich bei der Beschäftigung mit Texten an folgenden Aspekten orientieren:

1. **Lesestrategien:** Während des Lesens oder unmittelbar im Anschluss können beispielsweise in Form einer Mindmap oder neben dem Text spontane Gedanken in Stichpunkten festgehalten werden.

   Tipp: Lesen Sie den Text mehrmals und bereiten Sie ihn optisch auf. Markieren Sie hierzu Ihnen unbekannte Fremdwörter, wichtige Begriffe und zentrale Informationen.

2. **Vorstellung des Textes:** In diesem Schritt sind zunächst eine formale Analyse des Textes und die Formulierung der Kernaussage(n) gefordert.

   Tipp: Notieren Sie die Art des Textes, den Autor, den oder die Adressaten, den Anlass, das Thema, den Ort, die Zeit, die Intention usw. Bei der Formulierung des Themas sollten Sie sich Zeit lassen und dieses erst nach mehrmaliger Lektüre des Textes auf Ihrem Konzeptpapier festhalten.

3. **Strukturierte Zusammenfassung des Inhalts und Wiedergabe des Gedankengangs:** Hier geht es darum, den Inhalt des Textes sinnvoll zu gliedern und zu paraphrasieren sowie die Argumentationsstruktur des Autors zu erkennen und herauszuarbeiten.

Tipp: Sie sollten den Text in **Sinnabschnitte** unterteilen. Unterstreichen Sie – am besten in verschiedenen Farben – diejenigen Stellen, die Thesen, Behauptungen, Begründungen oder Argumente liefern. Hilfreich kann es zudem sein, kurze thematische **Zwischenüberschriften** für die einzelnen Textabschnitte zu finden, die Sie dann in Ihrer Darstellung wieder aufnehmen können.

4. **Klärung der Zeitbezüge (historischer Kontext) und Deutung der Absicht:** In diesem Arbeitsschritt gilt es, die für das Verständnis des Textes benötigten Zeitbezüge zu kennen und mit dem Material in Verbindung zu bringen. Zudem soll die Intention auf gesicherter Basis bestimmt werden.

   Tipp: Verknüpfen Sie den vorliegenden Text und die relevanten Zeitbezüge stets miteinander. Beschränken Sie sich nicht auf eine bloße Aneinanderreihung von Faktenwissen zum historischen Kontext des Materials.

5. **Bewertung und Auseinandersetzung:** Am Ende der Beschäftigung mit dem Textmaterial steht die begründete Auseinandersetzung mit den im Text vertretenen Argumenten und angeführten Beispielen, den Auffassungen, Urteilen und Wertungen.

   Tipp: Ihre Bewertung soll nicht nur geäußert, sondern auch begründet werden. Erst die Stimmigkeit und Triftigkeit Ihrer Begründung und Reflexion machen aus einer Meinung ein historisches Urteil (zustimmend, relativierend, ablehnend). Achten Sie zudem darauf, dass es gefordert sein kann, das Material sowohl aus zeitgenössischer als auch aus heutiger Perspektive zu beurteilen.

   Hinweis: Die Erschließung von Texten können Sie mit den Übungsaufgaben A 1 bis A 5 sowie A 7, mit den mündl. Übungsaufgaben A 8 und A 9 sowie mit den Original-Prüfungsaufgaben 2019-1, 2019-3, 2020-1, 2020-3, 2021-1, 2021-2 und 2021-3 üben.

2 Interpretation von Karikaturen

Karikaturen sind, überspitzt formuliert, gezeichnete **Kommentare zu tagesaktuellen Geschehnissen**, die für eine ganz bestimmte Öffentlichkeit gedacht sind. Das Besondere an Karikaturen ist daher, dass sie immer aus einem **aktuellen Anlass** heraus mit einer bestimmten **Intention** gezeichnet worden sind. Karikaturen wollen übertreiben, kritisieren, pointiert einen Missstand auf den Punkt bringen, die Wirklichkeit verzerren und manchmal auch die Wirklichkeit vereinfachen. Fast immer aber kritisieren sie einen zeitgenössischen Zustand. Nichts in der Zeichnung ist zufällig in die Karikatur aufgenommen worden: Alle Bildelemente, Farbgebungen und Schriftelemente sind vom Karikaturisten ganz bewusst gesetzt und gezeichnet worden. Alle diese Bildbestandteile müssen Sie somit benennen und beschreiben, deuten und im historischen Kontext interpretieren und abschließend beurteilen.

Folgende Aspekte sollten Sie bei der Analyse einer Karikatur berücksichtigen:

1. **Informationen zu Autor und Karikatur:** Machen Sie Angaben zur Quellengattung, zum Zeichner, zum Erscheinungsort, zum Erscheinungsjahr sowie zum Anlass der Karikatur. Identifizieren Sie auch den oder die Adressaten und formulieren Sie das Thema der Zeichnung.

2. **Benennung und Beschreibung relevanter Bildelemente samt besonderer Gestaltungsmittel:** Achten Sie darauf, sowohl alle Bildelemente als auch den Bildaufbau und die Bildunterschrift möglichst genau wiederzugeben.

3. **Entschlüsselung der Zeitbezüge, Einordnung in den historischen Kontext und Deutung der Aussageabsicht:** Identifizieren Sie die relevanten Zeitbezüge. Erklären und erläutern Sie auch die Bedeutung der einzelnen Bildelemente oder Bildfiguren im historischen Zusammenhang. Arbeiten Sie vor diesem Hintergrund auch die Aussageabsicht des Karikaturisten heraus.

4. **Bewertung:** Beurteilen Sie schließlich die Aussage des Zeichners, indem Sie zustimmende und relativierende Aspekte anführen und zu einer abschließenden und zusammenfassenden eigenen Einschätzung der Karikatur kommen, gemäß der Frage: „Beurteilt der Karikaturist den dargestellten und karikierten historischen Sachverhalt auf nachvollziehbare und überzeugende Weise oder nicht?“

   Hinweis: Die Analyse von Karikaturen können Sie mit der Übungsaufgabe A 6 sowie mit den Original-Prüfungsaufgaben 2019-2 und 2020-2 üben.

Tipps und Hinweise zur mündlichen Abiturprüfung im Fach Geschichte

In welchen Fällen kommt es zu einer mündlichen Abiturprüfung?

Im Rahmen der geltenden Prüfungsordnung für die Abiturprüfung in NRW müssen bzw. können Sie in folgenden Fällen eine mündliche Prüfung absolvieren:

1. Sie haben sich für das Fach Geschichte als **4. Abiturprüfungsfach** entschieden, in dem ausschließlich eine mündliche Prüfung stattfindet.
2. Sie haben das Fach Geschichte als **Leistungskurs** (1. oder 2. Abiturfach) oder als **Grundkurs** (3. Abiturfach) gewählt und schreiben zu dem entsprechenden Termin Ihre Abiturklausur. Eine **zusätzliche mündliche Prüfung** müssen Sie dann ablegen,
   - wenn das Ergebnis Ihrer Klausur um mehr als eine Notenstufe vom Durchschnitt Ihrer Halbjahresnoten in der Qualifikationsstufe im Fach Geschichte abweicht („Differenz- bzw. Abweichungsprüfung") oder
   - wenn Sie nach der regulären Prüfung im 1. bis 4. Abiturfach noch nicht die für den Abiturbereich erforderliche Gesamtpunktzahl erreicht haben („Defizit- bzw. Bestehensprüfung").
3. Schließlich ist es auch möglich, sich im Anschluss an die erfolgte schriftliche Prüfung im 1. bis 3. Abiturfach zu einer **freiwilligen mündlichen Prüfung** zu melden, um das Ergebnis im Fach auf diese Weise noch weiter zu verbessern. Es empfiehlt sich, zuvor die Beratung durch die Oberstufenkoordinatorin bzw. den Oberstufenkoordinator und/oder durch die Fachlehrerin bzw. den Fachlehrer in Anspruch zu nehmen.

Bestandteile der mündlichen Prüfung

Während die schriftliche Abiturprüfung in Nordrhein-Westfalen auf der Grundlage zentral gestellter Aufgaben erfolgt, werden die mündlichen Prüfungen dezentral abgehalten. Das bedeutet, dass die Prüfungsthemen von der Fachlehrerin bzw. dem Fachlehrer auf der Grundlage des Unterrichts in der Qualifikationsphase gestellt werden.

Die mündliche Prüfung besteht aus **zwei**, **zeitlich in etwa gleich langen Teilen**, dem **selbstständigen Prüfungsvortrag** und dem sich **anschließenden Prüfungsgespräch**. Im selbstständigen Prüfungsvortrag sollen Sie das Ergebnis der in der Vorbereitungszeit bearbeiteten Aufgabenlösung in der Regel ohne Eingreifen des Prüfers bzw. der

Prüferin darstellen. Das anschließende Prüfungsgespräch bezieht sich – gegebenenfalls an den Vortrag anknüpfend – auf größere fachliche Zusammenhänge und erschließt andere Sachgebiete.

Die mündliche Prüfung bezieht sich insgesamt auf fachliche Inhalte aus mindestens zwei Halbjahren der Qualifikationsphase. Die Aufgabenstellung soll so angelegt sein, dass Leistungen in allen drei Anforderungsbereichen erbracht werden können.

Anforderungen

Die unter Punkt 4 beschriebenen Anforderungsbereiche (AFB) I bis III gelten auch für die mündliche Prüfung. Dies erfordert von Ihnen
- sicheres geordnetes Wissen,
- Vertrautheit mit der Arbeitsweise des Faches,
- Verständnis und Urteilsfähigkeit,
- selbstständiges Denken,
- Sinn für Zusammenhänge des Fachbereichs,
- Darstellungsvermögen.

Dementsprechend stellt die mündliche Prüfung folgende Anforderungen:
- die Fähigkeit, sich klar, differenziert, strukturiert und verständlich unter angemessener Verwendung der Fachsprache und auf der Basis sicherer aufgabenbezogener Kenntnisse auszudrücken,
- die Fähigkeit, eigene sach-, themen- und problemgerechte Beiträge in der mündlichen Prüfung zu formulieren,
- die Fähigkeit zur begründeten eigenen mündlichen Stellungnahme, Beurteilung oder Wertung.

Für den **selbstständigen Prüfungsvortrag** gelten zusätzlich folgende spezifische Anforderungen:
- die Fähigkeit, in der gegebenen Vorbereitungszeit für die gestellte Aufgabe ein Ergebnis zu erarbeiten und in einem Kurzvortrag darzulegen,
- die Fähigkeit, anhand eigener Aufzeichnungen frei, zusammenhängend und argumentativ überzeugend zu sprechen,
- die Fähigkeit, sich eigenständig mit historischen Sachverhalten und Problemen in angemessener mündlicher Form auseinanderzusetzen.

Für das **anschließende Prüfungsgespräch** gelten folgende spezifische Anforderungen:
- die Fähigkeit, ein sach-, themen- und problemgebundenes Gespräch zu führen (richtiges Erfassen der Fachfragen; sach- und adressatengerechtes Antworten),
- die Fähigkeit, in einem solchen Gespräch sicher, sach- und situationsangemessen sowie flexibel auf Fragen, Impulse, Hilfen oder Gegenargumente einzugehen,
- die Fähigkeit zur begründeten Einordnung oder Bewertung eines historischen Sachverhaltes auch in diskursiver Gesprächssituation, also in einer möglichst gleichberechtigten Kommunikation.

Im **ersten Teil der mündlichen Prüfung** sollen Sie die gestellte Aufgabe selbstständig und in zusammenhängendem Vortrag lösen. Da der **freie Vortrag**, der sich an Stichworten orientiert, eine für die mündliche Prüfung geforderte Qualifikation ist, ist ein bloßes Ablesen eines während der Vorbereitungszeit aufgezeichneten Textes unzulässig. Es empfiehlt sich daher, während der Vorbereitung ein Konzept zu erstellen, das die wichtigsten Stichpunkte für den eigenen Vortrag und seine Struktur enthält (siehe dazu die Beispiele im folgenden Teil dieses Buches). Es reicht nicht, im Vortrag angelernten Wissensstoff lediglich wiederzugeben, erst recht nicht, wenn dieser sich nicht auf Thema und Aufgabenstellung bezieht.
In einem **zweiten Prüfungsteil**, dem **Prüfungsgespräch**, in dem Ihnen keine zusammenhanglosen Einzelfragen gestellt werden sollten, haben Sie die Aufgabe, Ihre Kenntnis größerer fachlicher Zusammenhänge zu zeigen.

In den folgenden Übungsaufgaben für das **mündliche Abitur** sind bewusst **verschiedene Darstellungsformen** gewählt worden, damit Sie selbst entscheiden können, welche Vorgehensweise in der **Vorbereitungszeit** für die mündliche Prüfung für Sie die richtige ist.

- Bei **Aufgabe 8** (S. 69 ff.), einer Textquelle in Form eines Zeitungsartikels von Joseph Goebbels, wird Ihnen die Möglichkeit angeboten, mittels einer **Mindmap** die wesentlichen Analyseschritte zu erfassen und inhaltlich zu füllen. Eine Mindmap hat grundsätzlich den Vorteil, dass Sie strukturiert und zugleich in überschaubarer Form alle wichtigen Punkte erfassen können.
- Bei **Aufgabe 9** (S. 72 ff.) handelt es sich um einen Auszug aus einem wissenschaftlichen Text. Im zugehörigen Lösungsvorschlag wird die Form einer tabellarischen Übersicht genutzt, um auf diese Weise die im Text vorkommenden Begriffe und Aspekte ebenfalls übersichtlich festzuhalten.

A: Interpretation sprachlicher oder nichtsprachlicher historischer Quellen

Aufgabenstellung

Interpretieren Sie die Quelle, indem Sie

1. sie analysieren,
2. unter Bezug auf den Text den historischen Kontext und die wichtigsten Ergebnisse des Wiener Kongresses erläutern und die Sicht Gentz' auf diesen charakterisieren sowie
3. zur Auffassung des Verfassers, der Wiener Kongress habe die „Grundlage eine[s] künftigen Friedenswerke[s]" (Z. 57 f.) geschaffen, vor dem Hintergrund des europäischen Mächteverhältnisses und der inneren Entwicklung der deutschen Staaten bis 1871 Stellung nehmen.

M: Friedrich Gentz über den Wiener Kongress, 13. Juni 1815

Um über die Resultate dieses Congresses ein gerechtes Urtheil zu fällen, muß man die Umstände, unter denen er zusammentrat, die Aufgaben, die er zu lösen hatte, und die Begebenheiten, die während der letzten Monate in seine Wirksamkeit eingriffen, zu würdigen wissen. Es war kein kleines Geschäft, die sich mannigfaltig[1] durchkreutzenden, auf mehreren Puncten einander ganz entgegen gesetzten Ansprüche so vieler Interessenten[2] auszugleichen, Staaten, die in den Ungewittern der letzten zwanzig Jahre zu Grunde gegangen waren, wieder aufzubauen, andere, für das europäische System besonders wichtige, die einen großen Theil ihrer Besitzungen verloren hatten, zu ergänzen, zu gleicher Zeit den Forderungen der Gerechtigkeit und der Staatsklugheit Genüge zu leisten, und weder das allgemeine Interesse über dem Einzelnen, noch das Einzelne über dem Allgemeinen aus den Augen zu verlieren. Das Werk war mit solchen Schwierigkeiten verknüpft, daß es an mehr als einer Klippe hätte scheitern können, wenn nicht die zu W i e n versammelten Souveräne durchaus, von einem Geiste des Friedens und der Menschlichkeit beseelt, den Vorsatz gefaßt hätten, der Aufrechthaltung und Befestigung der allgemeinen Ruhe, jeden andern Wunsch, jede andere Rücksicht unterzuordnen, und wenn sie nicht von gleichgesinnten Ministern, die da, wo es der Erreichung des großen Zweckes galt, keinen Kampf mit Hindernissen, keine Anstrengung, kein Opfer der Eigenliebe scheuten, in diesem edlen Vorsatz unterstützt worden wären.

Es ist bekannt, daß gegen Ende des Monats Februar die größten Schwierigkeiten überwunden, die verwickeltsten Fragen beseitigt waren; und, wenn der Congreß, nachdem er seine Bahn geebnet, und für einen freiern Gang Spielraum gewonnen hätte, noch einige Monate in ruhigen Berathschlagungen hätte fortschreiten können, so würde nun erst der schönste und lohnendste Theil seiner Arbeit begonnen haben. Nach den, wenn auch nur unvollständig, bekannt gewordenen Ansichten der Hauptpersonen, würde die letzte Frucht der Verhandlungen ein zusammenhängendes und umfassendes politisches System gewesen seyn, welches, auf einfache Grundpfeiler erbaut, die künftige Existenz aller Staaten, durch wechselseitige Garantie gesichert, den innern Wohlstand jedes Einzelnen wesentlich befördert, und den Frieden der Welt auf eine lange Reihe von Jahren befestigt hätte.

Doch ehe diese edlen Bestrebungen reifen konnten, erfolgte eine der unerwarteten Katastrophen, wodurch das Schicksal so oft die wohlthätigsten und weisesten Pläne der Menschen vereitelt. Der Haupturheber der Zerrütungen, an welchen E u r o p a so lange gelitten hatte, erschien noch einmal auf dem Schauplatze der Welt. Die Souveräne überzeugten sich sogleich, und alle Völker mit ihnen, daß, wenn sein unseliges Unternehmen gedeihen sollte, jener allgemeine Frieden, nach welchem sie mit so viel Mühe und Anstrengung gestrebt hatten, nichts als der Traum eines Augenblicks seyn würde. Von Stunde an mußten die auf dem Congreß versammelten Minister den größten Theil der Zeit, die ihren friedlichen Berathschlagungen gewidmet seyn sollte, auf militärische, politische und administrative Conferenzen verwenden, um dem neuen Kampfe, zu welchem sie gezwungen waren, den Nachdruck zu geben, der allein zu einem schnellen und entscheidenden Erfolg führen konnte. Verdienstvoll und rühmlich genug war es, daß mitten unter diesen fremdartigen und dringenden Geschäften doch der Fortgang der eigentlichen Congreß-Angelegenheiten nicht gehemmt, vielmehr alle großen und kleinen Zweige derselben bis zur Vollendung ausgearbeitet wurden. Dieses, und daß in einer so großen Spannung und Gahrung[3] der Gemüther, bei so viel innern Collisionen und äußern Störungen, unter diesem langen Wechsel von guten und bösen Tagen, die Eintracht der Fürsten nie wankte, alle Besorgnisse der Gutgesinnten besänftigt, alle Erwartungen der Bösen zu Schanden gemacht wurden, sind Erscheinungen, welchen die unparteiische Geschichte einst Gerechtigkeit widerfahren lassen wird.

Was der Congreß unter günstigern Umständen zu leisten vermocht hätte, ergibt sich hinreichend aus dem, was er wirklich geleistet hat. Der wahre Werth seiner Resultate wird aber erst dann allgemein begriffen und anerkannt werden, wenn die neue Krisis vorüber, und das einzige große Hinderniß des Friedens in Europa glücklich aus dem Wege geräumt seyn wird. Dann wird sich deutlicher als heute offenbaren, welche mühsame Arbeit nun schon abgethan, welche Grundlage einem künftigen Friedenswerke in den jetzt bestehenden Anordnungen gesichert, welch freies und weites Feld für jede wahrhaft große und wohlthätige politische Maaßregel nun geöffnet ist.

Wohl mögen die Souveräne, indem sie diesem merkwürdigen[4] Vereinigungs-Punct friedlicher Unterhandlungen verließen, über das feindselige Geschick geklagt haben, das in einem Augenblicke, wo sie ihren Völkern den vollen Genuß glücklicher Zeiten anzukündigen hofften, sie zwingt, ihnen neue Opfer aufzulegen. Doch beruhigend ist der Gedanke, daß keines dieser Opfer verloren sei, daß jedes für die künftige Ruhe der Welt gute Früchte tragen, und daß das endliche Ziel aller Wünsche, wenn gleich später erreicht, nur um so herrlicher und dauerhafter hervortreten wird.

Oesterreichischer Beobachter vom 13. 6. 1815. Nr. 164, S. 889f. (Texthervorhebungen durch den Verfasser)

Anmerkungen:
1 mannigfaltig: vielfältig
2 Interessent: *hier:* Beteiligter
3 Gahrung: *hier:* Erregung
4 merkwürdig: *hier:* denkwürdig

Hinweise zum Autor:
Hinter dem Verfasser des Textauszugs verbirgt sich der ursprünglich aus Preußen stammende Beamte und politische Publizist Friedrich Gentz (1764–1832). Dieser wurde insbesondere infolge des Wiener Kongresses zum engsten Berater des österreichischen Staatskanzlers Klemens Wenzel Fürst von Metternich. Gentz fungierte bei den Verhandlungen in Wien als Erster Sekretär und war wesentlich an der Aufsetzung der Kongressakte beteiligt. Sein Artikel erschien am 13. Juni 1815 – also vier Tage nach der Unterzeichnung der Akte und zwei Tage vor der Schlacht bei Waterloo – im „Oesterreichischen Beobachter". Bei diesem handelt es sich um eine der kaiserlich-österreichischen Regierung nahestehende Zeitung.

zugelassene Hilfsmittel: Wörterbuch zur deutschen Rechtschreibung

---

Lösungsvorschläge

Diese Aufgabe entspricht den folgenden aktuellen Schwerpunktthemen:
- ***Inhaltsfeld 6:** Nationalismus, Nationalstaat und deutsche Identität im 19. und 20. Jahrhundert*
  - *Die „Deutsche Frage" im 19. Jahrhundert*
- ***Inhaltsfeld 7:** Friedensschlüsse und Ordnungen des Friedens in der Moderne*
  - *Europäische Friedensordnung nach den Napoleonischen Kriegen*

1. *In der ersten Teilaufgabe wird von Ihnen verlangt, zunächst das zu bearbeitende Material vorzustellen. Hierzu sind Angaben zum Autor, zur Textsorte, zum Adressaten, zum Entstehungszeitpunkt und zum Zusammenhang, in welchem die schriftliche Quelle publiziert wurde, zu machen. Daneben sollen Sie das Thema und die Intention des Verfassers darlegen. In einem weiteren Schritt müssen Sie den Inhalt und die gedankliche Struktur der Quelle wiedergeben.*

Einleitung
Quelle

Beim vorliegenden Textauszug handelt es sich um einen **meinungsbildenden Artikel**, der am 13. Juni 1815 in der regierungsnahen Zeitung „Oesterreichischer Beobachter" erschien. Der Verfasser, Friedrich Gentz, war ein enger Berater des österreichischen Staatskanzlers Klemens Wenzel Fürst von Metternich. Gentz' Text wurde kurz nach der Beendigung des Wiener Kongresses und kurz vor der Schlacht bei Waterloo veröffentlicht. Folglich stammt die Quelle aus der Phase des Übergangs von der **napoleonischen Zeit** zur Epoche der **Restauration**, deren wesentliches Merkmal das Wiedererstarken der europäischen Monarchien war. Thema des Textes sind die Bedingungen, unter denen der **Wiener Kongress** verhandelte, die dort erzielten Ergebnisse sowie die dadurch erhofften Auswirkungen. Die

Thema

österreichische Öffentlichkeit, die er mit seinem Text anspricht, möchte der Autor davon überzeugen, dass der Kongress erfolgreich gearbeitet habe und seine Beschlüsse zum Wohle der Menschen seien. Auf diese Weise will er die **Loyalität** der Österreicher gegenüber dem Kaiserhaus festigen.

Adressat

Intention

Der Quellenauszug lässt sich in drei Sinnabschnitte einteilen. Im ersten Abschnitt (Z. 1–19) äußert sich Gentz allgemein über die **Probleme**, vor denen der Wiener Kongress gestanden habe, und darüber, wie diese gelöst worden seien. Der Verfasser hebt hervor, dass die während des Kongresses zu erörternden und zu entscheidenden Materien sehr komplex gewesen seien. So habe man vor der Schwierigkeit gestanden, eine Ordnung zu entwerfen, die alle **europäischen Staaten** einschließt und zugleich alle **Einzelinteressen** berücksichtigt. Dass dies letztlich habe gelingen können, sei laut Gentz den beteiligten **Monarchen** und ihren Ministern zu verdanken. Diese hätten ihre gesonderten Bedürfnisse den Zielen von **Frieden**, **Gerechtigkeit** und **Stabilität** untergeordnet.

strukturierte Wiedergabe

Schwierigkeiten im Vorfeld

Im folgenden Abschnitt (Z. 20–51) werden die **Auswirkungen**, der jüngsten außenpolitischen Ereignisse auf den Wiener Kongress zusammengefasst. Der Verfasser führt aus, dass nach der Einigung auf die grundlegenden Leitlinien die Verständigung auf eine umfassende europäische Friedensordnung möglich gewesen wäre. Diese Bemühungen seien aber durch das erneute Auftreten des maßgeblichen Verursachers der zurückliegenden Konflikte beeinträchtigt worden. Die Regenten hätten sich um die **Beseitigung der Gefahr** kümmern müssen, sollten nicht die fundamentalen Ziele des Kongresses, insbesondere der „allgemeine Friede[…]" (Z. 36), infrage gestellt werden. Ungeachtet dieser Situation seien aber die eigentlichen Beratungen von den Kongressteilnehmern gewissenhaft fortgeführt und, dank ihrer **Solidarität,** zu einem **günstigen Abschluss** gebracht worden.

außenpolitische Ereignisse

Im letzten Teil des Textauszugs (Z. 52–66) legt Gentz dar, welche **positiven Folgen** die Vereinbarungen des Wiener Kongresses mit sich brächten. Er führt aus, dass die Kongressergebnisse den **Ausgangspunkt** für eine spätere Friedensordnung in Europa darstellen würden. Diese nehme Gestalt an, wenn die derzeitige Lage gemeistert sei. Über die Verluste, die die neuerlichen Kampfhandlungen forderten, tröste daher langfristig der Nutzen, den man aus den Kongressbeschlüssen ziehen könne, hinweg.

künftige Friedensordnung

2. *Bei dieser Aufgabe sollen Sie zunächst eine Einordnung der Quelle in den historischen Kontext des Wiener Kongresses vornehmen und dessen wichtigste Beschlüsse darlegen. Es bietet sich an, die Ausführungen mit dem gescheiterten Russlandfeldzug Napoleons zu beginnen und die Entwicklungen bis zum Kongress zu erläutern, bevor Sie auf die Beschlüsse eingehen. In einem weiteren Schritt muss dann herausgearbeitet werden, wie der Verfasser des Textes die Beratungen und Ergebnisse des Wiener Kongresses bewertet.*

historischer Kontext

Napoleon hatte in den Jahren nach 1792 weite Teile Europas unter seinen Einfluss gebracht. 1812 erlitt die **„Grande Armee“** im **Russlandfeldzug** jedoch eine **verheerende Niederlage**.

Befreiungskriege

In der Folge lehnten sich mehrere europäische Staaten in den Befreiungskriegen (1813–1815) gegen Napoleon auf, um die **französische Fremdherrschaft** abzuschütteln.

Völkerschlacht bei Leipzig

Nach dem Sieg über Napoleon in der Völkerschlacht bei Leipzig Ende 1813 brach dessen Herrschaft zusammen. Er verlor 1814 seinen Anspruch auf den französischen Thron. Zudem wurde er auf die Mittelmeerinsel **Elba** ins **Exil** geschickt, die er als souveränes Fürstentum erhielt.

Erster Pariser Frieden

Mit Frankreich schlossen die Siegermächte den Ersten Pariser Frieden. Sie vereinbarten darin, dass **Frankreich** im Wesentlichen in den **Grenzen von 1792** fortbestehen sollte. Weitere Absprachen, die zur Neuordnung Europas notwendig waren, wollte man auf dem Wiener Kongress 1814/15 treffen. Auf diesem kamen dann über 200 Teilnehmer aus den betroffenen europäischen Staaten zusammen.

Ziel des Wiener Kongresses

Sie hatten sich zum **Ziel** gesetzt, nach den einschneidenden Ereignissen der vergangenen Jahre eine **beständige politische Ordnung** zu entwerfen, die von allen beteiligten Mächten akzeptiert würde.

Erwartungen an den Wiener Kongress

Auch von der Öffentlichkeit wurden große Erwartungen an die Versammlung herangetragen. Infolge der Befreiungskriege hatte das **Nationalgefühl** unter anderem in einigen Teilen der Bevölkerung in den deutschen Staaten Auftrieb erhalten. Man hoffte auf eine Erfüllung der nationalen und liberalen Forderungen durch den Wiener Kongress.

Konflikte unter den Teilnehmern

Die Kongressteilnehmer kamen nach der Eröffnung in unterschiedlichen **Kommissionen** zusammen, um über die **Neugestaltung Europas** zu beraten. Die damit einhergehenden **Probleme** klingen auch bei Gentz an. Durch Napoleon war es zu großen **territorialen und politischen Umbrüchen** gekommen. Wenn Gentz von den „Ansprüche[n]“ (Z. 5) der Kongressteilnehmer und von „Schwierigkeiten“ (Z. 20) spricht, so ist damit etwa der auf dem Kongress zutage tretende **Konflikt** zwischen **Preußen und Russland** gemeint, der sich an der Aufteilung Sachsens und Polens entzündete. Eine Neuverteilung der Gebiete erfolgte schließlich im Februar (vgl. Z. 20 ff.). Zwar hatte der Kongress eine Restauration der **vorrevolutionären Verhältnisse** von 1789 angestrebt, indem man die ursprünglichen Grenzen wiederherstellte. Eine vollständige Restauration erfolgte in territorialer Hinsicht jedoch nicht, wie beispielsweise die sächsisch-polnische Frage zeigt. Auf politischer Ebene wurden die „**legitimen**“ Herrscher wiedereingesetzt und die fürstliche Herrschaft gestärkt. Damit wurden die liberalen Anliegen der Bevölkerung in den einzelnen Ländern übergangen. Das Gleichgewicht der fünf Großmächte, zu denen auch Frankreich bald wieder gehörte (**Pentarchie**), sollte die Basis der neuen Ordnung bilden. Künftig auftretende Konflikte unter diesen und weiteren Staaten sollten auf **diplomatischem Wege** gelöst werden.

Restauration

Legitimität

Mächtegleichgewicht

Diplomatie

Beeinträchtigt wurden die Verhandlungen der Kongressteilnehmer durch die vorübergehende Rückkehr Napoleons. Dieser versuchte 1815 noch einmal mithilfe loyaler Truppen seine **frühere Stellung zurückzugewinnen** (vgl. Z. 31–34), wurde aber zwei Tage nach Erscheinen des vorliegenden Textauszugs in der Schlacht bei Waterloo nahe Brüssel von seinen Gegnern **endgültig geschlagen**. Wie sehr diese Ereignisse auch unter den auf dem Wiener Kongress Versammelten für Unruhe sorgten, dokumentieren die Ausführungen Gentz' deutlich (vgl. Z. 34–42). Dennoch wurden während dieser Zeit weitere Beschlüsse gefasst. So einigte man sich unter anderem auf die Gründung des Deutschen Bundes. Es handelte sich dabei um einen **lockeren Staatenbund**, dessen einziges gemeinsames Organ die Bundesversammlung mit Sitz in Frankfurt am Main war. Die **nationalen und liberalen Forderungen** vieler Deutscher blieben damit **unerfüllt** und wurden künftig sogar mithilfe des Deutschen Bundes unterdrückt.

Rückkehr Napoleons

Schlacht bei Waterloo

Deutscher Bund

Nach dem Wiener Kongress gründeten Preußen, Österreich und Russland im September 1815 die „Heilige Allianz“, in welcher sie ihre gegenseitige Solidarität (vgl. Z. 46–51) bekräftigten. Das Bündnis sollte der Friedenssicherung nach christlichen Grundsätzen dienen und **revolutionäre Bewegungen unterdrücken**. Der Allianz schlossen sich sämtliche christliche Fürsten Europas mit Ausnahme Großbritanniens und des Kirchenstaats an.

Heilige Allianz

Solidarität

Im Folgenden soll die Sicht Gentz' auf den Wiener Kongress dargelegt werden. Es wird schnell ersichtlich, dass die nationalen und freiheitlichen Forderungen eines Großteils der damaligen Bevölkerung keinerlei Erwähnung im vorliegenden Zeitungsartikel finden. Diese Ideen hatten während der **französischen Besatzungszeit** großen Anklang in weiten Teilen der europäischen Bevölkerung gefunden. Als **Vertreter der monarchi-**

Charakterisierung

Verschweigen der nationalliberalen Forderungen

schen Seite hält Gentz es offenbar für vorteilhafter, die vorhandenen **nationalliberalen Bestrebungen zu ignorieren**. Dass es beim Wiener Kongress gerade auch darum ging, revolutionäre Entwicklungen zu unterbinden, klammert er aus. Auch insgesamt wird die Bevölkerung im Text ausgeblendet. In Gentz' Darstellung treten als „**Interessenten**" (Z. 6) **allein die Staatsoberhäupter** und deren Berater auf. Lediglich gegen Ende des Zeitungsartikels findet sich die Bemerkung, dass aufgrund des Wiederaufflackerns des Krieges den Menschen „neue Opfer" (Z. 63) zugemutet werden müssten.

Leistungen des Kongresses

Als ausgesprochen **konstruktiv** wird von Gentz hingegen die **Tätigkeit des Kongresses** beschrieben. Ungeachtet erheblicher Hürden, die sich den Teilnehmern in den Weg gestellt hätten, seien dort die „wohlthätigsten und weisesten Pläne" (Z. 32) ausgearbeitet worden. Wäre der Kongress nicht durch die Rückkehr Napoleons beeinträchtigt worden, hätte er nach Gentz eine **Grundlage** geschaffen, die „den **Frieden der Welt** auf eine lange Reihe von Jahren befestigt hätte" (Z. 29 f.). Dem entspricht, dass laut Gentz die am Kongress Beteiligten „von einem Geiste des Friedens und der Menschlichkeit beseelt" (Z. 13 f.) gewesen seien.

Fazit

Insgesamt versucht Gentz in diesem Text, die aktuellen und zurückliegenden Konflikte als rein **machtpolitische Auseinandersetzungen** zwischen Monarchen einerseits und insbesondere Napoleons kriegstreiberischen Kräften andererseits zu deuten (vgl. Z. 46 ff.). Seine bedeutende Stellung als **Berater Metternichs**, der in den Jahrzehnten nach dem Wiener Kongress maßgeblichen Einfluss auf die Politik in Europa ausübte, legt dabei nahe, dass Gentz über **große Sachkenntnis** verfügte. Er verschweigt damit bewusst, dass in seiner Epoche das monarchische Prinzip von **revolutionären Erschütterungen** zunehmend infrage gestellt wurde. Der Wiener Kongress und seine Resultate werden stattdessen als **herausragende Leistung selbstloser Fürsten** dargestellt, um so das Vertrauen der Leser in die monarchische Herrschaft, hier vor allem mit Blick auf das österreichische Kaisertum, zu stärken.

3. *In Teilaufgabe 3 sollen Sie die Einschätzung Gentz' hinsichtlich der langfristigen Leistung des Wiener Kongresses knapp wiedergeben und im Anschluss dazu Stellung nehmen. Beachten Sie, dass Sie die Entwicklungen im europäischen Machtgefüge und die Entwicklung in den deutschen Staaten bis zur Gründung des Deutschen Kaiserreichs 1871 als Bewertungsmaßstab heranziehen müssen.*

Gentz nimmt eine sehr **optimistische Erwartungshaltung** hinsichtlich der Beschlüsse des Wiener Kongresses ein. Er ist der Meinung, dass sie auf lange Sicht **Frieden und Eintracht** zwischen den einzelnen Staaten garantieren werden (vgl. Z. 63–66).

Einleitung

Bestätigt hat sich diese Annahme insofern, als in den folgenden Jahrzehnten das **europäische Mächtegleichgewicht** weitgehend **intakt** blieb. Es kam längerfristig zu keiner militärischen Auseinandersetzung, die erneut große Teile des Kontinents in Mitleidenschaft zog. Zurückzuführen ist dies sicherlich auch auf den **Umgang mit Frankreich** nach der Absetzung Napoleons 1814. Anstatt es als Verlierer von den Verhandlungen des Wiener Kongresses auszuschließen, wurde es in diese eingebunden. Die Restriktionen des Zweiten Pariser Friedens 1815, der nach der Rückkehr Napoleons nötig wurde, waren zudem vergleichsweise milde. Es konnte sich in der Folge ein bereits auf dem Kongress angestrebtes Mächtegleichgewicht herausbilden, das neben Russland, Österreich, Großbritannien und Preußen bald auch Frankreich einschloss. Damit war eine **gute Basis für eine künftige Friedensordnung** geschaffen; Revanchegedanken konnten keinen Nährboden finden.

zustimmende Aspekte

längeres Ausbleiben großer militärischer Konflikte

Zweiter Pariser Frieden

Die Heilige Allianz zwischen Preußen, Österreich und Russland aus dem Jahr 1815, die nach ihrem Zustandekommen um weitere europäische Mächte erweitert wurde, zeigt zudem, dass die von Gentz angesprochene **Eintracht** unter den Kongressteilnehmern zumindest einige Jahre Bestand hatte. Auch wenn das Bündnis in den 1820er-Jahren mit dem **griechischen Unabhängigkeitskrieg** zu zerbrechen begann, blieb der **Gedanke der Solidarität** zumindest unter den Großmächten Preußen, Österreich und Russland länger erhalten. Diese erhielten das Bündnis bis zum **Krimkrieg** (1853–1856) aufrecht.

Heilige Allianz

Damit wird jedoch bereits ein relativierender Aspekt deutlich. Ungeachtet der Beschlüsse des Wiener Kongresses kam es im Verlauf des 19. Jahrhunderts dennoch zeitweise zu **begrenzten militärischen Konfrontationen** zwischen einzelnen europäischen Staaten. Aus deutscher Perspektive sind hierbei die Reichseinigungskriege zu nennen. Im **Deutsch-Dänischen Krieg** (1864), im **Deutsch-Deutschen Krieg** (1866) und im **Deutsch-Französischen Krieg** (1870/71) erweiterte Preußen sukzessive seine Einflusssphäre, während Österreich aus Deutschland hinausgedrängt wurde. Durch die Kriege wurde nicht nur die Idee eines langfristigen Friedens beeinträchtigt, sondern auch das **Mächtegleichgewicht gestört**.

relativierende Aspekte

Reichseinigungskriege

Zudem kann nicht von einem anhaltenden inneren Frieden der Staaten gesprochen werden. Der **Konflikt** zwischen den **liberalen und nationalen Bevölkerungsteilen** einerseits und den **restaurativen Bestrebungen der Monarchen** andererseits setzte sich nach dem Wiener Kongress fort. In diesem Zusammenhang ist unter anderem auf die **Revolutionen in Frankreich**, die sich in den Jahren 1830, 1848 und 1871 ereigneten, zu verweisen. Vor allem die Februarrevolution von 1848 hatte große Auswirkungen auf die **deutschen Staaten** und löste dort die Märzrevolution aus. In dieser wurden neben nationalen erneut liberale Forderungen laut. So wollten die Revolutionäre neben einem **konstitutionellen Einheitsstaat** beispielsweise die **Pressefreiheit** erreichen. Diese Erhebung dokumentiert, dass in Deutschland von einem dauerhaften Frieden unter der traditionellen Fürstenherrschaft nicht die Rede sein kann. Gleiches gilt für weitere europäische Staaten.

innerstaatliche Konflikte

Märzrevolution

Zusammenfassend ist somit festzustellen, dass der Wiener Kongress maßgebliche **Impulse zur friedlichen Lösung von zwischenstaatlichen Konflikten** gab, letztlich jedoch von der Realität eingeholt wurde. Für die **innerstaatlichen Erhebungen** war er durch seine restaurativen Tendenzen zudem **mitverantwortlich**. So konnte der Wiener Kongress die hohen Erwartungen, die Gentz an ihn stellte, nur in **eingeschränktem Maße** erfüllen. Offensichtlich stand der herausragende Stellenwert, den Gentz der Zusammenkunft zuschrieb, in Verbindung mit seiner tiefen Überzeugung, dass Macht und Autorität der Monarchen und Fürsten in Europa weiterhin das Maß aller Dinge bleiben würden. Abgesehen davon war er von der Idee eines langfristigen und umfassenden Friedens geleitet, die bis zum **Ersten Weltkrieg 1914** Bestand hatte.

Fazit

Nordrhein-Westfalen – Geschichte – Grundkurs
Übungsaufgabe 2

A: Interpretation sprachlicher oder nichtsprachlicher historischer Quellen

Aufgabenstellung

Interpretieren Sie die vorliegende Quelle, indem Sie

1. sie analysieren,
2. die Ausführungen des Verfassers im historischen Kontext sowie vor dem Hintergrund zeitgenössischer Ideologien erläutern und
3. die Einschätzung des Verfassers zum Verhältnis von Einwanderern und „Eingeborenen" (Z. 40) in den Ackerbau-Kolonien bewerten.

M: Friedrich Fabri: Bedarf Deutschland der Colonien? Eine politisch-ökonomische Betrachtung, 1879

Es dürfte nachgerade wirklich an der Zeit sein, die Frage: „Bedarf Deutschland der Colonien?" zur öffentlichen Verhandlung zu bringen. Schon einmal, unter dem ersten Freudenrausch über das neu gebildete Deutsche Reich, im Jahre 1871/72, durchflogen unsere Presse flüchtige Rufe nach Colonien, die in ein Paar Brochuren bestimmtere Gestalt anzunehmen versuchten. Sowohl die Reichs-Regierung, wie die öffentliche Meinung verhielten sich damals ablehnend, so daß der schwache Anlauf rasch wieder verflogen war.

Heute liegen die Dinge wesentlich anders. […] [W]ie uns scheint, ist die öffentliche Stimmung in Folge unserer gesammten Entwicklung während der letzten Jahre gegenwärtig völlig geneigt, der Frage, ob dem Deutschen Reiche Colonial-Besitz noth thue, mit lebhafter Theilnahme sich zuzuwenden. Die Gründe für diesen Stimmungswechsel sind unschwer zu erkennen. Vornämlich drei Gesichtspunkte dürften in fraglicher Richtung bestimmend wirken: *unsere wirthschaftliche Lage, die Krisis unserer Zoll- und Handels-Politik, und unsere sich mächtig entwickelnde Kriegs-Marine.* […]

Daß solche organisirte Auswanderung, wie wir sie bedürfen, neben ihrer wirthschaftlichen Bedeutung zugleich gewichtige nationale Gesichtspunkte in sich schließt, wollen wir nur im Vorbeigehen andeuten und fragen: Sollen unsere Brüder und Landsleute, die über See ziehen, mit raschem Verlust von Sprache und Nationalität sich nur immer wieder unter unsere angelsächsischen Vettern unterschieben[1], oder in den verlotterten überseeischen Gemeinwesen romanischen Stammes[2] sogar, wie unberechtigte Eindringlinge, oft noch unwürdig sich behandeln lassen? Ist hier nicht auch in nationaler Beziehung eine *Lebensfrage* für das Deutsche Reich gegeben? Wäre die deutsche Reichs-Regierung auf die Dauer unfähig oder unwillig, mit Verständniß und Energie auf diese Frage der Organisation und Leitung unseres Auswanderungswesens einzutreten, so würde sie ohne Zweifel die normale Entwicklung unseres nationalen Wohlstandes und unserer politischen Machtstellung aufs tiefste beschädigen. [...]

Es gibt gegenwärtig zwei Grundformen colonialen Besitzes, die man als *Ackerbau-Colonien* und *Handels-Colonien* unterscheidet. [...] Verschiedene culturhistorisch bedeutungsvolle Gesichtspunkte ergeben sich aus [der] kurzen Beleuchtung des eigenthümlichen Wesens und der Entwicklung von Ackerbau-Colonien[3]. Erstlich, daß hier eine durchaus der Neuzeit eigenthümliche Form colonialer Bildung vorliegt. Zweitens, daß nur ein Mutterland, das beträchtliche überschüssige Arbeitskräfte in stetiger Folge abzugeben vermag, zur Gründung von Ackerbau-Colonien berufen ist; daß demnach diese neuere Form colonialer Schöpfung heute lediglich dem germanischen Stamme zukommt. Auch das richtige System der Verwaltung dürfte durch Englands glücklichen[4] Vorgang bereits festgestellt sein. Da das Schwergewicht dieser subtropischen Colonien ganz auf der weißen Einwanderung ruht, so findet durch diese eine Zurückdrängung der meist spärlichen Reste farbiger Eingeborenen nothwendig statt. Vor dem Gesetze, jedoch nicht völlig in politischen Rechten, dem Weißen gleichgestellt, sind sie entweder als Arbeiter über die Colonie verstreut, oder in bestimmte Lokationen[5] eingeschränkt. Ein Zustand, der, wo er gleichzeitig von humanen Bestrebungen für die intellektuelle und moralische Entwicklung der Eingebornen begleitet wird, sachlich durchaus richtig gegriffen sein dürfte. Im Uebrigen gilt in diesen brittischen Ackerbau-Colonien das Princip: möglichst wenig Regierens aus der Heimath, vielmehr, sowie die Colonie dazu erstarkt ist, möglichst vollständige Selbstregierung auf Grund politisch freier Institutionen. Jeder Gedanke, aus solchen Colonien irgendwelche directe Einnahme-Quellen für das Mutterland zu gewinnen, wäre ein grober national-ökonomischer Fehler. Vielmehr wird dieses, namentlich in den Anfängen, mancherlei Subventionen zu leisten haben. Aber das Mutterland wird diese auch bald mit den reichlichsten Zinsen wieder empfangen. [...] Der Austausch der colonialen Produkte gegen die Industrie-Erzeugnisse des Mutterlandes wird nicht nur in steigender Progression sich entwickeln, die Rhederei des letzteren stärken, sondern, was ja bei Handels-Beziehungen von so großer Bedeutung, ein festes und stetiges Wechsel-Verhältniß zu dem beiderseitigen Consum und Absatz herstellen. [...]

Jedenfalls wäre es gut, wenn wir Deutsche von dem colonialen Geschick unserer angelsächsischen Vettern zu lernen und in friedlichem Wetteifer ihnen nachzustreben begännen. Als das Deutsche Reich vor Jahrhunderten an der Spitze der Staaten Europas stand, war es die erste Handels- und See-Macht. Will das neue Deutsche Reich seine wiedergewonnene Machtstellung auf längere Zeiten begründen und bewahren, so wird es dieselbe als eine Cultur-Mission zu erfassen und dann nicht länger zu zögern haben, auch seinen *colonisatorischen Beruf* aufs Neue zu bethätigen.

Deutscher Originaltext und englische Übersetzung abgedruckt in: Friedrich Fabri: Bedarf Deutschland der Colonien?/Does Germany Need Colonies? Eine politische-ökonomische Betrachtung von D[r. Theol.] Friedrich Fabri, Hg., Einl., und Übers. von E. C. M. Breuning und M. Chamberlain, Studies in German Thought and History, Nr. 2. Lewiston u. a.: Edwin Mellen Press, 1998, S. 46, 78, 82–84, 180.

Anmerkungen:
1 Fabri bezieht sich hier auf die Auswanderung vieler Deutscher nach Nordamerika.
2 „Gemeinwesen romanischen Stammes": Hier sind französische, aber auch portugiesische und spanische Kolonien gemeint.
3 Wesen und Entwicklung von Ackerbau-Colonien: Fabri definiert diese Kolonien geographisch als subtropische Gebiete (u. a. Südafrika), die für die Landwirtschaft und die Viehzucht geeignet seien. Ihre Erschließung obliege den Angehörigen der „weißen Rasse". Ihnen sollten die Einheimischen (Jäger und Viehzüchter) das Land überlassen.
4 glücklich: hier: geglückt, erfolgreich
5 Lokationen: Wohnsiedlungen

Hinweise zum Verfasser:
Dr. Friedrich Fabri (1824–1891) war evangelischer Theologe, Publizist und Kolonialpolitiker. Von 1857 bis 1884 leitete er die Rheinische Missionsgesellschaft in Barmen. Sein Buch „Bedarf Deutschland der Colonien?" verfasste der als „Vater der deutschen Kolonialbewegung" bezeichnete Fabri im Jahr 1879. Der vorliegende Textausschnitt entspricht dem Wortlaut der leicht veränderten, dritten Auflage aus dem Jahr 1884. In den sozialen Kreisen, die an der Kolonialbewegung teilnahmen – darunter Bankiers, Intellektuelle, Geschäftsleute und leitende Militärs – wurde Fabris Abhandlung viel diskutiert.

zugelassene Hilfsmittel: Deutsches Wörterbuch

Lösungsvorschläge

Diese Aufgabe entspricht den folgenden aktuellen Schwerpunktthemen:
- ***Inhaltsfeld 4:** Die moderne Industriegesellschaft zwischen Fortschritt und Krise*
  - *Vom Hochimperialismus zum ersten „modernen" Krieg der Industriegesellschaft (Merkmale, Motive, Ziele, Funktionen und Formen des Imperialismus)*
- ***Inhaltsfeld 6:** Nationalismus, Nationalstaat und deutsche Identität im 19. und 20. Jahrhundert*
  - *Die „Deutsche Frage" im 19. Jahrhundert*
  - *„Volk" und „Nation" im Kaiserreich*

1. *In der ersten Teilaufgabe sollen Sie das zu bearbeitende Material detailliert vorstellen. Hierzu sind Angaben zum Autor, zu den Adressaten, zum Thema, zur Textsorte, zur Entstehungszeit und zum historischen Hintergrund sowie zur Aussageabsicht des Verfassers zu machen. Anschließend sollen Sie den Inhalt strukturiert wiedergegeben. Das Ziel der Analyse ist die Rekonstruktion eines historischen Sachverhalts und/oder einer Problemstellung auf Basis der Quelle. Beim vorliegenden Text sollen Sie folglich die Einschätzung Friedrich Fabris zur Notwendigkeit deutscher Kolonien rekonstruieren.*

Einleitung
Quelle

Bei der vorliegenden Quelle „Bedarf Deutschland der Colonien?" handelt es sich um einen Auszug aus einer **politisch-ökonomischen Schrift**, die 1884 bereits in der 3. Auflage erschien und ursprünglich 1879 verfasst wurde. Damit entstand der Text am Vorabend des **Hochimperialismus**, der den Zeitraum von

1880–1914 umfasst. Das Dokument ist grundsätzlich als deskriptive Quelle einzuordnen, besitzt aber aufgrund der deutlichen Argumentation zugunsten des Kolonialismus zugleich einen appellativen Charakter. Der Autor der „politisch-ökonomischen Betrachtung“ ist der Theologe, Publizist und Kolonialpolitiker **Friedrich Fabri**, der auch als „Vater der Kolonialbewegung“ bezeichnet wird. Er richtet seinen Text einerseits an **Vertreter dieser Bewegung**, also beispielsweise an Bankiers, Geschäftsleute und Offiziere, andererseits aber auch an **zögerliche Politiker**, die seines Erachtens noch überzeugt werden müssen (vgl. Z. 24).

Adressaten

Thema

Das zentrale Thema in diesem Textauszug ist die **Gründung von Kolonien**, für die sich der Verfasser ausspricht. Seine Argumentation untermauert er mit konkreten Vorschlägen hinsichtlich der Umsetzung. Fabri verfolgt somit die Absicht, **einflussreiche und finanzstarke Unterstützer** für die Gründung von Kolonien zu gewinnen, indem er sie von den Chancen zur Behebung politischer und wirtschaftlicher Krisen überzeugt. Der Autor schreibt dabei 1879 unter dem Eindruck der **wirtschaftlichen Depression**, die 1873 einsetzte und sich sowohl auf die wirtschaftliche als auch auf die politische Stabilität des 1871 gegründeten Kaiserreichs auswirkte.

Intention

historischer Kontext

strukturierte Wiedergabe

Stimmungswechsel

Zu Beginn seiner Ausführungen weist Fabri nachdrücklich darauf hin, dass endlich die Frage „Bedarf Deutschland der Colonien“ (Z. 1 f.) gestellt werden müsse. In einem Rückblick erläutert er den Stimmungswechsel, der seit 1871 zu beobachten sei. Damals, in der euphorischen Zeit der **Reichsgründung**, seien die vereinzelten Rufe nach Kolonien auf Ablehnung in der Öffentlichkeit und auch in der Politik gestoßen. Den Grund für den Wandel in der öffentlichen Meinung sieht Fabri in der derzeitigen **problematischen Wirtschaftslage** und im gleichzeitigen **Erstarken der Kriegsmarine** (vgl. Z. 13 ff.).

nationale Identität

Nach diesem einleitenden Abschnitt folgt die Argumentation Fabris zugunsten seines Anliegens. Er begründet die Notwendigkeit des Kolonialerwerbs zuerst mit **nationalen Ansichten**. Fabri beklagt, dass deutsche Auswanderer in Übersee ihre Identität aufgeben und sich mit den **Rivalen Frankreich und England** arrangieren müssten. Dabei liefen sie Gefahr, wie „unberechtigte Eindringlinge“ (Z. 21 f.) behandelt zu werden. Mit der rhetorischen Frage, ob die angestrebte Auswanderung in die Kolonien nicht auch eine „**Lebensfrage**“ (Z. 23) für das Deutsche Reich sei, appelliert er an die Ehre der Leserschaft und insbesondere an die Ehre der Politiker. Letztere warnt er, dass eine fortdauernde Untätigkeit der politischen Machtstellung und dem Wohlstand des Reichs schaden würde (vgl. Z. 24–28).

„Ackerbau"- und „Handelskolonien"

Im nächsten Schritt rechtfertigt der Autor seine Aufforderung, Kolonien zu gründen, mit **kulturgeschichtlichen Gesichtspunkten**. Dabei nimmt er zunächst eine Unterscheidung zwischen den „Ackerbau-Colonien" (Z. 29 f.) und den „Handels-Colonien" (Z. 30) vor. Hinsichtlich der Ackerbau-Kolonien kommt Fabri im Folgenden zum Schluss, dass der **„germanische[...] Stamm[...]"** (Z. 36 f.), zu dem die Deutschen zählten, für diese Art der **Koloniegründung** prädestiniert sei. Nur ein Staat mit erheblichem Arbeitskräfteüberschuss wie Deutschland käme für diese neuzeitliche Form kolonialer Bildung infrage.

Kolonialverwaltung

Nach der nationalen und kulturhistorischen Argumentation zugunsten des deutschen Kolonialismus wendet sich Fabri der möglichen Umsetzung seines Vorschlags zu. Ein zentrales Augenmerk legt er dabei auf die Kolonialverwaltung. Er rät den Lesern, sich am erfolgreich durchgeführten **englischen Vorbild** zu orientieren (vgl. Z. 37 f.). Der besondere Nutzen der Ackerbau-Kolonien liege in der Besiedelung durch weiße Einwanderer, die notwendig die „spärlichen Reste" (Z. 40) der einheimischen Bevölkerung zurückdrängen müssten. Dabei befürwortet Fabri die Regelung der Briten, die der indigenen Bevölkerung zwar gewisse Rechte zugestehe, ihnen aber eine **politische Gleichberechtigung verwehre** und sie entweder als Arbeiter über das Gebiet verteilt nutze oder auf bestimmte Wohnsiedlungen beschränke. Das grundlegende Prinzip der britischen Kolonialpolitik basiere auf größtmöglicher **Selbstverwaltung und Unabhängigkeit vom Mutterland**. Im Folgenden räumt Fabri ein, dass von diesen Kolonien **keine schnellen Gewinne** zu erwarten seien und sie vorerst subventioniert werden müssten. Er verspricht sich jedoch langfristige Gewinne durch den **Handel** zwischen dem Mutterland und den Kolonien (vgl. Z. 45–57).

wirtschaftlicher Profit

Konkurrenz zu Großbritannien

In seinem abschließenden Aufruf, von der Kolonialpolitik der Briten zu lernen, hebt er zugleich die Verwandtschaft zu den „angelsächsischen Vettern" (Z. 59) wie auch die Konkurrenz beider Staaten (vgl. Z. 59) hervor. Den Konkurrenzgedanken unterstreicht er mit einem Verweis auf die **frühere Machtstellung** des Deutschen Reichs, die seines Erachtens nur mit einem **missionarischen Kolonialismus** gestärkt und bewahrt werden könne.

2. *In dieser Teilaufgabe wird – auf der Grundlage der analysierten Quelle – eine zusammenhängende Deutung der zur Sprache gebrachten historischen Sachverhalte erwartet. Im konkreten Textbeispiel bedeutet das eine Erläuterung der Motive und Pläne Fabris vor dem Hintergrund der wirtschaftlichen, politischen und ideologischen Entwicklung im deutschen Kaiserreich bis 1879.*

historischer Kontext

Fabri kontrastiert zu Beginn des Textauszugs das fehlende Interesse an deutschen Kolonien zur Zeit der **Reichsgründung** 1871/72 mit dem **Stimmungswandel** um 1879. Die anfänglich ablehnende Haltung, die er nicht nur in der Bevölkerung, sondern auch in der Reichsregierung beobachtet hat (vgl. Z. 5 f.), geht maßgeblich auf die **Politik** des preußischen Ministerpräsidenten und späteren Reichskanzlers **Otto von Bismarck** zurück. Dieser forcierte die Gründung des Deutschen Reichs mit den drei sogenannten Reichseinigungskriegen zwischen 1864 und 1871 und veränderte damit das **europäische Mächtegleichgewicht** grundlegend. Um den Befürchtungen der anderen europäischen Mächte vor weiteren Expansionen entgegenzuwirken, erklärte Bismarck, dass das Reich nun territorial „**saturiert**" sei, und entwickelte mit den europäischen Staaten – mit Ausnahme Frankreichs – ein komplexes Bündnisgeflecht. Eine durch den Kolonialismus motivierte Expansion außerhalb des europäischen Kontinents hätte seines Erachtens diesen **Status quo** ins Wanken gebracht. Deshalb verweigerte er bis 1884 der deutschen Kolonialbewegung die offizielle Unterstützung der Reichsregierung. 1884 gewährte Bismarck dem Kaufmann Adolf Lüderitz den umfassenden **Schutz seiner Besitzungen in Südwestafrika** durch den deutschen Staat. Wenngleich die Gründe für diesen Gesinnungswandel umstritten sind, liegt die Vermutung nahe, dass für Bismarck die Ablenkung von innenpolitischen Konflikten und eine neue Ausrichtung der außenpolitischen Beziehungen zu Frankreich und England eine Rolle gespielt haben dürften.

Reichseinigungskriege

Bündnissystem

Adolf Lüderitz

Fabri bringt die 1879 gewandelte Einstellung zum Erwerb von Kolonien mit der veränderten **wirtschaftlichen Lage**, der Krise in der **Zoll- und Handelspolitik** sowie mit der Entwicklung der **Kriegs-Marine** (vgl. Z. 13 f.) in Verbindung. Darüber hinaus verweist er auf den **Überschuss an Arbeitskräften** (vgl. Z. 34). Damit bezieht sich Fabri auf die ökonomischen und gesellschaftlichen Konsequenzen, die die Industrialisierung in Deutschland seit etwa 1840 zeitigte. Sie führte einerseits zur **Urbanisierung** und beschleunigte das **Wirtschaftswachstum**, andererseits zog das Überangebot an Arbeitskräften bei gleichzeitiger Mechanisierung der Abläufe eine **Ausbeutung und Verelendung der Arbeiter** nach sich. Die sogenannte **Soziale Frage** entwickelte sich im Deutschen Reich zu einer politischen und wirt-

Industrialisierung

schaftlichen Herausforderung, deren dringende Lösung nicht nur Fabri in der Gründung von Kolonien verortete.

Diese Krise wurde im ersten Jahrzehnt des neuen Kaiserreichs durch massive Konjunkturschwankungen verstärkt. Der zusätzliche Kapitalfluss aus den **französischen Reparationszahlungen** nach dem Kriegsende 1871 verleitete die Unternehmer zu riskanten Überinvestitionen und zur Überproduktion in der Industriewirtschaft, was schließlich zur sogenannten Gründerkrise und zu einer von 1873 bis 1879 andauernden **Depression** führte. Zudem hatten seit der Mitte des 19. Jahrhunderts immer mehr europäische Staaten die Zollbarrieren reduziert und den **Freihandel** begünstigt, sodass sich der internationale Wettbewerb vor allem während der Gründerkrise als zusätzliche Belastungsprobe entwickelte. Als Konsequenz forderten deutsche Unternehmer und Landwirte eine staatliche Schutzzollpolitik und neue Absatzmärkte. Die ab 1879 eingeführten **Schutzzölle** auf Importwaren wie Eisen, Industriewaren und Getreide erwiesen sich angesichts der zunehmenden Globalisierung der Märkte jedoch als wenig effektiv. Fabri hält es vor dem Hintergrund dieser Eindrücke offenbar für wahrscheinlich, dass die Bereitschaft, sich den Chancen des Kolonialismus bereitwilliger zuzuwenden, in der Öffentlichkeit gestiegen ist (vgl. Z. 8–11).

Konjunktur-schwankungen

Gründerkrise

Schutzzollpolitik

Durch die Globalisierung des Handels öffneten sich auch neue Tätigkeitsbereiche für die Marine, die zum **Schutz der Handelsflotten** eingesetzt wurde. Die Affinität des Kaisers zur Kriegsflotte sowie der in der wilhelminischen Gesellschaft verbreitete **Militarismus** veranlassen Fabri, die „sich mächtig entwickelnde Kriegs-Marine" (Z. 14 f.) als Argument für sein Anliegen zu nutzen, wenngleich ein nachhaltiger Wachstumsschub der Marine erst Jahre später einsetzte.

Marine

Mit Blick auf den ideologischen Hintergrund sind die Vorschläge Fabris zur Gründung und Verwaltung der Kolonien deutlich vom zeitgenössischen Rassismus und vom Sozialdarwinismus geprägt, wie die Wahrnehmung der „spärlichen Reste farbiger Eingeborene[r]" (Z. 40) zeigt (vgl. Z. 40–43). Der Rassismus basierte auf der Annahme, dass sich Menschen aufgrund äußerer Merkmale in **verschiedene Rassen** klassifizieren ließen. Während die eigene Rasse überhöht wurde, schrieb man anderen Rassen negative Eigenschaften und lediglich **begrenzte Entwicklungsmöglichkeiten** zu. Hierdurch ließ sich die Herrschaft der „kultivierten" über die vermeintlich unterlegenen Völker rechtfertigen. Sie wurde von einem Sendungsbewusstsein begleitet, das der **Ausbreitung der eigenen Zivilisation**, des Han-

ideologischer Hintergrund

Rassismus

Sendungsbe-wusstsein

dels und der Industrie einen **missionarischen Charakter** verlieh. Gleichzeitig spiegelt Fabris Darstellung die zeitgenössische Auffassung des Sozialdarwinismus wider. Darin wurde die Theorie des Biologen **Charles Darwin** von der **natürlichen Selektion** im „Kampf ums Dasein" auf das menschliche Zusammenleben übertragen. Dies hatte zur Folge, dass die Unterwerfung scheinbar unterlegener Volksgruppen als Teil eines natürlichen Prozesses interpretiert wurde. Die Stärke im vermeintlichen Überlebenskampf wurde am Potenzial des eigenen Militärs und an den Ausmaßen des eroberten Territoriums gemessen (vgl. Z. 14 f.) und verschärfte so auch den **Wettstreit** der Kolonialstaaten untereinander.

Sozialdarwinismus

Der Konkurrenzkampf, den Fabri in Bezug auf seine Landsleute in Übersee beschwört (vgl. Z. 16 ff.), wurde auch durch den in vielen europäischen Staaten ausgeprägten Nationalismus weiter vorangetrieben. Während in der ersten Hälfte des 19. Jahrhunderts Kriterien wie eine gemeinsame Sprache, Kultur, Abstammung oder Geschichte zur **Identifikation** mit der eigenen Nation und zu einem Zusammengehörigkeitsgefühl beitrugen, zeigte sich zum Ende des Jahrhunderts eine **massive Überhöhung** des Nationalismus. Diese war von einem **nationalen Sendungsbewusstsein** und einer **Aggression** gegenüber „Fremden" geprägt.

Nationalismus

Fabris Verständnis der „nationale[n] Gesichtspunkte" (Z. 17) beruht auf sprachlichen und kulturellen Aspekten und ist damit eher dem **Kulturnationalismus** zuzuordnen. Dies bringt er beispielsweise mit seiner Sorge um die nationale Identität der privaten deutschen Kolonisatoren in englischen Kolonien (vgl. Z. 18–22) zum Ausdruck. Gleichzeitig zeigt sich in seiner Argumentation aber auch die zeitgenössische Überhöhung der eigenen Nation in Abgrenzung zu anderen: Während die Briten den Deutschen als Vorbild dienen können, werden Franzosen, Spanier und Portugiesen von ihm abgewertet (vgl. Z. 20 f.). Die Missachtung des Nachbarn Frankreichs lässt sich vor allem mit den Eindrücken des Deutsch-Französischen Krieges 1870/71 sowie der von Bismarck politisch forcierten Ausgrenzung Frankreichs aus der europäischen Bündnispolitik erklären.

Insgesamt lässt sich Fabris Werbung für neue Ackerbau-Kolonien also einerseits auf die Notwendigkeit neuer Absatzmärkte angesichts einer krisenhaften Wirtschaftslage und andererseits auf ein dem europäischen Zeitgeist entsprechendes nationales Sendungsbewusstsein zurückführen.

abschließende Zusammenfassung

3. *Im letzten Schritt soll die Einschätzung Fabris zum Verhältnis von Einwanderern und ursprünglichen Einwohnern in den Ackerbau-Kolonien vor dem Hintergrund der zeitgenössischen und der gegenwärtigen Wertmaßstäbe auf ihre Legitimation geprüft und bewertet werden. Dabei ist es wichtig, deutlich zwischen diesen beiden Perspektiven zu differenzieren und die eigenen Kriterien offenzulegen. Vorab muss zudem die Sichtweise des Verfassers wiedergegeben werden.*

Zur Prüfung von Fabris Anliegen vor dem Hintergrund der zeitgenössischen Situation und ideologischer Grundannahmen lohnt es sich, auf die bereits bestehende **Kolonialpolitik** seiner Zeit zu blicken. Fabri ruft ausdrücklich dazu auf, sich an der englischen Praxis der Kolonialverwaltung zu orientieren. Er folgt dabei der Vorstellung einer überlegenen Rasse, wie sie **Cecil Rhodes** (1853–1902) zur Rechtfertigung des britischen Imperialismus darlegte. Während viele seiner europäischen Zeitgenossen diese vermeintliche Überlegenheit als Freibrief für die rücksichtlose **Ausbeutung** der indigenen Bevölkerung nutzten, scheint für Fabri jedoch der von „**humanen Bestrebungen**“ (Z. 43 f.) geprägte missionarische Aspekt ebenfalls eine Rolle zu spielen. In politischer Hinsicht sollen die Indigenen zwar nicht dieselben Rechte wie die Einwanderer erhalten, Fabri spricht sich jedoch zumindest für die **Gleichstellung vor dem Gesetz** aus (vgl. Z. 41 f.). Zudem soll die „intellektuelle und moralische Entwicklung“ (Z. 44) gefördert werden. Damit wird deutlich, dass Fabri die indigenen Einwohner künftiger „Ackerbau-Colonien“ (Z. 32) als Menschen betrachtet, die das Potenzial besitzen, sich durch entsprechende Fürsorge weiterzuentwickeln. Trotz des deutlichen **Chauvinismus** erweckt Fabri zumindest den Anschein, als wolle er die vermeintliche Überlegenheit im Sinne des Humanismus für die **Erziehung und das Wohlergehen** der einheimischen Bevölkerung nutzen. Damit heben sich seine vorliegenden Aussagen bezüglich der Indigenen von anderen Zeitgenossen ab, deren Interesse in erster Linie der wirtschaftlichen Ausbeutung galt (z. B. Godeffroy, Lüderitz, Woermann). Auf der anderen Seite sollte sich Fabri darüber im Klaren gewesen sein, dass das Streben nach **Unabhängigkeit und Selbstverwaltung** der überwiegend von privaten Kaufleuten geprägten Kolonien die Gefahr einer Radikalisierung im Umgang mit der indigenen Bevölkerung in sich barg. Auch diesbezüglich hätte er auf Erfahrungen in britischen Kolonien (z. B. das Vorgehen Cecil Rhodes bei der Ausbeutung von Diamant- und Goldvorkommen) zurückgreifen können, was er in seiner Argumentation jedoch verschweigt.

Sichtweise des Verfassers

Überlegenheit

missionarischer Gedanke

Bewertung aus damaliger Perspektive

Humanismus

Gefahr der Radikalisierung

Unter **modernen Maßstäben** ist die Missachtung der indigenen Bevölkerung und ihrer Kultur bei gleichzeitiger Selbstüberhöhung der eigenen Rasse abzulehnen. Obwohl Fabri die indigene Bevölkerung offenbar als menschliche Wesen betrachtet, sind sie für ihn doch **Menschen zweiter Klasse**, Wilde, die weder in ihrer Anzahl (vgl. Z. 40 f.) noch in ihrer eigenen geistigen und kulturellen Entwicklung angemessen berücksichtigt und geachtet werden. Die Zurückdrängung bezeichnet Fabri als „notwendig“ (Z. 40 f.) und die fehlende Gleichberechtigung als „sachlich durchaus richtig gegriffen“ (Z. 45). Die damit einhergehende Diskriminierung in Verbindung mit der scheinbar fürsorglichen Erziehung nimmt der indigenen Bevölkerung nicht nur die **persönliche Würde** und **Selbstbestimmung**, sondern zerstört auch die bestehenden **gesellschaftlich-politischen Strukturen**. Als ein Beispiel mag die spätere **deutsche Kolonialpolitik in Südwestafrika** dienen, wo die Verdrängung der **Herero** nach und nach zur Eskalation führte. Der Verlust der eigenen Siedlungs- und Weidegebiete, die wirtschaftliche Ausbeutung der Arbeitskräfte und die rechtliche Unterlegenheit zog 1904 einen Aufstand der Herero nach sich, der durch das brutale Vorgehen der deutschen Schutztruppen unter **General von Trotha** in einem Völkermord endete. Die Folgen der chauvinistischen Kolonialpolitik Europas, wie sie von Fabri und seinen Zeitgenossen gefordert wurde, sind in vielen afrikanischen Staaten bis heute in nachhaltigen Konflikten spürbar.

Bewertung aus heutiger Perspektive

Diskriminierung

Ausblick

Nordrhein-Westfalen – Geschichte – Grundkurs
Übungsaufgabe 3

A: Interpretation sprachlicher oder nichtsprachlicher historischer Quellen

Aufgabenstellung

Interpretieren Sie die vorliegende Quelle, indem Sie

1. sie analysieren
2. die Aussagen des Redners in ihrem historischen Kontext erläutern und
3. seine Aussagen zur Bedeutung der Propaganda bewerten.

M: Propagandaminister Joseph Goebbels: Rede vor der Presse über die Errichtung des Reichspropagandaministeriums, 15. März 1933

Ich sehe in der Einrichtung des neuen Ministeriums für Volksaufklärung und Propaganda[1] insofern eine revolutionäre Regierungstat, als die neue Regierung nicht mehr die Absicht hat, das Volk sich selbst zu überlassen. Diese Regierung ist im wahrsten Sinne des Wortes eine Volksregierung. Sie ist aus dem Volke hervorgegangen und wird immer die Vollstreckerin des Volkswillens sein. Ich verwahre mich auf das leidenschaftlichste dagegen, daß diese Regierung der Ausdruck irgendeines reaktionären Wollens sei, daß wir Reaktionäre wären. [...] Wir wollen vielmehr dem Volke geben, was dem Volke gebührt, allerdings in einer anderen Form, als es im demokratischen Parlamentarismus geschah.

In dem neueingerichteten Ministerium für Volksaufklärung und Propaganda sehe ich die Verbindung zwischen Regierung und Volk, den lebendigen Kontakt zwischen der nationalen Regierung als der Ausdrucksform des Volkswillens und dem Volke selbst. Wie wir in den vergangenen Wochen erlebt haben, daß sich in steigendem Maße eine politische Gleichschaltung zwischen der Reichspolitik und der Länderpolitik vollzogen hat, so sehe ich die erste Aufgabe des neuen Ministeriums darin, nunmehr eine Gleichschaltung zwischen der Regierung und dem ganzen Volke herzustellen. Ich glaube nicht, daß wir unser Ziel mit einer 52-prozentigen parlamentarischen Mehrheit erreicht haben würden. Eine Regierung, die so große, einschneidende Maßnahmen treffen muß wie die unsrige, könnte auf die Dauer im Volke nicht die Rückendeckung finden, deren sie für diese einschneidenden Maßnahmen bedarf, wenn sie sich damit zufriedengeben wollte. Sie muß vielmehr alle propagandistischen Vorbereitungen treffen, um das ganze Volk auf ihre Seite zu ziehen. Wenn diese Regierung entschlossen ist, niemals zu weichen, niemals, nimmer und unter keinen Umständen, dann braucht sie sich nicht der toten Macht der Bajonette zu bedienen, dann wird sie auf die Dauer nicht damit zufrieden sein können, 52 Prozent hinter sich zu wissen, um damit die übrigbleibenden 48 Prozent zu terrorisieren, sondern sie wird ihre nächste Aufgabe darin sehen, die übrigbleibenden 48 Prozent für sich zu gewinnen.

[…]

Es genügt nicht, die Menschen mit unserem Regiment mehr oder weniger auszusöhnen, sie zu bewegen, uns neutral gegenüberzustehen, sondern wir wollen die Menschen so lange bearbeiten, bis sie uns verfallen sind, bis sie auch ideenmäßig einsehen, daß das, was sich heute in Deutschland abspielt, nicht nur hingenommen werden muß, sondern auch hingenommen werden kann.

[…]

Denn Propaganda ist nicht Selbstzweck, sondern Mittel zum Zweck. Wenn nun mit diesem Mittel der Zweck erreicht worden ist, dann ist das Mittel gut; ob es in jedem Falle nun scharfen ästhetischen Forderungen entspricht oder nicht, ist dabei gleichgültig. Wenn dieser Zweck aber nicht erreicht worden ist, dann ist dieses Mittel eben schlecht gewesen. Der Zweck unserer Bewegung war, Menschen zu mobilisieren, Menschen zu organisieren und für die nationalrevolutionäre Idee zu gewinnen. Dieser Zweck – das kann niemand, auch der Böswilligste nicht, bestreiten – ist erreicht worden, und damit ist das Urteil über unsere propagandistischen Methoden ausgesprochen worden. Das neue Ministerium hat keinen anderen Zweck, als die Nation geschlossen hinter die Idee der nationalen Revolution zu stellen.

[…]

Die wichtigsten Aufgaben dieses Ministeriums müssen folgende sein: Zunächst müssen alle propagandistischen Unternehmungen und alle volksaufklärenden Institutionen des Reiches und der Länder zentral in einer Hand vereinigt werden. Es muß ferner unsere Aufgabe sein, diesen propagandistischen Einrichtungen einen modernen Impuls einzuhauchen und sie mit der Jetztzeit in Übereinstimmung zu bringen. Es darf der Technik nicht überlassen bleiben, dem Reich voranzulaufen, sondern das Reich muß mit der Technik gehen. Das Modernste ist gerade gut genug. Wir leben nun einmal in dem Zeitalter, wo Massen hinter einer Politik stehen müssen. [...] Die modernen Volksführer müssen moderne Volkskönige sein, sie müssen die Masse verstehen, brauchen der Masse aber nicht nach dem Munde zu reden. Sie haben die Pflicht, der Masse zu sagen, was sie wollen, und der Masse das so klarzumachen, daß diese es auch versteht. [...]

Joseph Goebbels: Rede vor der Presse über die Errichtung des Reichspropagandaministeriums (15. März 1933), in Joseph Goebbels: Revolution der Deutschen: 14 Jahre Nationalsozialismus. Oldenburg, 1933, S. 135–150.

Anmerkung:

1 Das neue Ministerium wurde am 13. März 1933 eingerichtet.

zugelassene Hilfsmittel: Deutsches Wörterbuch

Lösungsvorschläge

Diese Aufgabe entspricht den folgenden aktuellen Schwerpunktthemen:

- ***Inhaltsfeld 5:** Die Zeit des Nationalsozialismus – Voraussetzungen, Herrschaftsstrukturen, Nachwirkungen und Deutungen*
  - *Politische und ideologische Voraussetzungen des Nationalsozialismus*
  - *Die Herrschaft des Nationalsozialismus in Deutschland und Europa*

1. *In der ersten Teilaufgabe sollen Sie das zu bearbeitende Material detailliert vorstellen. Hierzu sind Angaben zum Autor, zu den Adressaten, zum Thema, zur Textsorte, zur Entstehungszeit und zum historischen Hintergrund sowie zur Aussageabsicht des Verfassers zu machen. Anschließend müssen Sie den Inhalt der Quelle strukturiert wiedergeben. Das Ziel der Analyse ist die Rekonstruktion eines historischen Sachverhalts und/oder einer Problemstellung auf Basis der Quelle. Beim vorliegenden Text sollen Sie folglich die Einschätzung des Propagandaministers Joseph Goebbels zur Bedeutung der Propaganda rekonstruieren.*

Einleitung

Bei der vorliegenden Quelle handelt es sich um einen Auszug aus einer öffentlichen Rede, die der frisch gekürte Reichspropagandaminister Joseph Goebbels am 15. März 1933 vor der versammelten Presse hielt. Sie ist also als **Dokument** einzuordnen, in dem die zentrale **Bedeutung der Propaganda** für den Aufbau der sogenannten Volksgemeinschaft **thematisiert** wird. Zwei Tage vor der Rede, am 13. März 1933, hatte Adolf Hitler, der am 30. Januar 1933 von Reichspräsident Hindenburg zum Reichskanzler ernannt worden war, das „Reichsministerium für Volksaufklärung und Propaganda" unter der Leitung seines langjährigen Wegbegleiters, Joseph Goebbels, eingerichtet. Die Institution sollte die **Etablierung des nationalsozialistischen Regimes** unterstützen und dazu beitragen, den Nationalsozialisten die gewonnene Macht zu sichern. Goebbels richtet sich mit seinen Ausführungen an die geladenen **Pressevertreter**, insbesondere an jene, die der Monopolstellung des neuen Ministeriums skeptisch gegenüberstanden. Darüber hinaus wendet sich der Minister auch an **Kritiker aus den eigenen Reihen**, die die von den Nationalsozialisten angestrebte „Volksgemeinschaft" allein durch die Terrorisierung politischer Gegner erreichen wollten (vgl. Z. 25 ff.). Goebbels **beabsichtigt** deshalb, seine Gegner und Skeptiker von der Notwendigkeit einer „Gleichschaltung" und zentralen Kontrolle der Presse zu überzeugen, indem er seine Motive und das Erfolgspotenzial der Propaganda darlegt.

Quelle

Thema

historischer Kontext

Adressaten

Intention

strukturierte Wiedergabe

Gleich im ersten Teil der Rede (Z. 1–34), in dem es um die besondere **Bedeutung des neuen Ministeriums** geht, offenbart Goebbels seine Motive. Er lobt die Einrichtung des Propagandaministeriums als „revolutionäre [T]at" (Z. 2), mit der die Regierung nun ihre Aufgabe als „Volksregierung" (Z. 4) ernst nehme. Für Goebbels bedeutet dieser Begriff, dass die Exekutive nicht nur vom Volk gewählt wurde, sondern auch dessen Willen umsetze, indem sie sich als „**Vollstreckerin des Volkswillens**" (Z. 5) erweise. Er verteidigt die genannte Neuerung, indem er sich einerseits dem potenziellen Vorwurf entgegenstellt, die Regierung sei reaktionär (vgl. Z. 5 ff.), und sich andererseits **vom Parlamentarismus der Weimarer Republik abgrenzt** (vgl. Z. 8 f.). Die **Funktion** des Ministeriums definiert Goebbels als **Verbindung zwischen** der **Regierung**, die den Volkswillen umsetze, **und** dem **Volk** selbst (vgl. Z. 10 ff.). Er rechtfertigt die Bedeutung seiner Arbeit, indem er eine Parallele zur erfolgreichen politischen „Gleichschaltung" zieht und zugleich vorhandene Defizite in der gesellschaftlichen Verankerung der nationalsozialistischen Weltanschauung hervorhebt. Um diese Mängel zu beheben, müsse die vorrangige Aufgabe des neuen Ministeriums „eine **Gleichschaltung zwischen** der **Regierung und** dem ganzen **Volke**" (Z. 16) sein.

Bedeutung und Funktion des Propagandaministeriums

Möglichen Kritikern entgegnet er, dass die einschneidenden Maßnahmen der nationalsozialistischen Regierung auf Dauer nicht mit einer nur knappen Mehrheit der Wähler (52 %) getragen werden könnten, sondern dass es dafür einer **breiteren Zustimmung** bedürfe. Diese sei nicht mit Terror gegenüber der Minderheit (48 %) zu erreichen. Vielmehr müsse Überzeugungsarbeitet geleistet werden, um das „ganze Volk" (Z. 22) für sich zu gewinnen (vgl. Z. 21 f.). Dabei stellt Goebbels klar, dass ihm weder Neutralität noch vage Zustimmung reiche, sondern dass er eine **vollständige Identifikation mit der nationalsozialistischen Idee** erwarte. Er wolle „die Menschen so lange bearbeiten, bis sie uns verfallen sind" (Z. 31 f.). An dieser Aussage wird die emotionale Dimension der Arbeit des „Ministeriums für Volksaufklärung und Propaganda" deutlich.

Maßnahmen zur Gewinnung einer breiten Zustimmung

Im nächsten Abschnitt (vgl. Z. 36–45) liefert Goebbels ein Kriterium zur Bewertung seiner Tätigkeit. Er definiert **Propaganda als Mittel zum Zweck**, dem ästhetische Maßstäbe untergeordnet seien. Die Propaganda sei allein an der Erreichung ihres Ziels zu messen (vgl. Z. 36 ff.). Goebbels konstatiert, dass der Zweck der nationalsozialistischen Bewegung die Mobilisierung, Organisation und Überzeugung von Menschen gewesen sei, und behauptet, diese **Ziele seien** unbestreitbar **erreicht** worden. Daraus schlussfolgert der Redner, dass die bisherigen **propagandistischen Methoden positiv** beurteilt werden müssten. Er beschwört die Anwesenden wiederholt, dass das neue Ministerium

Definition von Propaganda

allein dazu diene, die Idee der „nationalen Revolution“ (Z. 45) zu unterstützen.

Im letzten Abschnitt (Z. 47–58) skizziert Goebbels die wichtigsten **Aufgaben** des neuen Ministeriums. Zum einen müssten **sämtliche Institutionen**, die mit Propaganda und Aufklärung betraut seien, **zentral gelenkt** werden (vgl. Z. 47 ff.). Zum anderen müssten sie – vor allem **technisch** – **modernisiert** werden, damit die Menschenmassen effektiv angesprochen werden könnten (vgl. Z. 49 ff.). Abschließend erläutert Goebbels seine Vorstellung des **Zusammenhangs von Führerprinzip und Propaganda:** Die modernen „**Volksführer**“ müssten „Volkskönige“ (Z. 55) sein, die zwar Verständnis für die Masse aufbringen, aber nicht zwangsläufig entsprechend handeln müssten. Vielmehr sei es ihre Pflicht, der **Masse** zu **vermitteln, was sie** selbst **wollten** (vgl. Z. 56 ff.).

zentrale Aufgaben des Propagandaministeriums

2. *In der zweiten Teilaufgabe wird – auf der Grundlage der analysierten Quelle – eine zusammenhängende Erläuterung der zur Sprache gebrachten historischen Sachverhalte von Ihnen erwartet. Sie müssen hier also die Ziele und Rechtfertigungen von Goebbels vor dem Hintergrund der Etablierung des nationalsozialistischen Systems totalitärer Herrschaft darstellen. Dabei ist es wichtig, dass Sie mithilfe direkter und indirekter Zitate an passender Stelle immer wieder auf den Ausgangstext Bezug nehmen.*

Joseph Goebbels war als „Minister für Volksaufklärung und Propaganda“ seit dem 13. März 1933 Mitglied im Kabinett Hitlers, der nur sechs Wochen zuvor am 30. Januar 1933 vom Reichspräsidenten Hindenburg zum Reichskanzler ernannt worden war. Die Quelle ist also in die **Anfangszeit der nationalsozialistischen Machtsicherung** einzuordnen. Diese war zum einen von der sogenannten **Legalitätstaktik** Hitlers geprägt, zum anderen aber auch von einer offensiven **Propaganda**, die für eine breite Zustimmung sorgen sollte. Zudem war die Etablierung des NS-Regimes von Beginn an von einem aggressiven **Terror** begleitet, der Kritiker einschüchterte und unterdrückte. Diese charakteristischen Merkmale der ersten Phase des Machtausbaus und der Machtsicherung spiegeln sich in Goebbels Rede.

historischer Kontext

Machtsicherung der Nationalsozialisten

Der Propagandaminister betont, dass die **neue Regierung** „Vollstreckerin des Volkswillens“ (Z. 5) sei und bezeichnet sie sogar als „**Volksregierung**“ (Z. 4). Im Sinne von Hitlers „Legalitätstaktik“ ist es Goebbels wichtig, aufzuzeigen, dass die **Machtübernahme** der Nationalsozialisten **ohne einen Bruch des geltenden Rechts** vonstattengegangen sei. Er kann sich dabei auf

Hitlers „Legalitätstaktik“

die Wahlergebnisse der **NSDAP** seit 1932 berufen, die seine Partei ab Juli 1932 zur **stärksten Partei** im Reichstag gemacht hatten. Obwohl die NSDAP im November 1932 von 37,4 % auf 33,1 % zurückgefallen war, blieb sie die Partei mit den meisten Parlamentssitzen. Dieser Erfolg führte, neben der bereits seit zwei Jahren andauernden **Regierungskrise** mit wechselnden Präsidialkabinetten, schließlich zur **Ernennung Hitlers zum Reichskanzler** durch Reichspräsident Hindenburg.

Ausschaltung politischer Gegner

Damit war die NSDAP zwar mit weitgehend legalen Mitteln zur Regierungsverantwortung gelangt, doch nutzte Hitler die neue Machtposition, um seine **politischen Gegner systematisch auszuschalten**. Zu den von Goebbels erwähnten **„einschneidende[n] Maßnahmen"** (Z. 18 f.) gehörte die „Verordnung zum Schutz von Volk und Staat" vom 28. Februar 1933, die nur einen Tag nach dem Brand des Reichstags in Kraft trat. Obwohl der niederländische Anarchist Marinus van der Lubbe beteuerte, für die Tat allein verantwortlich zu sein, nutzten die Nationalsozialisten den Vorfall, um die Angst vor einem kommunistischen Umsturzversuch zu schüren. Auf Basis der **„Reichstagsbrandverordnung"** wurden vor allem kommunistische Oppositionelle aus dem politischen Leben ausgeschaltet, verfolgt und inhaftiert.

„Gleichschaltung"

Daneben arbeitete die Regierung an der sogenannten **Gleichschaltung**, die zum Ziel hatte, alle politischen aber auch gesellschaftlichen Institutionen auf die ideologische Linie der NSDAP zu bringen. Goebbels erwähnt in seiner Rede die „politische Gleichschaltung zwischen der Reichspolitik und der Länderpolitik" (Z. 14 f.), die regimekritische Landesregierungen beseitigen und eine von Berlin ausgehende **Zentralisierung** ermöglichen sollte. Zu diesem Zweck schürten Nationalsozialisten Unruhen und Aufstände, um anschließend unter Berufung auf den „Schutz von Volk und Staat" die öffentliche Ordnung scheinbar wiederherzustellen. Den Landesregierungen wurde politisches Versagen vorgeworfen, nach ihrer Absetzung übernahmen nationalsozialistische Reichskommissare die Regierungsgeschäfte.

Gewinnung des Volks durch Propaganda

Wenngleich Goebbels die Notwendigkeit der genannten Maßnahmen nicht anzweifelt, betont er, wie wichtig es sei, dafür eine dauerhafte **Rückendeckung im Volk** zu erhalten (vgl. Z. 18 ff.). Diese sei **allein durch Terror und Zwang nicht zu erreichen**. Zur Untermauerung verweist er auf das **enttäuschende Wahlergebnis** der NSDAP am 5. März 1933, das trotz der Ausschaltung von Kommunisten und der Unterdrückung der Sozialdemokraten nicht die erhoffte absolute Stimmenmehrheit für die NSDAP gebracht hatte. Nur in einer Koalition mit der

DNVP und dem „Stahlhelm" („Kampffront Schwarz-Weiß-Rot") kamen die Nationalsozialisten auf eine absolute Mehrheit von 52 %. Goebbels erwartet von der Regierung, dass sie die übrigen 48 % der Wähler nicht durch Terrormaßnahmen einschüchtere, sondern mithilfe von **Propagandamaßnahmen** für sich gewinne (vgl. Z. 25 ff.). Zu diesem Zweck wurde am 13. März 1933 das **Reichspropagandaministerium** unter der Leitung von Goebbels eingerichtet. Der Propagandaminister sah es als seine Aufgabe an, das Volk durch vielfältige Aktionen „ideenmäßig" (Z. 32) zu überzeugen. Mit Fackelumzügen, Propagandamärschen und sorgfältig choreographierten **Massenveranstaltungen** bemühte er sich um einen **emotionalen Zugang** zu den Wählern und versuchte, die Massen zu mobilisieren. Die „Legalitätstaktik" Hitlers unterstrich er später in der Inszenierung des „**Tags von Potsdam**" am 21. März 1933, der als Verbindung von Kaiserreich und „Drittem Reich" vor allem konservative Wähler und Politiker dem Hitler-Regime gewogen machen sollte. Die propagandistische Vermarktung dieses symbolträchtigen Ereignisses trug maßgeblich dazu bei, dass zwei Tage später, am 23. März 1933, das „**Ermächtigungsgesetz**" auch mit den Stimmen des Zentrums angenommen wurde. Es ermöglichte der Regierung freien Handlungsspielraum ohne Beteiligung des Reichstags. Diese **Selbstentmachtung des Parlaments** bildete die Grundlage für die weitere Festigung der NS-Diktatur. Neben der propagandistischen Einflussnahme griff das NS-Regime weiterhin auch auf **Zwangs- und Unterdrückungsmaßnahmen** zurück, um das Volk hinter sich zu bringen. So wurden **Konzentrationslager** zur „Umerziehung" politischer Gegner eingerichtet, während der **Straßenterror** der SA zur Abschreckung dienen und potenzielle Regimekritiker mundtot machen sollte.

Ziel der Propaganda: Vermittlung der NS-Ideologie

Goebbels bezeichnet in seiner Rede die **Propaganda als** ein **Mittel zu dem Zweck**, die Menschen „für die nationalrevolutionäre Idee zu gewinnen" (Z. 41). Er bekennt sich in seiner Darstellung deutlich zu grundsätzlichen Elementen der **nationalsozialistischen Ideologie**. So beruft er sich auf das **Führerprinzip** (vgl. Z. 54 ff.) und **distanziert sich vom demokratischen Parlamentarismus** (vgl. Z. 7 ff.). In Entsprechung zur nationalsozialistischen Definition des Führerbegriffs erwartet Goebbels vom Führer, dass er der Masse nicht nur seinen eigenen Willen verständlich macht, sondern auch eine **Übereinstimmung zwischen Führer- und Volkswille** erreicht. Dazu wiederum bedarf es laut Goebbels der **Propaganda**. Die demokratische Abstimmungskultur in einem Parlament lehnt Goebbels rundheraus ab (vgl. Z. 7 ff.). Der Parlamentarismus, in welchem die

Führerprinzip

Antiparlamentarismus

Regierung vom Vertrauen des Parlaments abhängig ist, wurde von den Nationalsozialisten nicht nur als ineffektiv bezeichnet, sondern sogar als Verrat an den Interessen des Volks (vgl. Z. 2 f.). Stattdessen nimmt Goebbels für die autoritär herrschende NS-Regierung in Anspruch, die wahre „Vollstreckerin des Volkswillens" (Z. 5) zu sein. Er geht also davon aus, dass die Regierung besser als das Volk selbst weiß, was für dieses gut ist. Neben **Antiparlamentarismus** und Führerprinzip steckt in Goebbels' Rede auch die für die NS-Ideologie ganz zentrale Idee der „**Volksgemeinschaft**". Damit verbanden die Nationalsozialisten eine idealtypische Gemeinschaft auf Basis rassischer Reinheit, Interessengleichheit und sozialistisch inspirierter Klassenlosigkeit. In Goebbels' Rede wird die „Volksgemeinschaft" vorwiegend als **Interessens- und Gesinnungsgemeinschaft** verstanden. Diese Schwerpunktsetzung erkennt man daran, dass der Minister immer wieder betont, dass es die vornehmliche Aufgabe der Propaganda sei, „die Nation geschlossen hinter die Idee der nationalen Revolution zu stellen" (Z. 44 f.). Er beabsichtigt also, **durch Propaganda** die nationalsozialistische Gesinnung der Bevölkerung zu stärken.

„Volksgemeinschaft"

3. *In der dritten Teilaufgabe soll die Einschätzung von Goebbels zur Bedeutung der Propaganda im nationalsozialistischen Staat vor dem Hintergrund der zeitgenössischen und der gegenwärtigen Wertmaßstäbe auf ihre Legitimation geprüft und bewertet werden. Dabei ist es wichtig, deutlich zwischen den beiden Perspektiven zu differenzieren (Sach- und Werturteil) und die eigenen Kriterien offenzulegen. Einleitend sollte zudem die Sichtweise des Verfassers wiedergegeben werden.*

Joseph Goebbels versteht das „Ministerium für Volksaufklärung und Propaganda" als **Instrument des nationalsozialistischen Herrschaftsaufbaus**. In diesem Sinne dient die Propaganda dazu, die Bevölkerung von der Ideologie und den Maßnahmen der Regierung zu überzeugen. Sie soll den Pluralismus von Interessen und Parteien beenden und die nationalsozialistische „Gleichschaltung" auf gesellschaftlicher Ebene unterstützen.

Sichtweise des Verfassers

Durchsetzung der NS-Ideologie mithilfe von Propaganda

Hinsichtlich seiner **Einschätzung zur Bedeutung der Propaganda** für den Aufstieg und die Festigung des Nationalsozialismus liegt Goebbels **völlig richtig**. Die Propaganda trug in den ersten Jahren maßgeblich dazu bei, den Nationalsozialismus zu einer **Massenbewegung** zu machen. Der **emotionale Zugang** stärkte die Identifikation mit der nationalsozialistischen Ideologie im Spannungsfeld von **Zugehörigkeit und Ausgrenzung**. In Kriegszeiten entfaltete die Propaganda eine besondere Dynamik und beschwor ein Durchhalten bis zum „Endsieg". Das NS-

Sachurteil

große Bedeutung der Propaganda

Regime verfügte bis zu seinem Zusammenbruch tatsächlich über einen enormen Propagandaapparat, was dessen Bedeutung für die Nationalsozialisten unterstreicht.

Wie die Wahlergebnisse der Jahre 1932/33 zeigen, entsprachen die nationalsozialistische **Kritik am demokratischen Pluralismus** und die Hinwendung zu einem politischen Zentralismus mit einem charismatischen Führer an der Spitze den **Sehnsüchten vieler Wähler** der späten Weimarer Republik. Die politische und gesellschaftliche Destabilisierung infolge der Weltwirtschaftskrise führte zu einem erheblichen **Vertrauensverlust gegenüber den etablierten Parteien**. Die Unfähigkeit des Parlaments, angesichts der Krise tragfähige Kompromisse zu schließen, hatte die Einsetzung von **Präsidialkabinetten** zur Folge. Die Durchsetzung einschneidender Maßnahmen auf der Basis von Notverordnungen und ständige Neuwahlen verschärften die **Unzufriedenheit** und führten letztlich zum Ende der Republik. Vor diesem Hintergrund wirkte die **von Goebbels propagierte** nationale Einheit einer „**Volksgemeinschaft**" unter einem starken Anführer für viele Zeitgenossen **als akzeptabler Ausweg**.

Propaganda entspricht Sehnsüchten vieler Zeitgenossen

Somit ist die **Rede** von Goebbels selbst als **Teil der Propaganda** zu verstehen. Er wirbt nicht nur für das neue Ministerium, sondern inszeniert die neue Regierung zugleich als „Verbindung zwischen Regierung und Volk" (Z. 11). Der faktische Widerspruch in der Behauptung des Regimes, eine „Volksregierung" (Z. 4) zu sein, lag darin, dass die Nationalsozialisten eigentlich danach strebten, der Bevölkerung durch Propaganda- und Terrormaßnahmen ihre eigene Weltanschauung aufzuzwingen. **Goebbels beschönigt das Verhältnis von Volk und Staat** mit Hinweisen auf einen „lebendigen Kontakt" (Z. 11) zwischen der nationalen Regierung und dem Volk. Zugleich räumt er gegenüber den Pressevertretern ein, dass der „moderne Volksköni[g]" (Z. 55) die Pflicht habe, der Masse seinen eigenen Willen zu vermitteln.

Werturteil

Rede als Teil der Propaganda

Goebbels gibt den anwesenden Pressevertretern nicht nur eine **Orientierung** für die zukünftig von ihnen erwartete Arbeit, sondern er verknüpft diesen Hinweis zugleich mit einer unterschwelligen **Drohung**. Wenn sich die Anwesenden nicht der nationalsozialistischen Propaganda verschreiben, sondern sich weiterhin an „ästhetischen Forderungen" (Z. 38) orientieren würden, hätten sie die „Mittel eben schlecht" (Z. 39 f.) gewählt. Da Goebbels' Ministerium fortan die gesamte Presse- und Propagandatätigkeit zentral kontrollierte, konnte dies mindestens das Ende der beruflichen Karriere für den jeweiligen Journalisten bedeuten.

„Gleichschaltung" des Journalismus

Goebbels macht in seiner Rede keinen Hehl daraus, dass die Presse – später auch Rundfunk, Fernsehen, Theater und viele weitere Institutionen – fortan in den Dienst des Nationalsozialismus gestellt werde. Die **Pressefreiheit**, die bereits durch die „Reichstagsbrandverordnung" eingeschränkt worden war, wurde mit Gründung des Propagandaministeriums vollends aufgehoben. Die gesamte Öffentlichkeitsarbeit wurde von den Nationalsozialisten zum Zweck der bedingungslosen Unterstützung ihres diktatorischen Regimes instrumentalisiert. Mit einem solchen **demokratiefeindlichen Vorgehen** unterbanden die Nationalsozialisten die öffentliche, pluralistische Meinungsbildung. Was aus heutiger Sicht im Rahmen einer demokratischen Streitkultur nicht hinnehmbar erscheint, rief 1933 **kaum nennenswerte Proteste** vonseiten der Journalisten hervor. Dies kann als Hinweis darauf dienen, wie erfolgreich die **Taktik der propagandistischen Beschönigung** und der nur vagen Andeutung von Konsequenzen war, denn im März 1933 wäre ein geschlossener Protest der Pressevertreter durchaus noch möglich gewesen.

Aufhebung von Presse- und Meinungsfreiheit

Goebbels' Rede verdeutlicht den **Stellenwert der Propaganda** für das NS-Regime. Die Beeinflussung der Massen, sowohl in Deutschland als auch im Ausland, war für die Nationalsozialisten ein zentraler Faktor ihrer Herrschaft. Nicht umsonst hat der Begriff „Propaganda" seit der NS-Zeit seine Neutralität verloren und steht heutzutage für die **manipulative Indoktrinierung** einer bestimmten Weltanschauung.

Fazit

Nordrhein-Westfalen – Geschichte – Grundkurs
Übungsaufgabe 4

A: Interpretation sprachlicher oder nichtsprachlicher historischer Quellen

Aufgabenstellung

Interpretieren Sie die Quelle, indem Sie

1. sie analysieren,
2. sie in den historischen Kontext einordnen und ausgehend von der Quelle die Merkmale der nationalsozialistischen Wirtschaftspolitik erläutern,
3. zur Darstellung der wirtschaftlichen Maßnahmen und ihrer Motive Stellung nehmen.

M: Auszüge aus einem nationalsozialistischen Schulbuch, 1943

Tag der Volksgemeinschaft

1. Mai 1933! Im Lustgarten in Berlin ist ein riesiger Maibaum aufgerichtet mit grünem Laub und bunten Bändern. Von den Häusern wehen Hakenkreuzfahnen, vor den Türen stehen Maibäume, selbst die Straßenbahnen haben sich geschmückt. Tausende und aber Tausende sind gekommen, Arbeiter, Unternehmer, Kaufleute, Angestellte und Beamte. Da ist keiner, der nicht mitfeiert! Am Rundfunk aber stehen im ganzen Reiche 50 Millionen deutsche Menschen und horchen, was der Führer sagt. Adolf Hitler spricht vom Mai und von des deutschen Volkes Frühling. Die Not werde nun gewendet, der deutschen Arbeit und dem deutschen Arbeiter werde die Bahn wieder frei gemacht. Ehret die Arbeit und achtet den Arbeiter! Und ein ganzes Volk sagt dazu: Ja!

Der Führer hielt Wort! Was niemand für möglich gehalten hätte, geschah. Der deutsche Arbeiter fand zum deutschen Volke zurück und wurde des Führers getreuer Gefolgsmann. Überwunden wurde die liberalistische Wirtschaftsordnung, bei der die Arbeit eine käufliche Ware war, bei der der Grundsatz galt: Eigennutz vor Gemeinnutz! Die Arbeit wurde wieder Dienst am Volke. Der Sozialismus verband sich mit dem Nationalismus, so entstand der Nationalsozialismus. Nun galt „Gemeinnutz geht vor Eigennutz“.

Ordnung der Arbeit

Bald kam das „Gesetz zur Ordnung der nationalen Arbeit“. Nun gibt es keinen Kampf mehr zwischen dem Unternehmer und dem Arbeiter, sondern eine treuverbundene Betriebsgemeinschaft mit einem Betriebsführer und einer Gefolgschaft. Über sie wacht der „Treuhänder der Arbeit“. Der Arbeitsfriede ist gesichert. Alle

Schaffenden der Stirn und der Faust vereinigten sich in der „Deutschen Arbeitsfront“. An ihre Spitze stellte der Führer seinen alten Mitkämpfer Dr. Robert Ley. Er wacht darüber, daß der deutsche Arbeiter zu seinem Rechte kommt, damit er sich als Glied des Volkes fühlt und wohlfühlt. Nun hat der Arbeiter gesunde und schöne Arbeitsplätze und braucht nicht mehr an der dunklen Drehbank in schmutziger Werkstatt zu stehen. Nun bekommt er anständige Wohnungen in freundlichen Gärten. Das Reich unterstützt ihn, wenn er heiraten will; es gibt ihm Ehestandsdarlehen, die er nicht zurückzuzahlen braucht, wenn seine Frau ihm Kinder schenkt. Mit „Kraft durch Freude“ kann er Konzerte und Theater besuchen und in seinem Urlaub die Schönheiten Deutschlands kennenlernen, ja, auf großen Dampfern die Meere durchfahren. Daß aber seine Leistung nicht sinkt, sondern immer besser wird, dafür sorgt der Berufswettkampf.

Beseitigung der Erwerbslosigkeit

Vor allem aber gab der Führer dem deutschen Arbeiter wieder Arbeit und Brot! Zunächst stellte er dem Reich, den Ländern, Städten und Gemeinden große Arbeitsaufgaben. Der erste Spatenstich zur Reichsautobahn wurde getan. 500 000 Menschen hatten auf Jahre hinaus Arbeit und gaben anderen Hunderttausenden in Fabriken und Steinbrüchen Brot. Bald waren Tausende von Kilometern fertig, aber 14 000 sollen es werden! Auch andere große Aufgaben wurden durchgeführt. Der Mittellandkanal wurde fertig, der Main-Donau-Kanal ist im Bau. Zahllose Kasernen sind errichtet, die Rüstungs- und Munitionsfabriken arbeiten. Viele Tausende von Wohnhäusern entstehen, wunderbare Staats- und Parteibauten, herrliche Theater erregen Bewunderung. Nun müssen wir uns sogar aus anderen Ländern Arbeiter holen, aus Ungarn, Italien, Böhmen und Mähren, aus der Slowakei. Und viele Deutsche, die bislang in fremden Ländern wohnten, kehren zurück und finden in der Heimat Arbeit und Brot. In fünf Jahren stieg das Einkommen des deutschen Volkes von 45 Milliarden auf 68 Milliarden Reichsmark. Und dabei stiegen in den Feindbundländern Erwerbslosigkeit, Not und Streikfieber.

Deutschlands Selbstversorgung

Das Schicksal hat unsern Führer und unser Volk das Wunder des Wirtschaftsaufbaus vollbringen lassen. Nun steigt der Haß der Juden und aller anderen Feinde in der Welt ins Maßlose. Sie versuchen auf andere Weise Deutschland wirtschaftlich in die Knie zu zwingen. „Verkauft den Deutschen kein Gummi mehr, dann nützen ihnen ihre vielen Autos und Autobahnen nichts! Gebt ihnen keine Wolle und Baumwolle, dann haben sie zuletzt nichts anzuziehen!“, so tuscheln sie. Und die Feinde gehorchen. Sie verhängen über Deutschland die Wirtschaftssperre und wollen mit uns keinen Handel treiben. Aber der Führer weiß Rat!

In vier Jahren soll Deutschland in allen jenen Stoffen vom Ausland gänzlich unabhängig sein, die irgendwie durch die deutsche Fähigkeit, durch die deutsche Chemie und Maschinenindustrie sowie durch den Bergbau beschafft werden können. Damit eröffnet er den zweiten Vierjahresplan. Hermann Göring steht an der Spitze. Fieberhaft arbeitet die deutsche Wissenschaft, Fabriken wachsen aus der Erde. Dort stellt der deutsche Arbeiter aus Kohle und Kalk „Buna“ her, das ist noch besser als Kautschuk. In anderen Fabriken wird aus deutschem Holz die „Zellwolle“ gewonnen. Anzüge und Kleider daraus sind genauso gut wie die aus Baumwolle und Wolle. Und Benzin wollten sie uns nicht geben? Schadet nicht, wir können es aus Kohle selbst erzeugen! Fieberhaft schürfen die deutschen Bergleute in der Erde, ob sie nicht doch noch Erze finden. Da wachsen auch schon die Hermann-Göring-Werke, bald glühen die Hochöfen, und wir lachen der Feinde. Kohle, Kalk, Erz, Holz hat Deutschland mehr, als wir dachten. Und die SA. und HJ. sammeln Schrott, das wandert in die Hochöfen. Der deutsche Wille gestaltet die Wirtschaft zur „Wehrwirtschaft“, und Deutschland wird gerettet!

Dietrich Klagges (Hrsg.): So ward das Reich. Aus der Reihe: Volk und Führer. Deutsche Geschichte für Schulen. Ausgabe für Volksschulen Klasse 6, 7 und 8. Diesterweg Verlag, Frankfurt a. M. 1943. S. 198–201.

Hinweis zum Herausgeber:
Dietrich Klagges (1891–1971) war Volksschullehrer, wurde 1930 wegen seiner Zugehörigkeit zur NSDAP (seit 1925) aus dem preußischen Staatsdienst entlassen und ab 1931 im Freistaat Braunschweig wieder als Referent im Volksbildungsministerium eingestellt. Von 1933 bis 1945 war er Ministerpräsident in Braunschweig.

zugelassene Hilfsmittel: Deutsches Wörterbuch

Lösungsvorschläge

Diese Aufgabe entspricht den folgenden aktuellen Schwerpunktthemen:
Inhaltsfeld 5: *Die Zeit des Nationalsozialismus – Voraussetzungen, Herrschaftsstrukturen, Nachwirkungen und Deutungen*

- *Politische und ideologische Voraussetzungen des Nationalsozialismus*
- *Die Herrschaft des Nationalsozialismus in Deutschland und Europa (Wirtschaftspolitik)*

1. *Die erste Teilaufgabe fordert Sie dazu auf, den vorliegenden Text zu analysieren. Das heißt, dass Sie diesen zunächst detailliert vorstellen müssen. Hierzu sind Angaben zum Autor, zu den Adressaten, zum Thema, zur Textsorte, zur Entstehungszeit, zum historischen Hintergrund sowie zur Aussageabsicht des Verfassers zu machen. Anschließend müssen Sie den Inhalt der Quelle strukturiert wiedergeben. Das Ziel der Analyse ist die Rekonstruktion des historischen Sachverhalts auf Basis der Quelle. Beim vorliegenden Text sollen Sie folglich herausarbeiten, wie die nationalsozialistische Wirtschaftspolitik in einem Volksschulbuch aus dem Jahr 1943 dargestellt wird. Fassen Sie dazu die zentralen Aussagen in Ihren eigenen Worten zusammen und belegen Sie Ihre Erkenntnisse mithilfe direkter und indirekter Zitate an der Quelle.*

Einleitung
Quelle
Erscheinungsjahr

Bei der vorliegenden Quelle handelt es sich um einen Auszug aus einem **Geschichtsbuch** für die Volksschule, das im Jahr 1943 veröffentlicht wurde. Es richtet sich an **Schülerinnen und**

Schüler der sechsten bis achten Klasse und ist als **Dokument** einzuordnen. Die Autoren des Schulbuchs sind nicht näher ausgewiesen, der ehemalige Volksschullehrer und amtierende Ministerpräsident Braunschweigs Dietrich Klagges wird jedoch als verantwortlicher **Herausgeber** genannt. Die vorliegenden Auszüge aus dem Schulbuch thematisieren die Maßnahmen und Ziele der **nationalsozialistischen Wirtschaftspolitik**. Zum Zeitpunkt der aktuellen Auflage des Buchs befand sich das Deutsche Reich seit vier Jahren im Krieg. Die **desolate Lage des deutschen Militärs** zeichnete sich insbesondere an der Ostfront bereits ab und das **Scheitern der Wirtschaftspolitik** wurde unter anderem am fehlenden Nachschub sowie an der mangelhaften Versorgung in der Heimat offensichtlich. Es ist daher die Absicht der Schulbuchautoren, den **Durchhaltewillen** der Jugendlichen und ihrer Familien zu **stärken**, indem das **NS-Regime**, seine wirtschaftspolitischen Maßnahmen sowie deren Folgen **propagandistisch beschönigt** und überhöht werden.

Adressaten
Quellenart
Autoren
Thema
Kontext
Intention

Im ersten Abschnitt mit dem Titel „Tag der Volksgemeinschaft" (vgl. Z. 1–17) werden **Maßnahmen zur Stärkung des Gemeinschaftssinns** vorgestellt und ideologisch begründet. Die Passage schildert mit lebendigen Ausschmückungen die **Feierlichkeiten** zum 1. Mai 1933 (vgl. Z. 1 ff.) und betont, dass ausnahmslos alle mitgefeiert und die Worte des Reichskanzlers befürwortet hätten (vgl. Z. 5 ff.). Zudem wird **Hitlers Wirtschaftsprinzip** vorgestellt: Er habe den vermeintlich liberalen Grundsatz „Eigennutz vor Gemeinnutz" (Z. 14 f.) in sein Gegenteil („Gemeinnutz geht vor Eigennutz", Z. 16 f.) verwandelt und damit seine Versprechen eingelöst.

strukturierte Wiedergabe
1. Abschnitt: Ideal der „Volksgemeinschaft"

Im folgenden Abschnitt (vgl. Z. 18–33) weisen die Autoren auf das „Gesetz zur Ordnung der nationalen Arbeit" hin, mit dem ein erfolgreiches **Bündnis von Unternehmern und Arbeitern** geschaffen worden sei. Dieses werde von sogenannten **Treuhändern** kontrolliert (vgl. Z. 21). Zur Stärkung der Arbeiter habe die **Deutsche Arbeitsfront** (DAF) für bessere Arbeitsbedingungen und Lebensverhältnisse gesorgt. Die Organisation habe „gesunde und schöne Arbeitsplätze" (Z. 25 f.) bereitgestellt und den Arbeitern „Wohnungen in freundlichen Gärten" (Z. 27) geboten. Außerdem würden die Arbeiter durch Ehestandsdarlehen und Freizeitaktivitäten der „**Kraft durch Freude**"-Organisation unterstützt.

2. Abschnitt: Maßnahmen zur Ordnung des Verhältnisses zwischen Arbeitgebern und Arbeitnehmern

Der Abschnitt zur „**Beseitigung der Erwerbslosigkeit**" (vgl. Z. 34–48) hebt zu Beginn mit einem Ausruf hervor, dass die Arbeiter ihre verbesserten Arbeits- und Lebensbedingungen Hit-

3. Abschnitt: Beseitigung der Arbeitslosigkeit

ler zu verdanken hätten. Anschließend werden diverse **Arbeitsbeschaffungsmaßnahmen** der Reichsregierung aufgelistet. Dazu gehören **Investitionen** im Verkehrs- und Bauwesen wie Autobahn- und Kanalbau sowie die Errichtung von Kasernen und anderer Gebäude (vgl. Z. 39 ff.). Außerdem habe das NS-Regime die Arbeit in **Rüstungs- und Munitionsfabriken** gesteigert (vgl. Z. 41). Als **Folge** dieser Maßnahmen sei nicht nur die Erwerbslosigkeit beseitigt worden, sondern es würden sogar **Arbeiter aus anderen Ländern ins Reich geholt** und im Ausland lebende Deutsche kämen zurück (vgl. Z. 43 ff.). Das Einkommen des deutschen Volks sei in den letzten fünf Jahren um etwa die Hälfte gestiegen. Demgegenüber würden laut den Verfassern in den Staaten der Kriegsgegner „Erwerbslosigkeit, Not und Streikfieber" (Z. 47 f.) zunehmen.

4. Abschnitt: Autarkiebestrebungen

Der letzte Abschnitt geht unter der Überschrift „Deutschlands Selbstversorgung" auf die **Autarkiebestrebungen** des Vierjahresplans ein (vgl. Z. 49–71). Der von Hitler erzielte „Wirtschaftsaufba[u]" (Z. 49) habe den „Haß der Juden und aller anderen Feinde" (Z. 50) hervorgerufen, weshalb diese darauf aus seien, Deutschland wirtschaftlich zugrunde zu richten. Doch der **von den Gegnern initiierten Wirtschaftssperre** sei man mit dem Beschluss entgegengetreten, Deutschland vom Ausland unabhängig zu machen (vgl. Z. 55 ff.). Verantwortlich für die Umsetzung dieses Ziels sei Hermann Göring, der die Erforschung und Herstellung von **Ersatzstoffen** vorantreibe, die **Förderung eigener Rohstoffe** unterstütze und die **Verwertung von Abfallstoffen** durch Schrottsammeln initiiert habe (vgl. Z. 60 ff.). Als Fazit behaupten die Verfasser die Rettung Deutschlands, da das Reich die eigene Wirtschaft zur „**Wehrwirtschaft**" (Z. 70) umgestalte.

2. *In der zweiten Teilaufgabe wird zunächst erwartet, dass Sie den Quellentext in den historischen Kontext einordnen. Unter Berücksichtigung des Erscheinungsjahrs des Schulbuchs sollten Sie sich hier auf die Situation Deutschlands im Zweiten Weltkrieg konzentrieren und mit Blick auf die Adressaten besonders die Lage an der „Heimatfront" thematisieren. In einem nächsten Schritt sollen Sie die Merkmale der nationalsozialistischen Wirtschaftspolitik erläutern. Es empfiehlt sich, die Abschnittsüberschriften der Quelle als Ankerpunkte zu verwenden, jedoch müssen Sie darüber hinaus Ihr eigenes, im Unterricht erworbenes Sachwissen zur nationalsozialistischen Wirtschaftspolitik darlegen. Stellen Sie dabei, wenn möglich, immer wieder Bezüge zur Quelle her, um zu zeigen, dass Sie Ihr Hintergrundwissen sinnvoll mit den genannten Inhalten verknüpfen können.*

Das Schulbuch, aus dem der vorliegende Auszug stammt, wurde 1943 veröffentlicht, zu einem Zeitpunkt also, als an den Schauplätzen des **Zweiten Weltkriegs** bereits eine **Wende** absehbar war. Nach den sogenannten **Blitzkriegen**, die das Deutsche Reich 1939 bis 1940 auf europäischem Boden gegen Polen, Dänemark, Norwegen, die Benelux-Staaten und Frankreich zu seinen Gunsten entschieden hatte, scheiterte die Wehrmacht bei ihrem Vorhaben, England in einem Luftkrieg zu besiegen. Die britische und die amerikanische Luftwaffe reagierten ab 1942 mit **Flächenbombardierungen deutscher Städte** auf die zuvor erfolgten deutschen Angriffe. Damit wollten sie einerseits kriegswichtige Betriebe zerstören, andererseits aber auch die Moral der deutschen Zivilbevölkerung erschüttern und deren Abkehr vom NS-Regime erreichen.

historischer Kontext

Verlauf des Zweiten Weltkriegs

Der **Krieg der Wehrmacht im Osten**, der mit dem Überfall auf die Sowjetunion am 22. Juni 1941 begann, war von Anfang an als **Vernichtungsfeldzug** gegen die dortige Bevölkerung geplant. Dadurch wollte man nicht nur dringend benötigte Rohstoffe und Lebensmittel für Deutschland erringen, sondern langfristig eine rassistisch motivierte Ausweitung des deutschen Territoriums erreichen („**Lebensraum im Osten**"). Die verheerende **Schlacht um Stalingrad** im Winter 1942/43 beendete den militärischen Vormarsch der Wehrmacht und gilt als **Symbol für die Kriegswende**. Der Zusammenschluss der USA, Großbritanniens und der Sowjetunion zur **Anti-Hitler-Koalition ab 1941**, im Zuge derer die beiden Westmächte der UdSSR militärischen Beistand im Kampf gegen Deutschland zugesichert hatten, begünstigte den Wandel der Machtverhältnisse.

Kriegswende

Gleichzeitig mit der Verschärfung der militärischen Situation nahm im Deutschen Reich und in den besetzten Gebieten ab 1941 die **Gewalt gegenüber der jüdischen Bevölkerung** zu. Es kam unter anderem zu von „Einsatzgruppen" durchgeführten **Massenerschießungen** im Hinterland der Front, zu Massendeportationen und zu einem **Auswanderungsverbot** für deutsche Juden, mit dem sie die letzte Chance verloren, ihrer Ermordung zu entkommen. Das **Vernichtungslager** Auschwitz-Birkenau wurde ausgebaut und am 20. Januar 1942 beschlossen führende Nationalsozialisten unter der Leitung des SD-Chefs Reinhard Heydrich auf der **Wannsee-Konferenz** die Grundlagen für eine präzise koordinierte und systematisierte Vernichtung der Juden („**Endlösung der Judenfrage**").

Holocaust

Um im Zuge des stockenden Vormarschs den Rückhalt in der Bevölkerung nicht zu verlieren, forderte Hitler, dass die „**Heimatfront“ von den Kriegsfolgen möglichst unbehelligt bleiben** solle. Es gab zwar bereits Rationierungen von Lebensmitteln und Textilien, aber grundsätzlich wurden die Entbehrungen für die „arische“ Bevölkerung in Deutschland durch die Ausbeutung der besetzten Gebiete und die Enteignung der jüdischen Bürger gemildert. Der **Einsatz von Kriegsgefangenen und anderen Zwangsarbeitern** in der Industrie und auf dem Land sollte die Arbeitsbelastung der Frauen möglichst gering halten, während gleichzeitig organisierte **Freizeitangebote** wie Konzerte und Kinobesuche vom Kriegsalltag ablenkten.

Maßnahmen zur Milderung der Entbehrungen an der „Heimatfront“

All diese Maßnahmen konnten jedoch nicht verhindern, dass sich auch im Deutschen Reich aufgrund persönlicher Verluste und der Bombardierungen durch die Alliierten ab 1942 **Kriegsmüdigkeit** einstellte und **Zweifel am „Endsieg“** aufkamen. In der Folge verstärkte Joseph **Goebbels** die Kriegspropaganda und versuchte beispielsweise in seiner bekannten **Rede vom „totalen Krieg“** im Februar 1943, die Loyalität und Zuversicht an der „Heimatfront“ aufrechtzuerhalten.

Verstärkung der Propagandamaßnahmen

In diesem propagandistischen Zusammenhang ist auch der Auszug aus dem Schulbuch zu sehen. Die Verfasser erläutern den Schülerinnen und Schülern der Volksschule die **wirtschaftlichen Beschlüsse seit Beginn der nationalsozialistischen Machtübernahme**, rechtfertigen die Notwendigkeit der Regelungen und loben ihre vermeintlichen Konsequenzen.

Merkmale der NS-Wirtschaftspolitik

Um die politisch einflussreiche, breite Masse der Arbeiter kontrollieren zu können, betrieb Hitler bereits ab 1933 eine Doppelstrategie. Er ließ zum „Tag der Arbeit“ Feste wie die im Text erwähnte Feier zum „**Tag der Volksgemeinschaft**“ organisieren (vgl. Z. 1 ff.) und **zerschlug** am nächsten Tag die **freien Gewerkschaften**, die sich für die Rechte der Arbeiter gegenüber den Unternehmern und dem Staat einsetzten. Das „Gesetz zur Ordnung der nationalen Arbeit“ vom 20. Januar 1934 sah den **Einsatz von Treuhändern** (vgl. Z. 18 ff.) vor, die aus der privatwirtschaftlichen und staatlichen Arbeitsverwaltung stammten und fortan über die Tarif- und Betriebsordnungen entschieden. Der **Deutschen Arbeitsfront** wurden die Befugnisse zur gewerkschaftlichen Tätigkeit genommen, stattdessen sollte sie sich in Form von „**Kraft durch Freude**“-Angeboten und einer Verbesserung der Wohn- und Arbeitsbedingungen um die Arbeiter und deren **Eingliederung in den NS-Staat** kümmern (vgl. Z. 25 ff.).

„Gleichschaltung“ der Arbeiterschaft

Um eines seiner wichtigsten Wahlversprechen, die Beseitigung der Arbeitslosigkeit, einzulösen, griff Hitler auf Pläne der Vorgängerregierungen für **Arbeitsbeschaffungsprogramme** zurück. Er initiierte **staatliche Investitionen** (vgl. Z. 34 ff.), die zum einen **Arbeitsplätze** schufen und zum anderen die **Arbeitslosenstatistik beschönigten**. Neben öffentlichen Aufträgen für die Reichsbahn, die Reichspost und den Autobahnbau, die die Regierung propagandistisch ausschlachtete, wurde der Ausbau der **Rüstungsindustrie** forciert. Außerdem verpflichtete das Regime junge Männer zum gering bezahlten **Reichsarbeitsdienst** sowie zum Wehrdienst, sodass sie insgesamt fast drei Jahre vom Arbeitsmarkt entfernt waren und in der Arbeitslosenstatistik nicht mehr berücksichtigt werden mussten. Das Gleiche galt für Frauen, die bei Aufgabe ihres Berufs nach einer Heirat das **Ehestandsdarlehen** erhielten, das auch im Schulbuchtext Erwähnung findet (vgl. Z. 28 ff.).

Arbeitsbeschaffungsprogramm

Die Wirtschaft wurde mit Beginn der nationalsozialistischen Machtübernahme zunehmend staatlich gelenkt, bis schließlich ab 1936 der **Vierjahresplan** die weitere Richtung vorgab: Im Rahmen der **Kriegsvorbereitungen** wurde Hermann Göring die Organisation einer **Kommandowirtschaft mit dem Ziel der wirtschaftlichen Autarkie** übertragen (vgl. Z. 60 ff.). Die Mineralöl- und Treibstoffproduktion wurde fortan kontrolliert und staatlich gelenkt, die Herstellung eines synthetischen Kautschuks (Buna) forciert und selbst die unergiebige heimische Eisenerzproduktion wurde verstärkt, um bei der Eisen- und Stahlerzeugung von Importen möglichst unabhängig zu werden. Überdies lenkte Görings Vierjahresplanbehörde die landwirtschaftliche Produktion und bestimmte die Preise und den Einsatz von Arbeitskräften (vgl. Z. 57 ff.). Die angestrebte **Autarkie ließ sich** angesichts der begrenzten Rohstoffe und Ressourcen jedoch **nicht verwirklichen**.

Autarkiebestrebungen

Zur Finanzierung der „Wehrwirtschaft“ (Z. 70) griff das Regime auf sogenannte **Mefo-Wechsel** zurück. Auf Veranlassung von Reichswehr und Reichsbank gründeten vier deutsche Unternehmen die Metallurgische Forschungsgemeinschaft, wofür sie vom Staat mit Grundkapital ausgestattet wurden. Die „Mefo“ vergab **Rüstungsaufträge** an Firmen und bezahlte mit Wechseln, die zu einem späteren Zeitpunkt in Bargeld umgewandelt werden sollten. Zur Eindämmung der damit verbundenen Inflationsgefahr begrenzte Hjalmar Schacht, der damalige Reichsbankpräsident und Initiator der „Mefo“, das Wechselsystem auf fünf Jahre. Das Regime ignorierte jedoch die Bedenken Schachts und führte das Wechselgeschäft ab 1938 nicht nur fort, sondern

massive Rüstungspolitik

bediente sich auch erzwungener **Reichsanleihen** bei Sparkassen und schöpfte **Spar- und Versicherungsgelder** ab. Der Ausgleich zur Abwendung einer Inflation sollte aus den Gewinnen nach dem „Endsieg" erfolgen. Die Folge dieser Art von Wirtschaftspolitik war eine **explodierende Staatsverschuldung**. Dass der Zweite Weltkrieg von deutscher Seite als **Beutekrieg** geführt wurde, war also auch wirtschaftlich begründet.

Der Preis für die **einseitige Ausrichtung** auf die Rüstungsindustrie waren **Rationalisierungsmaßnahmen** insbesondere **auf Kosten des Konsumsektors**. Das Regime propagierte gegenüber der Bevölkerung Enthaltsamkeit sowie Sparsamkeit als deutsche Tugenden und lenkte zugleich die Nachfrage auf Konsumgüter um, die reichlich vorhanden waren. So hoffte man, die Zustimmung der Bevölkerung zum Regime trotz der Entbehrungen aufrechtzuerhalten.

Rationalisierungsmaßnahmen

3. *Die dritte Teilaufgabe fordert Sie dazu auf, zur Darstellung der genannten wirtschaftlichen Maßnahmen sowie von deren Motiven Stellung zu nehmen. Sie müssen also die von den Schulbuchautoren vorgenommene Bewertung auf der Grundlage Ihrer fachlichen Kenntnisse prüfen und eine eigene Einschätzung formulieren. Suchen Sie aus der Quelle einige zentrale Aspekte heraus und beurteilen Sie deren Darstellung. Dabei sollten Sie sowohl auf Punkte eingehen, die den historischen Tatsachen entsprechen, als auch Aspekte behandeln, die widerlegt werden müssen. Ziehen Sie zum Schluss ein abrundendes Fazit.*

Die **Darstellung** der wirtschaftspolitischen Maßnahmen erfolgt **im Schulbuch durchweg positiv**, teilweise geradezu euphorisch, als **Motive** werden fortlaufend das **Wohlergehen der deutschen Bevölkerung** im Allgemeinen und der Arbeiter im Besonderen hervorgehoben. Im Folgenden gilt es deshalb zu untersuchen, inwiefern die Ausführungen den Tatsachen entsprechen oder aber widerlegt werden müssen.

Einleitung
Hinführung zur Stellungnahme

Zunächst einmal ist **zutreffend**, dass die staatlichen Investitionen tatsächlich zur **Verringerung der Arbeitslosenzahlen** beitrugen. Viele Personen fanden in der Rüstungsindustrie und in staatlichen Bauprojekten einen Arbeitsplatz und konnten sich ein Auskommen sichern. Dabei überdeckte die **Steigerung des eigenen Lebensstandards**, dass höhere Reallöhne durch **längere Arbeitszeiten** und geringere staatliche Sozialleistungen erkauft wurden. Vielmehr vermittelte die propagandistische Ausschlachtung wirtschaftlicher Erfolge den Arbeitern ein neues **Gefühl von Sicherheit**. Darüber hinaus erhöhten staatlich organisierte Feiern wie zum 1. Mai und Angebote der Deutschen

Maßnahmen
tatsächliche Verringerung der Arbeitslosigkeit und höhere Zustimmung der Arbeiterschaft zum Regime

Arbeitsfront wie das Ehestandsdarlehen und die Freizeitmöglichkeiten der KdF-Organisation tatsächlich die **Identifikation vieler Arbeiter mit dem Regime**.

Die im Schulbuch vielfach beschworene Einheit und **allgemeine Zustimmung** ist jedoch deutlich **übertrieben**. Auch nach der Zerschlagung der Gewerkschaften am 2. Mai 1933 bemühten sich einige Funktionäre der DAF zunächst weiterhin um eine **Mitbestimmung** bezüglich der Arbeitsbedingungen und Tarifentscheidungen, bis das Regime die DAF schrittweise ihrer gewerkschaftlichen Tätigkeit beraubte. Der Einsatz von „Treuhändern der Arbeit" stellte die **Arbeitnehmer unter** staatliche und unternehmerische **Kontrolle**, was in der Quelle wohlweislich verschwiegen wird. Auch das **Verbot von** den **Parteien**, in denen die Arbeiter ihre Interessen primär vertreten sahen (SPD und KPD), in der ersten Jahreshälfte 1933 und die **Verhaftung von Funktionären** und Parteimitgliedern werden im Schulbuch mit keinem Wort erwähnt. Die **Gefolgschaft der Arbeiter zum Regime** wurde also nicht nur durch Anreize, sondern **auch durch Gewalt herbeigeführt**.

Erzeugung von Gefolgschaft durch Zwang

Zudem thematisieren die Verfasser nicht, dass den staatlichen Investitionen zur Stärkung der Wirtschaft und zur Reduktion der Arbeitslosenzahlen eine gesicherte **volkswirtschaftliche Grundlage fehlte**. Aufgrund der **Mefo-Wechsel und umfänglicher Reichsanleihen** drohte dem Staat eine **Inflation**, die nur durch eine Ausbeutung der besetzten Gebiete abgefangen werden konnte und nur durch einen für Deutschland positiven Kriegsausgang zu beheben gewesen wäre. Darüber hinaus wird im Text mit keinem Wort erwähnt, dass es sich bei den Arbeitern „aus anderen Ländern" (Z. 43) um **Kriegsgefangene und andere Zwangsarbeiter** handelte, die nicht freiwillig, sondern gezwungenermaßen und unter unmenschlichen Bedingungen Sklavenarbeit leisten mussten, während die deutschen Arbeiter an der Front kämpften.

keine Erwähnung von Unwirtschaftlichkeit und Zwangsmaßnahmen

Auch das **Scheitern der Autarkiepolitik**, das sich 1943 durch massive Versorgungsprobleme an Front und „Heimatfront" zeigte, wird völlig **verschwiegen**. Trotz der **zentralen Steuerung** durch Hermann Göring war die Wirtschaftspolitik von einer unübersichtlichen **Polykratie** begleitet. In der Bürokratie wirkten Militärs und Unternehmer ebenso mit wie Parteivertreter in Form von Gauleitern. Die **Autarkiepolitik scheiterte** schließlich einerseits an dieser **Verzerrung ökonomischer Strukturen**, die zu einem Kompetenzwirrwarr und zu einer ineffektiven Bürokratie führte. Andererseits wurden die tatsächlichen Mög-

Verschweigen des Scheiterns der Autarkiepolitik

lichkeiten der **heimischen Ressourcen**, wie zum Beispiel des Eisenerzes und der Buna-Herstellung, **überschätzt**. Die wachsende Zahl unrentabler Produktionsstandorte band Arbeitskräfte und Finanzen, die an anderer Stelle benötigt wurden.

Motive
Behauptung von Fürsorglichkeit

Als **Motiv für die Maßnahmen** der NS-Regierung nennen die Verfasser durchgehend die Sorge um das Wohlergehen der deutschen Bevölkerung, insbesondere der Arbeiter. Zwar lässt sich nicht abstreiten, dass Veranstaltungen, Feierlichkeiten, Freizeitangebote und staatliche Unterstützungen das Gemeinschaftsgefühl förderten und vielfach zu Loyalität gegenüber dem Regime führten. Jedoch waren die Motive des NS-Staats **nicht so fürsorglich**, wie im Text behauptet.

eigentliche Ziele: Unterdrückung und Ausbeutung der Bevölkerung

So dienten die Maßnahmen vorrangig der **politischen Unterdrückung** der Bevölkerung. Die KdF-Freizeitangebote wurden grundsätzlich von Spitzeln begleitet, welche die Stimmung unter den Arbeitern auskundschaften und potenzielle Unruhestifter herausfiltern sollten. Das **Ehestandsdarlehen** beschönigte nicht nur die Arbeitslosenstatistik, sondern stärkte auch das **diskriminierende Frauenbild** der Nationalsozialisten, die das Ideal der treusorgenden Mutter propagierten und Frauen aus dem Erwerbsleben verdrängen wollten. Der vermeintlich gesicherte „**Arbeitsfriede**“ durch die Einführung von Treuhändern war eigentlich ein **Tribut Hitlers an die Unternehmer**, die als Lohn für ihre Unterstützung des Regimes eine **Einschränkung der gewerkschaftlichen Arbeit** gefordert hatten. Außerdem zielten sämtliche vermeintlich arbeiterfreundlichen Maßnahmen darauf ab, die große Gruppe der **Arbeiter dem Regime gewogen zu machen**, um sie dann für die **Umsetzung von Hitlers Kriegsplänen** missbrauchen zu können.

Fazit
beschönigende Darstellung zum Zweck der Propaganda

Abschließend lässt sich also feststellen, dass das Schulbuch ganz offensichtlich **propagandistischen Zwecken** und nicht der sachlichen Information dient. Die **stark beschönigende Darstellung** einer **vermeintlichen staatlichen Fürsorge** sollte bei den Volksschülern die Loyalität zum Regime und ihr Durchhaltevermögen im Krieg stärken, während das Ausmaß an **Willkürherrschaft und Mangelwirtschaft bewusst verschleiert** wurde.

B: Analyse von und kritische Auseinandersetzung mit Darstellungen

Aufgabenstellung

1. Analysieren Sie den vorliegenden Textauszug.
2. Erläutern Sie Formen des Widerstands gegen den Nationalsozialismus und vergleichen Sie den Jugendwiderstand mit einer weiteren Widerstandsgruppe.
3. Nehmen Sie zu Ueberschärs Bewertung des Jugendwiderstands gegen den Nationalsozialismus Stellung.

M: Der Historiker Gerd R. Ueberschär über die Bedeutung des Jugendwiderstands, 2006

Aufgrund der sich nach den Luftangriffen in den bombardierten Städten häufenden Gesetzesübergriffe bezeichneten die Verfolgungsbehörden Mitglieder der Edelweißgruppen als „kriminelle und asoziale Elemente", um sie dadurch aus der „Volksgemeinschaft" auszugrenzen und ihnen ihre Attraktivität als Alternative zur „Hitlerjugend" zu nehmen. Vor allem wurden sie jedoch wegen „Unternehmen des Hochverrats" und „staatsfeindlicher Einstellung" verfolgt. Dementsprechend wurden die „Edelweiß-Piraten" aus dem Kölner Raum in einer deutschsprachigen Sendung des Londoner Rundfunks Ende 1943 als „politisch-oppositionelle" Gruppe gegen den Nationalsozialismus vorgestellt.

Es wäre aber verfehlt, eine grundsätzliche Oppositionsbewegung der „Edelweiß-Piraten" anzunehmen und alle Angehörigen dieser Gruppen zu bewussten politischen Hitlergegnern zu deklarieren. Nach Einschätzung der Verfolgungsbehörden handelte es sich bei 75 % der „Edelweiß-Piraten" um „anständige Jungen [...], die im jugendlichen Kraftprotzertum des Entwicklungsalters glauben, irgendetwas in radikaler Weise tun zu müssen, ohne an die möglichen politischen Folgen ihres Mitlaufens zu denken und die meist nicht einmal den Sinn der verbotenen Cliquenbildung in seiner vollen Tragweite erfaßt haben."

Auffallend war zudem, dass sich viele Jungen der Edelweißgruppen „freiwillig zu den gefährlichsten Waffengattungen des Heeres" meldeten. Insofern lassen sich die meisten Edelweiß-Aktivitäten als „oppositionelle Trotzreaktionen" einordnen, „zu denen Jugend stets neigt", wie es ein Kölner Oberstaatsanwalt im Januar 1944 ausdrückte.

Geht man von einem eng definierten Widerstandsbegriff aus, „der nur solches Handeln umfaßt, das auf den Sturz des NS-Regimes unmittelbar oder mittelbar hinzielte", dann war das oppositionelle Verhalten der „Edelweiß-Piraten" kein bewusster, politischer Widerstandskampf; legt man jedoch die Bewertung der Nationalsozialisten zugrunde, welche die „Edelweiß-Piraten" vorrangig als Verweigerer gegenüber dem NS-System klassifizierten, so zählten diese Jugendlichen als Gegner der nationalsozialistischen Herrschaft sehr wohl zur Opposition gegen Hitler. Immerhin trugen Angehörige der „Edelweiß-Piraten"-Gruppe im Herbst 1944 zu einer lokalen Destabilisierung der NS-Herrschaft im Kölner Raum bei.

Bei einer Sitzung der Reichsarbeitsgemeinschaft für Jugendbetreuung und Jugenderziehung am 25. April 1944, an der auch Reichsjustizminister Otto Thierack und Reichsjugendführer Max Axmann teilnahmen, wurde dann auch nach über zweijähriger Zusammenarbeit die Bekämpfung der jugendlichen Cliquenbildungen als besonderes Problem bezeichnet. Zudem wurde ein bedenklicher Anstieg solcher Cliquengruppen und „Edelweiß-Piraten" mit „politischen Tendenzen" im ganzen Reichsgebiet konstatiert. Besonders kennzeichnend sei ihre „HJ-feindliche Einstellung". [...] Bei einer weiteren Tagung eines nachgeordneten Arbeitskreises der Reichsarbeitsgemeinschaft für Jugendbetreuung am 25. Juli 1944 wurde eine verstärkte Betreuung der 6- bis 10-Jährigen gefordert [...]. Daran anschließend verlangte der Reichsführer-SS Heinrich Himmler in einem streng vertraulichen, von SS-Obergruppenführer Ernst Kaltenbrunner unterzeichneten Erlass am 25. Oktober 1944 schärfere Maßnahmen zur Überwachung und „Bekämpfung jugendlicher Cliquen", die sich besonders „in letzter Zeit in verstärktem Maße" gebildet hätten. [...]

Obwohl feststand, dass das deutsche Strafrecht keine Bestimmung enthielt, „die die Cliquenbildung Jugendlicher an sich unter Strafe stellte", wurde nach Himmlers Verfügung eine Vielzahl von Rechtsnormen ausgewählt, mit deren Hilfe man „eine Strafbarkeit" begründen konnte. [...]

Es gelang der NS-Führung trotz Himmlers Straferlass vom 25. Oktober 1944 nicht, diese sich immer wieder bildenden jugendlichen Zusammenschlüsse völlig zu verhindern oder auszuschalten, obwohl sie viele Gruppen zerschlagen konnte. Zweifellos war nicht jeder Angehörige dieser Jugendgruppen ein bewusster Widerstandskämpfer gegen Hitler, gleichwohl wurden Edelweiß-Piraten, Cliquen, Swing-Gruppen und Meuten bis zum Kriegsende rücksichtslos als politische Gegner verfolgt. Denn nach Ansicht von NS-Stellen war der Kampf gegen die HJ als Staatsjugend nur die Vorstufe „für den Kampf um die Macht im Staat".

Allerdings darf die Härte der NS-Verfolgungsmaßnahmen gegenüber oppositionellen Jugendlichen nicht dazu verleiten, die Bedeutung des Jugendwiderstandes überzubewerten. Es war vielmehr ein charakteristisches Merkmal der deutschen Jugend, dass sie in überwiegender Zahl bis Kriegsende fest und überzeugt zum Nationalsozialismus hielt. So notierte sich Goebbels in seinem Tagebuch im Oktober 1944, als die Alliierten bereits die Reichsgrenze erreichten: Erfreulich seien die zahlreichen Freiwilligen-Meldungen des neuen Kriegsdienst-Jahrganges, der 1945 eingezogen werde. 375 000 Mitglieder der „Hitlerjugend" hätten sich freiwillig gemeldet. Sie stammten „zum weitaus überwiegenden Prozentsatz aus der Arbeiterschaft". Die Jugend sei „gänzlich unverdorben", konstatierte Goebbels. Deshalb rechnete der Reichspropagandaminister fest mit dem „Endsieg".

Gerd R. Ueberschär: Für ein anderes Deutschland. Der deutsche Widerstand gegen den NS-Staat 1933–1945. Frankfurt: Fischer Taschenbuch Verlag, 2. Aufl. 2006, S. 122–125.

zugelassene Hilfsmittel: Deutsches Wörterbuch

Lösungsvorschläge

Diese Aufgabe entspricht den folgenden aktuellen Schwerpunktthemen:

- ***Inhaltsfeld 5:** Die Zeit des Nationalsozialismus – Voraussetzungen, Herrschaftsstrukturen, Nachwirkungen, Deutungen*
  - *Die Herrschaft des Nationalsozialismus in Deutschland und Europa (Motive und Formen der Unterstützung, der Anpassung und des Widerstandes am Beispiel der Jugendopposition)*

1. *In der ersten Teilaufgabe sollen Sie zunächst das Material vorstellen. Hierzu müssen Sie neben Textsorte, Autor und Adressaten vor allem das Thema und das Erkenntnisinteresse des Verfassers benennen. Anschließend sollen der Inhalt des Textes und der gedankliche Aufbau strukturiert wiedergegeben werden. Sie können sich dabei an der Reihenfolge der Aspekte in der Vorlage (textdurchschreitendes Verfahren) orientieren oder an den einzelnen Argumenten, um den Aufbau des Textes deutlicher herauszuarbeiten.*

Einleitung
Text und Autor

Bei der vorliegenden Darstellung handelt es sich um einen Auszug aus einer **fachwissenschaftlichen Veröffentlichung** des Historikers **Gerd R. Ueberschär**. Seine Publikation erschien im Jahr 2006 unter dem Titel „Für ein anderes Deutschland. Der deutsche Widerstand gegen den NS-Staat 1933–1945". Der Text ist an **Fachkollegen** und eine **historisch interessierte Leserschaft** gerichtet. Ueberschär befasst sich in diesem Auszug mit dem **Jugendwiderstand** gegen den NS-Staat und geht insbesondere der Frage nach, welcher Stellenwert dieser speziellen Form des Widerstands aus historischer Perspektive beigemessen werden sollte.

Thema

Erkenntnisinteresse

strukturierte Wiedergabe

Der Text von Ueberschär lässt sich in drei Sinnabschnitte gliedern. Zunächst geht der Historiker knapp auf die Verfolgung der Edelweißpiraten durch die Nationalsozialisten ein und nimmt ausgehend von der zeitgenössischen Perspektive eine erste Einordnung des jugendlichen Widerstands vor (vgl. Z. 1–22). Entsprechend des **drastischen Vorgehens** gegen die Jugendlichen seien die Kölner Edelweißpiraten in **britischen Medien** 1943 als „‚politisch-oppositionelle Gruppe' gegen den Nationalsozialismus" (Z. 8 f.) dargestellt worden. Der Historiker weist jedoch darauf hin, dass nicht alle Mitglieder der Edelweißpiraten als „**bewusste**[...] **politische**[...] **Hitlergegner**[...]" (Z. 11 f.) angesehen werden könnten. Laut **nationalsozialistischer Verwaltung und Justiz** habe es sich bei den Aktivitäten der meisten Edelweißpiraten lediglich um „**Kraftprotzertum** des Entwicklungsalters" (Z. 14) oder um „oppositionelle Trotzreaktionen" (Z. 20) gehandelt.

Verfolgung

„politisch-oppositionelle Gruppe"

„Trotzreaktionen"

Im zweiten Sinnabschnitt (vgl. Z. 23–57) nimmt Ueberschär eine genauere Begriffsbestimmung von „Widerstand“ vor und ordnet das jugendliche Verhalten vor diesem Hintergrund ein. Anschließend geht er auf die Maßnahmen gegen die Jugendlichen ein, die die Nationalsozialisten ergriffen. Lege man ein engeres Verständnis von Widerstand zugrunde, dann sei darunter nur ein Verhalten zu verstehen, welches das **NS-Regime** auf direktem Weg oder über Umwege **stürzen** wolle. Beides sei für die Edelweißpiraten nicht zutreffend. Basierend auf der Bewertung der NS-Stellen, die in den Jugendlichen „**Verweigerer gegenüber dem NS-System**“ (Z. 27 f.) sahen, müsse man die Mitglieder der Edelweißpiraten jedoch durchaus zur „**Opposition gegen Hitler**“ (Z. 29) rechnen. Als Beispiel nennt Ueberschär in diesem Zusammenhang, dass die Edelweißpiraten im Herbst 1944 die NS-Herrschaft im Raum Köln „lokal“ destabilisiert hätten. Zur Spezifizierung seiner Aussagen führt der Historiker zudem zwei **Reichsarbeitskreise** und einen **Erlass** des SS-Obergruppenführers Ernst Kaltenbrunner aus dem Jahr 1944 an. Seitens der Nationalsozialisten habe man beispielsweise eine Zunahme „politische[r] Tendenzen“ (Z. 37) bei einem Teil der Edelweißpiraten festgestellt. Verschärfte Maßnahmen wie eine **strengere Überwachung und Verfolgung** hätten den Jugendwiderstand eindämmen sollen. Man habe aber nur Teilerfolge erzielen können (vgl. Z. 50 ff.). Ueberschär macht hierbei darauf aufmerksam, dass **nicht alle Mitglieder** der Widerstandsgruppen „**bewusste**[...] **Widerstandskämpfer**“ (Z. 53) gewesen, jedoch alle als „politische Gegner“ (Z. 55) verfolgt worden seien. Die NS-Stellen hätten im Verhalten der Heranwachsenden vor allem eine Bedrohung der Hitler-Jugend in ihrer Funktion als „Staatsjugend“ (Z. 56) gesehen. Nach Meinung der Nationalsozialisten habe der Kampf gegen die Nachwuchsorganisation einen Schritt hin zum „Kampf um die Macht im Staat“ (Z. 57) dargestellt.

engeres Verständnis von Widerstand

weiteres Verständnis von Widerstand

Zunahme „politischer Tendenzen“

Maßnahmen

Im letzten Abschnitt formuliert der Autor schließlich ein **Fazit** zum Stellenwert des Jugendwiderstands (vgl. Z. 58–68). Seiner Ansicht nach hätten die von den Nationalsozialisten ergriffenen Maßnahmen nicht der **tatsächlichen Bedeutung** des jugendlichen Widerstands entsprochen. Daher dürfe man diese insgesamt **nicht zu hoch** veranschlagen, vor allem, da weite Teile der Jugendlichen bis zum Ende des Krieges fest zum NS-Regime gestanden hätten (vgl. Z. 60 ff.). Seine Einschätzung unterstreicht er am Ende seiner Ausführungen damit, dass sich mehrere hunderttausend Mitglieder der Hitler-Jugend 1945 freiwillig für den Kriegseinsatz gemeldet hätten.

Bedeutung des Jugendwiderstands

2. *Diese Teilaufgabe umfasst zwei Teile. In einem ersten Schritt wird von Ihnen erwartet, dass Sie die Formen des Widerstands gegen den Nationalsozialismus zunächst allgemein darstellen. Im Lösungsvorschlag wird dazu auf das Stufenmodell nach Detlev Peukert zurückgegriffen. Es bietet sich vor dem Hintergrund der Aufgabenstellung an, im Anschluss die allgemeinen Ausführungen anhand des Jugendwiderstands und einer weiteren Widerstandsgruppe zu konkretisieren. In der folgenden Lösung wurde der Widerstand vom 20. Juli 1944 als Beispiel gewählt. Achten Sie im zweiten Bearbeitungsschritt auch darauf, die Kriterien zu benennen, die Sie für den Vergleich heranziehen. Grundsätzlich sollten Sie sich um eine strukturierte und fachsprachlich präzise Darstellung bemühen.*

Einleitung

Während der gesamten Zeit des Nationalsozialismus gab es verschiedene Personen und Gruppen, die diesem kritisch bis ablehnend gegenüberstanden. Es entschied sich jedoch gemessen an der Gesamtzahl der Bevölkerung nur ein **kleiner Teil** für den **Widerstand** gegen das NS-Regime. Wie der Text von Ueberschär zeigt, lässt sich der Begriff „Widerstand" dabei nur schwer fassen. In der Forschung finden sich mittlerweile viele Modelle, die einen umfassenderen Widerstandsbegriff zugrunde legen und damit **mehreren Formen widerständigen Verhaltens** Beachtung schenken. Im Folgenden sollen zunächst die Formen des Widerstands vorgestellt werden, bevor ein Vergleich zwischen dem Jugendwiderstand und dem militärischen Widerstand vom 20. Juli 1944 gezogen wird. Als **Vergleichspunkte** dienen neben den Formen auch die Motive, Widerstandsaktionen sowie die Reichweite der Widerstandsgruppen.

Formen des Widerstands

Einteilung nach Peukert

In Anlehnung an die Einteilung des Historikers **Detlev Peukert** lassen sich oppositionelle Verhaltensweisen mit den Kategorien „Nonkonformität", „Verweigerung", „Protest" und „Widerstand" beschreiben. Peukert nimmt dabei eine graduelle Abstufung der am NS-Regime vorgebrachten **Kritik** und des **Handlungsraumes**, in dem diese geäußert wurde, vor. Letzterer beginnt im privaten und endet im öffentlichen Bereich. Die Kritik reicht von partieller bis zu genereller Kritik am NS-System. Peukerts Ansatz trägt damit neben dem Widerstand im engeren Sinn, der auf einen **unmittelbaren Sturz des NS-Regimes** zielte, der gesamten Bandbreite widerständigen Verhaltens Rechnung. Dieses reichte beispielsweise von der Verweigerung des Hitlergrußes über das Verstecken von Verfolgten bis hin zu Sabotageakten.

Jugendwiderstand

Wendet man das Modell Peukerts auf den Jugendwiderstand an, so ist dieser vor allem innerhalb der beiden Kategorien „Nonkonformität" und „Verweigerung" zu verorten. Wie auch im Textauszug von Ueberschär anklingt, existierten verschiedene Gruppen des Jugendwiderstands. Neben den erwähnten Edelweißpiraten gehörte zu diesen beispielsweise auch die „Swing-Jugend“. Diesen Gruppen war gemeinsam, dass sie sich der nationalsozialistischen Durchdringung aller Lebensbereiche verweigerten, insbesondere dem **Zwangsdienst in der Hitler-Jugend**. Sie versuchten, ihren spezifischen **Lebensstil** gegen den **Totalitätsanspruch** der NS-Diktatur zu verteidigen. Die meist der oberen Mittelschicht entstammenden Swing-Gruppen wehrten sich beispielsweise vor allem gegen das Verbot der modernen anglo-amerikanischen Jazz-Musik und trafen sich privat oder in Clubs, um zu dieser Musik zu tanzen. Die Jugendlichen orientierten sich an der amerikanischen Mode und verwendeten in ihren Gesprächen Anglizismen. Sie wollten eine **Gegenkultur zur Hitler-Jugend** etablieren und sich vom normierten Alltag des NS-Systems abgrenzen. Von der Gestapo wurden sie als Gegner des Nationalsozialismus verfolgt, obwohl sie sich nicht politisch betätigten.

Gemeinsamkeit

„Swing-Jugend“

Widerstands-handlungen

Motive

Die von Ueberschär angeführten Edelweißpiraten waren lose Zusammenschlüsse Jugendlicher, die zumeist aus der Arbeiterschicht stammten. Sie fanden sich vor allem im Rheinland und im Ruhrgebiet. Auch sie wollten eine eigene Jugendkultur etablieren und sich Freiraum und eine **eigene Identität** schaffen. Den Zwangscharakter des NS-Staates sowie den Drill und die Militarisierung der Hitler-Jugend lehnten sie ab. Ihr abweichendes Verhalten äußerte sich im Tragen einer eigenen Kluft, kleinkriminellen Handlungen und in Treffen außerhalb der Hitler-Jugend. Die Haltung dieser Jugendlichen war ebenfalls **überwiegend unpolitisch**. Erst mit zunehmender Verfolgung durch den NS-Staat fand eine gewisse Politisierung statt. Manche Mitglieder verteilten beispielsweise Flugblätter und scheuten auch vor **geplanten Aktionen gegen NS-Organisationen** nicht zurück. Am berühmtesten ist heute der **Sprengstoff-Angriff** 1944 auf das Gestapo-Gebäude in Köln-Ehrenfeld, auf das Ueberschär in seinem Text Bezug nimmt (vgl. Z. 29–31). Ein Teil der Aktivitäten dieser Jugendgruppe geht damit über die beiden ersten Kategorien Peukerts hinaus und ist als „Protest“ beziehungsweise „Widerstand“ oder nach Ueberschär als „Opposition gegen Hitler“ (Z. 29) zu klassifizieren. Die Reichweite der Widerstandsaktionen blieb aber **lokal** beschränkt.

Edelweißpiraten

Motive

Widerstands-handlungen

Formen

Reichweite

Stark im kollektiven Gedächtnis verankert ist der militärische Widerstand um die **Gruppe des 20. Juli 1944**. Deren Wurzeln liegen in oppositionellen Kreisen um den Ex-Generalstabschef des Heeres **Ludwig Beck** sowie den früheren Leipziger Bürgermeister **Carl Goerdeler**. Diese verfügten über gute Kontakte zu führenden Offizieren der Wehrmacht, mit deren Hilfe sie die

militärischer Widerstand – 20. Juli 1944

Beseitigung des NS-Regimes zu erreichen hofften. Dies war nach Meinung der Widerständigen nur durch eine gewaltsame Aktion möglich. Die Ausführung des geplanten Attentats auf Hitler übernahm Oberst **Claus Schenk Graf von Stauffenberg**. Er wollte den Diktator während einer Lagebesprechung im Führerhauptquartier Wolfsschanze mit einer **Bombe** töten. Dieser wurde aber nur leicht verletzt und der vorbereitete Staatsstreich scheiterte, nachdem sich die Nachricht von Hitlers **Überleben** verbreitet hatte.

Widerstandshandlung

Die Widerstandskräfte im Offizierskorps der Wehrmacht hatten sich nach langen **Gewissenskonflikten** gegen den im Fahneneid geleisteten unbedingten Gehorsam gegenüber Hitler entschieden. Viele der am Umsturz Beteiligten waren nach anfänglicher Zustimmung zum Nationalsozialismus vor dem Hintergrund der **Verbrechen des NS-Regimes**, der **Kriegsführung im Osten** und der sich **abzeichnenden Niederlage** in einen immer schärferen Gegensatz zum NS-Staat geraten. Sie folgten ihrem Gewissen und entzogen dem Unrechtsregime ihre Unterstützung. Aus Briefen ist bekannt, dass ein großer Teil der Widerstandskämpfer auch aus der **idealistischen Vorstellung** handelte, die **Ehre der deutschen Nation** zu retten und einen neuen Staat aufzubauen. Über die genaue Zukunft Deutschlands herrschte jedoch Uneinigkeit. Es wird heute davon ausgegangen, dass in staatlicher Hinsicht von vielen die **Restauration der politischen Verhältnisse des Kaiserreichs** angestrebt wurde. Unter anderem die diffusen Ziele haben dazu geführt, dass der militärische Widerstand in der historischen Forschung auch kontrovers diskutiert wird.

Motive

Im Falle des Gelingens wäre die Reichweite dieser Widerstandsgruppe sehr groß gewesen. Aufgrund der Verbindungen und des Einflusses auf die entscheidenden **Schaltstellen im Militär** war der militärische Widerstand wohl der einzige mit einer ernsthaften Chance, einen **Regimewechsel** zu erreichen. Aufgrund der weitgehenden Kritik am NS-Regime und des Ziels, dieses zu stürzen, handelt es sich beim Verhalten dieser Gruppe um **Widerstand im engeren Sinn**.

Reichweite

Formen

Aus der Beschreibung wird deutlich, dass es sich beim Jugendwiderstand und beim militärischen Widerstand insgesamt um zwei sehr **unterschiedliche Formen des Widerstands** handelte. Während es den Jugendlichen überwiegend um das **Schaffen eigener Lebensräume** ging, handelten viele der Widerstandskämpfer vom 20. Juli 1944 aus **moralischen Gründen**. Dementsprechend war ihre **Kritik** keine partielle, sondern eine generelle.

Vergleich

Motive

Im Jugendwiderstand fanden sich bei den Edelweißpiraten teilweise **gewaltsame Vorgehensweisen**, wodurch eine Überschneidung zum militärischen Widerstand entsteht. Es ist jedoch anzuführen, dass der jugendliche Widerstand zum überwiegenden Teil eher aus nonkonformem Verhalten und der Verweigerung gegenüber dem NS-Regime bestand, während es sich beim militärischen Widerstand um Widerstand im engeren Sinn handelte.

Widerstandshandlungen und Formen

In der Reichweite des Widerstands gibt es ebenfalls Unterschiede. Während die Jugendlichen **lokal begrenzte Aktionen** ausführten, konnte Stauffenberg aufgrund seiner Position in der Wehrmacht ein Attentat auf Hitler selbst verüben. Dies hätte im Falle des Gelingens einen **Staatsstreich** möglich gemacht, was das Ziel des 20. Juli 1944 war.

Reichweite

3. *Die dritte Teilaufgabe verlangt von Ihnen eine Stellungnahme. Sie müssen also die vorliegende Position prüfen und eine begründete Einschätzung zur Bedeutung des Widerstands abgeben. Machen Sie hierbei die Kriterien deutlich, die Sie zur Begründung Ihrer Einschätzung heranziehen.*

Einleitung

Einschätzung des Historikers

Ueberschär beurteilt in seiner Darstellung die **Bedeutung des Jugendwiderstands**. Er bezeichnet das Verhalten der Heranwachsenden als im weiteren Sinne „oppositionell[...]" (Z. 25), das harte Vorgehen seitens der Nationalsozialisten gegen den Jugendwiderstand dürfe aber seines Erachtens nicht zu einer Überbewertung verleiten (vgl. Z. 58 ff.). Die meisten Jugendlichen hätten nämlich auch am Kriegsende zum NS-Regime gestanden (vgl. Z. 60 f.). Im Falle der Edelweißpiraten weist Ueberschär darüber hinaus darauf hin, dass es sich bei deren Aktionen kaum um politischen Widerstand gehandelt habe (vgl. Z. 10–22).

zustimmende Aspekte

enge Definition von Widerstand

Schließt man sich Ueberschärs enger Definition von Widerstand an, kann man dieser Einschätzung durchaus **zustimmen**. Die Jugendgruppen bezweckten mit ihrem Handeln nicht den **Sturz des Regimes**. Die Beweggründe der Mitglieder waren hauptsächlich **unpolitischer Natur**. Den meisten Jugendlichen ging es wie bereits ausgeführt um die Abgrenzung vom NS-System und um die Schaffung von Freiräumen.

harte Strafen

Auch ist dem Historiker darin zuzustimmen, dass die Diskrepanz zwischen den Handlungen der Jugendlichen und den von den Nationalsozialisten ergriffenen **Maßnahmen** sehr groß war. Dies wird beispielsweise an der „Swing-Jugend" und den Edelweißpiraten ersichtlich. Bereits das nonkonforme Verhalten der Jugendlichen führte zur Verfolgung durch die Gestapo bis hin zur Inhaftierung in **Konzentrationslagern**, die zum Teil eigens für widerständige Jugendliche errichtet worden waren. Sie sollten in den Arbeitslagern umerzogen werden.

Dennoch sind die Aussagen Ueberschärs in Teilen zu hinterfragen. Er führt an, dass es sich beim Jugendwiderstand weniger um „bewussten politischen“ (Z. 11) Widerstand, als vielmehr um „Trotzreaktionen“ (Z. 20) gehandelt habe. Die Unterscheidung zwischen der Verteidigung eigener Freiheiten und dem Kampf gegen das NS-Regime kann grundsätzlich zunächst nachvollzogen werden. Angesichts des Zwangscharakters des NS-Staates erscheint es aber schwierig, die persönlich gelagerten Motive der Jugendlichen gegenüber politischen Beweggründen zu relativieren. Ungeachtet der zugrunde liegenden Motive setzten die Widerstandshandlungen ein **Zeichen** zumindest gegen Teile des NS-Systems. In den Aussagen Ueberschärs kommt darüber hinaus nicht zum Tragen, dass die Handlungsmöglichkeiten vor allem der jüngeren Widerständigen naturgemäß begrenzt waren und damit die Reichweite ihrer Aktivitäten eingeschränkt war.

relativierende Aspekte

Motive der Jugendlichen

beschränkte Handlungsmöglichkeiten

Der Historiker führt zudem die häufigen Freiwilligenmeldungen von HJ-Mitgliedern für den Kriegsdienst 1945 ins Feld, um daran die hohe Zustimmung zum NS-Regime seitens der Jugendlichen zu belegen (vgl. Z. 60–65). Es ist aber einzuwenden, dass Widerstand in den meisten Fällen nur von einem kleinen Teil der Bevölkerung ausgeht. An der **Quantität** seiner Mitglieder sollte der Jugendwiderstand damit nicht gemessen werden. Wichtiger erscheint demgegenüber der **Mut** und der **Vorbildcharakter** der widerständigen Jugendlichen besonders in den Jahren der radikalisierten Diktatur. Mit dem Widerstand setzten die Heranwachsenden sich und zum Teil auch ihre Angehörigen einer **erheblichen Gefahr** aus. Dies gilt unterschiedslos für alle Formen und Personen des Widerstands. Nicht zuletzt bot sich in der Bundesrepublik Deutschland durch den Widerstand einzelner Personen und Gruppen nach Kriegsende zudem die Möglichkeit, an eine **demokratische Tradition** anzuknüpfen, die das Scheitern von Weimar und die Repressionen der Diktatur überdauert hatte.

Mut und Vorbildcharakter

Ueberschärs Bewertung ist folglich konsensfähig, wenn ein enger Widerstandsbegriff zugrunde gelegt wird. Es erscheint demgegenüber aber auch wichtig, gerade angesichts der drastischen Maßnahmen der Nationalsozialisten den **Mut** der Jugendlichen sowie den **Vorbildcharakter** aller Formen des Widerstands hervorzuheben.

Fazit

Nordrhein-Westfalen – Geschichte – Grundkurs
Übungsaufgabe 6

A: Interpretation sprachlicher oder nichtsprachlicher historischer Quellen

Aufgabenstellung

Interpretieren Sie die Bildquelle, indem Sie

1. sie analysieren.
2. sie in den historischen Kontext einordnen sowie die Bedeutung der Bildelemente erläutern.
3. die Aussagen des Karikaturisten vor dem Hintergrund der Jahre bis 1955 beurteilen.

M: „So, Schickelgruber heißen Sie?“ (Stuttgarter Zeitung), 1955

„So, Schickelgruber heißen Sie? – Ja, dann steht Ihrer Bewerbung bei uns nichts im Wege.“

Stuttgarter Zeitung

Hinweise zum Material:
Das abgebildete **Wappen** ist das Wappen Schleswig-Holsteins. Das Bundesland war bei der Wiedereinstellung ehemaliger NS-Beamter großzügig. Es wird für die damalige Zeit sogar oftmals von einer „Renazifizierung“ in Bezug auf das Bundesland gesprochen.
Der Name „**Schickelgruber**“ war der Geburtsname von Adolf Hitlers Vater. Er hat diesen später in „Hitler“ ändern lassen.

zugelassene Hilfsmittel: Deutsches Wörterbuch

Lösungsvorschläge

Diese Aufgabe entspricht den folgenden aktuellen Schwerpunktthemen:

- ***Inhaltsfeld 5:** Die Zeit des Nationalsozialismus – Voraussetzungen, Herrschaftsstrukturen, Nachwirkungen und Deutungen*
  – *Vergangenheitspolitik und „Vergangenheitsbewältigung" (Umgang mit dem Nationalsozialismus in den Besatzungszonen)*

1. *Die erste Teilaufgabe verlangt von Ihnen die formale Analyse der Karikatur. Nennen Sie hierbei einleitend die Quellengattung, Erscheinungsort und -jahr, mögliche Adressaten, das Thema der Zeichnung und die Intention des Karikaturisten. Beschreiben Sie anschließend detailliert die einzelnen Bestandteile der Karikatur.*

Einleitung
Quelle
Adressaten
Thema
Intention

Bei der vorliegenden Bildquelle handelt es sich um eine **politische Karikatur**. Die Zeichnung eines namentlich nicht genannten Künstlers erschien 1955 in der **Stuttgarter Zeitung** und richtete sich somit vorwiegend an eine politisch interessierte Leserschaft in **Baden-Württemberg**. Thema der Karikatur ist die (**Wieder**-)**Einstellung** von ehemals aktiven Nationalsozialisten nach dem Ende des „Dritten Reichs". Dabei kritisiert der Karikaturist besonders den Umgang mit der NS-Vergangenheit im westdeutschen Bundesland Schleswig-Holstein.

strukturierte Beschreibung der Bildelemente

Die Karikatur setzt sich aus einem Bildteil und einer Bildunterschrift zusammen. Dargestellt ist eine **Büroszene**, unter der zu lesen ist: „So, Schickelgruber heißen Sie? – Ja, dann steht Ihrer Bewerbung bei uns nichts im Wege."

Personen

Im Bildvordergrund sieht man zwei **männliche Personen**. Der Mann links ist mit einem langen **Mantel** bekleidet und hält einen Hut in der Hand. Sein Gesichtsausdruck sieht neutral bis bittend aus. Er wird laut der Bildunterschrift von der zweiten Person mit dem Namen „**Schickelgruber**" angesprochen und hat sich um eine Anstellung beworben. Vor ihm sitzt an einem mit dem Wappen Schleswig-Holsteins versehenen, massiven Schreibtisch ein **älterer Herr**, der offenbar im **öffentlichen Dienst** tätig ist. Er ist nach vorne geneigt, hält einen Stift in seiner Hand und lächelt den Bewerber freundlich an. Bekleidet ist dieser Mann mit **Anzug** und Krawatte. Neben ihm liegen Unterlagen auf dem Tisch.

Büroeinrichtung

Zusätzlich zum Schreibtisch ist im Bildhintergrund eine gewöhnliche Büroeinrichtung zu sehen. Von links nach rechts betrachtet befinden sich dort ein verschlossener Schrank, eine Kommode mit Schubladen, auf der drei Bücher liegen, und ein halboffenes **Regal**, in welchem sich Akten und Ordner befinden. An der Wand hängt mittig das **Wappen Schleswig-Holsteins**.

2. *Diese Teilaufgabe enthält zwei Operatoren. Zunächst sollen Sie die Karikatur in ihren historischen Kontext einordnen. Es wird also von Ihnen verlangt, den Umgang der Bundesrepublik Deutschland mit ehemaligen Nationalsozialisten in den 1950er-Jahren zu skizzieren. Nutzen Sie hierbei auch die zusätzlichen Informationen zur allgemeinen Situation in Schleswig-Holstein, die in den Hinweisen zum Material enthalten sind. Erläutern Sie dann vor diesem Hintergrund in einem zweiten Schritt die Bedeutung der einzelnen Bildelemente.*

historischer Kontext

Teilung Deutschlands

Die Karikatur wurde zehn Jahre nach dem Ende des Zweiten Weltkriegs veröffentlicht. In diesem Zeitraum hatte sich die **politische Situation** in Deutschland bereits **stark verändert**. 1949 waren vor dem Hintergrund des immer stärker hervortretenden Ost-West-Konflikts aus den ehemaligen westlichen Besatzungszonen die **Bundesrepublik Deutschland** und aus der Sowjetischen Besatzungszone die **Deutsche Demokratische Republik** entstanden.

alliierte Entnazifizierungspolitik

Im Rahmen der alliierten Entnazifizierungspolitik hatten nach Kriegsende 1945 viele Personen in **nichtstaatlichen Positionen** sowie mehrere Hunderttausend **Beamte und Berufssoldaten** ihre Anstellung wegen ihrer aktiven Rolle im NS-System zunächst verloren. Durch entsprechende Beschlüsse der 1949 gewählten Bundesregierung, in deren Hand die Entnazifizierung überging, wurde eine Rückkehr in die jeweiligen Berufe und die Reintegration in die Gesellschaft jedoch schrittweise wieder möglich. Grund dafür war, dass für den Aufbau des westdeutschen Teilstaates dringend benötigtes **Fachpersonal** fehlte und die **Akzeptanz der neu gegründeten Bundesrepublik** durch die Wiedereingliederung großer Bevölkerungsteile erhöht werden sollte.

Rückkehr in den Beruf und Reintegration

Hierzu wurde eine Reihe von Bundesgesetzen verabschiedet. Am 31. Dezember 1949 erließ die Bundesregierung ein erstes Straffreiheitsgesetz. Dieses sah eine **Amnestie** für alle vor September 1949 begangenen Straftaten vor, welche mit **Gefängnisstrafen** bis zu sechs Monaten oder **Bewährungsstrafen** bis zu einem Jahr geahndet worden waren. Dadurch wurden auch aufgrund nationalsozialistischer Taten Verurteilte amnestiert. Am 1. April 1951 folgte das sogenannte 131er-Gesetz. Dieses bezog sich auf den **Artikel 131** des Grundgesetzes, der unter anderem die Versorgung der entlassenen Beamten regelte. Das Gesetz legte die **Wiedereingliederung** ehemaliger Berufssoldaten und Beamter fest, sofern sie nicht in den Spruchkammerverfahren als „Hauptschuldige“ oder „Belastete“ eingestuft worden waren. Damit wurde ein Großteil der ehemaligen staatlichen Bediensteten wieder eingestellt. Drei Jahre später verabschiedete die Bundesregierung das zweite Straffreiheitsgesetz (17. Juli 1954),

erstes Straffreiheitsgesetz

„131er-Gesetz“

zweites Straffreiheitsgesetz

welches bewusst eine **Amnestie für Personen mit nationalsozialistischem Hintergrund** herbeiführte. Mit diesem Gesetz wurden Personen begnadigt, die gegen Kriegsende **Straftaten auf einen Befehl** hin begangen hatten und mit maximal drei Jahren Freiheitsentzug bestraft worden wären. Hierdurch sollten – so die Intention der Bundesregierung – die durch „Kriegs- und Nachkriegsereignisse geschaffenen außergewöhnlichen Verhältnisse" (§ 1) bereinigt und ein Schlussstrich unter die Zeit des „Dritten Reichs" gezogen werden. Dieses Ansinnen entsprach dem damals in der Bevölkerung weitverbreiteten **Wunsch** nach einem **Abschließen mit der NS-Vergangenheit**.

Schlussstrichmentalität

Auch in ökonomischer Hinsicht setzte in den 1950er-Jahren in der Bundesrepublik Deutschland ein starker Wandel ein. Es entwickelte sich ein neuer **Wohlstand**. Dieser resultierte aus der wirtschaftlichen Hilfe der USA (**Marshall-Plan**) sowie aus den **sozialpolitischen Maßnahmen** der westdeutschen Regierung. Er trug neben den skizzierten politischen Entscheidungen zur Akzeptanz der **freiheitlich-demokratischen Grundordnung** bei. Die Auseinandersetzung mit der NS-Vergangenheit trat in den 1950er-Jahren zunehmend in den Hintergrund. Ein Verschweigen und Verdrängen der nationalsozialistischen Verbrechen war die Folge.

wirtschaftliche Entwicklung

Marshall-Plan

Verdrängung

Vor dem Hintergrund dieser politischen, wirtschaftlichen und gesellschaftlichen Entwicklung muss die Karikatur betrachtet werden. Aufgrund der **Frisur** und des charakteristischen **Bartes** kann der Mann links in der Zeichnung als **Adolf Hitler** identifiziert werden. Der Bewerber macht sich nicht allzu viel Mühe, seine **Herkunft und seine Vergangenheit** zu verbergen. Er trägt lediglich einen langen Mantel und außerhalb des Büros wohl auch einen Hut, um nicht weiter aufzufallen. Auch seinen Namen hat der Bewerber nur in „Schickelgruber" geändert. Es handelt sich dabei um den **Geburtsnamen von Hitlers Vater**, der diesen später in „Hitler" ändern ließ.

Erläuterung der Bildelemente

Bewerber

Die Figur repräsentiert in dieser Zeichnung die ehemals aktiven Nationalsozialisten auf der Suche nach einer Anstellung im Bundesland Schleswig-Holstein. Das Büro, in welchem das dargestellte Bewerbungsgespräch stattfindet, ist dabei entsprechend dem aufkommenden Wohlstand stilvoll eingerichtet. Es ist anzunehmen, dass der Arbeitsuchende eine umfassende Verschleierung seiner Vergangenheit angesichts der Reintegrationsmaßnahmen nicht für notwendig hält.

Büro

Obgleich die **politische Gesinnung** des Bewerbers klar ist, steht seiner Anstellung offenbar tatsächlich nichts im Wege. Die Bildunterschrift legt den Schluss nahe, dass an einer Überprüfung genauer Hintergründe kein Interesse besteht. Dem älteren Herren, der einen Beamten oder Angestellten darstellt, muss bewusst sein, dass es sich bei dem vor ihm Stehenden um Adolf Hitler handelt. Dennoch hinterfragt er den vom Bewerber angegebenen Namen nicht weiter und erläutert, dass nichts gegen ein Beschäftigungsverhältnis spräche. Diese Aussage ist als Anspielung des Karikaturisten auf die **Politik der Rehabilitierung und Amnestierung** ehemaliger Nationalsozialisten zu verstehen. Das **freundliche Lächeln** des älteren Mannes trotz der NS-Vergangenheit seines Gegenübers lässt dabei auch erkennen, dass er keinerlei Probleme mit dessen Rolle im „Dritten Reich" hat. Das Verhalten des Angestellten beziehungsweise Beamten spiegelt folglich das **gesellschaftliche Klima der Verdrängung** wider. Auch das zweimal in der Karikatur vorhandene Wappen Schleswig-Holsteins weist auf den Umgang mit ehemaligen Nationalsozialisten in der Bundesrepublik Deutschland hin. Es symbolisiert die damals **großzügige Wiedereinstellung** dieser Personengruppe in Schleswig-Holstein.

Angestellter/ Beamter

Insgesamt **kritisiert** der Karikaturist die **Wiedereingliederung** offensichtlicher ehemaliger NS-Aktivisten selbst aus den höchsten Führungszirkeln der NSDAP. Dabei verurteilt er, dass die nationalsozialistische Gesinnung und die begangenen Verbrechen dieser Personen einfach hingenommen werden.

zusammenfassendes Fazit

3. *In der dritten Teilaufgabe wird von Ihnen eine Beurteilung der Aussagen des Zeichners vor dem Hintergrund der Jahre bis 1955 gefordert. Nennen Sie einführend kurz die zentrale Aussage des Zeichners und gehen Sie dann sowohl auf Aspekte ein, die seine These unterstützen, als auch auf Argumente, die diese widerlegen. Beziehen Sie in Ihre Ausführungen erneut die Hintergrundinformationen zu Schleswig-Holstein mit ein, die Sie den Hinweisen zum Material entnehmen können. Am Ende müssen Sie ein begründetes Fazit ziehen.*

Einleitung

Der Zeichner der vorliegenden Karikatur vertritt die These, in der Bundesrepublik Deutschland und vor allem in Schleswig-Holstein seien nach dem Zusammenbruch des „Dritten Reichs" **ehemalige führende Nationalsozialisten ohne Bedenken** (**wieder**) **angestellt** worden. Die Karikatur kann darüber hinaus auch als genereller Vorwurf eines tendenziell sorglosen Umgangs und einer **mangelnden Auseinandersetzung** mit der nationalsozialistischen **Vergangenheit** in Westdeutschland gelesen werden.

Diese Sichtweise ist jedoch nicht uneingeschränkt zutreffend. Bundeskanzler Konrad Adenauer hatte bereits kurz nach seinem Amtsantritt deutlich gemacht, dass er das entstandene Unrecht so weit als möglich wiedergutmachen wolle. Als der Staat Israel 1951 finanzielle Hilfe benötigte und sich an die Bundesrepublik Deutschland wandte, sagte Adenauer seine Unterstützung zu. Auf diesem Wege sollte zumindest eine **materielle Entschädigung** stattfinden. Im Jahr 1952 wurde das sogenannte Wiedergutmachungsabkommen unterzeichnet und ein Jahr später mit einer knappen Mehrheit vom Deutschen Bundestag ratifiziert. Es wurden Zahlungen, Exportlieferungen und Dienstleistungen im Wert von 3,5 Milliarden DM vereinbart. Auch wenn das Abkommen bei einigen Abgeordneten und bei einem Großteil der Bevölkerung auf Widerspruch stieß, bleibt festzuhalten, dass es sich um einen frühen Versuch der Bundesrepublik Deutschland handelte, **Verantwortung für die Vergangenheit** zu übernehmen. Aufbauend auf dem Wiedergutmachungsabkommen konnten sich Westdeutschland und Israel zudem in der Folgezeit annähern.

einschränkende Aspekte

Wiedergutmachungsabkommen mit Israel

Auch die Kritik des Karikaturisten an der Wiedereinstellung aktiver Nationalsozialisten ist differenzierter zu sehen. Denn gerade die **oberste Führungsriege** des NS-Staates wurde nach dem Ende des Zweiten Weltkrieges in allen vier Besatzungszonen im Nürnberger Prozess von 1945/46 **zur Verantwortung** gezogen. Damals standen mehr als 20 Vertreter der nationalsozialistischen Führung vor Gericht, von denen die Richter zwölf zum Tode verurteilten – nur drei Angeklagte wurden freigesprochen. Dem ersten Nürnberger Prozess schlossen sich zahlreiche **Nachfolgeprozesse** an.

Nürnberger Prozess

Zudem sind für die Zeit vor der Amnestierung und Rehabilitierung umfassende Bemühungen in den westlichen Besatzungszonen erkennbar, die **Schuld** der einzelnen Deutschen festzustellen und diese angemessen zu bestrafen. Zunächst mussten die Deutschen in den westlichen Besatzungszonen umfangreiche Fraugebögen zu ihrer persönlichen NS-Vergangenheit ausfüllen, welche in vielen Fällen auch zu **Berufsverboten** führten und Grundlage für einen möglichen anschließenden Gerichtsprozess waren. In diesen sogenannten **Spruchkammerverfahren** mussten sich rund drei Millionen Deutsche aufgrund ihrer NS-Vergangenheit verantworten.

Fragebogen

Gerichtsprozess

Es lassen sich jedoch auch Argumente finden, die die Aussagen der Karikatur stützen. So muss man festhalten, dass die Spruchkammerverfahren trotz des enormen bürokratischen Aufwands, den sie mit sich brachten, nur **wenig effektiv** waren – lediglich 10 % der Angeklagten wurden verurteilt und gerade einmal 1 % auch wirklich bestraft. Vor allem die Tatsache, dass in den Spruchkammerverfahren nicht das Gericht die Schuld, sondern die **Angeklagten ihre Unschuld** beweisen mussten, führte dazu, dass sich zahlreiche ehemals aktive Nationalsozialisten gegenseitig schriftlich ihre Unschuld bescheinigten und sich mit den „**Persilscheinen**" reinwaschen konnten. Auch kam es immer wieder vor, dass sich Menschen mit speziellen, für die Westalliierten nützlichen **Fachkenntnissen** nicht für ihre Taten während des „Dritten Reichs" verantworten mussten, da sie für den Aufbau des westdeutschen Staates gebraucht wurden. So wurde auch zahlreichen **Beamten** wie Richtern oder Lehrern nach einem anfänglichen Berufsverbot aufgrund ihrer NS-Vergangenheit rasch wieder Zugang zu ihrer ehemaligen Anstellung gewährt.

zustimmende Aspekte

fehlende Effektivität der Spruchkammerverfahren

Nicht zuletzt setzte mit Gründung der Bundesrepublik Deutschland eine weitreichende Amnestie ein, die zur **Reintegration ehemaliger NS-Anhänger** führte. Gerade in Schleswig-Holstein erfolgte die Wiedereingliederung früherer Nationalsozialisten in großem Umfang. Dies entsprach auch der vorherrschenden Stimmung in der deutschen Bevölkerung. Ähnlich wie der lächelnde Mann in der Karikatur verdrängte man oftmals die Frage nach der eigenen NS-Vergangenheit oder jener der Mitmenschen. Stattdessen zogen sich viele **ins Private zurück** und wollten einen **Schlussstrich** unter die Zeit des „Dritten Reichs" ziehen. Die beliebten **Heimatfilme** der 1950er-Jahre, in denen eine heile Idylle gezeigt wurde, sind ein Beispiel für die öffentlich stattfindende Verdrängung der jüngsten Vergangenheit.

Amnestie und Rehabilitierung

Verdrängung der Vergangenheit

Zusammenfassend lässt sich somit sagen, dass die **Aussage** der Karikatur – wie für diese Quellengattung charakteristisch – **überspitzt** dargestellt ist, denn aus der Führungsriege um Adolf Hitler stammende Personen konnten in der Bundesrepublik nicht Fuß fassen. Auch fehlte eine Auseinandersetzung mit der Vergangenheit nicht vollständig. Doch ist der **Kernaussage zuzustimmen**, dass die Entnazifizierungspolitik angesichts der mangelnden strikten Umsetzung zu **keinen großen Erfolgen** führte. In Schleswig-Holstein, aber auch im restlichen Westdeutschland, wurde zudem schnell zur **Verdrängung** der nationalsozialistischen Verbrechen übergegangen. Eine umfassendere Auseinandersetzung damit setzte in der Bundesrepublik Deutschland erst allmählich ab der **zweiten Hälfte** der 1950er-Jahre ein.

Fazit

Nordrhein-Westfalen – Geschichte – Grundkurs
Übungsaufgabe 7

A: Interpretation sprachlicher oder nichtsprachlicher historischer Quellen

Aufgabenstellung

Interpretieren Sie die Quelle, indem Sie

1. sie analysieren.
2. sie in den historischen Kontext einordnen und vor dem Hintergrund der Deutschlandpolitik der Bundesrepublik seit 1949 erläutern.
3. die Einschätzungen Stücklens zur Neuen Ostpolitik bewerten.

M: Rede von Richard Stücklen (CSU) vor dem Bundestag, 23. Februar 1972

Eine Politik dient nur dann der Versöhnung, wenn sie es den Menschen ermöglicht, zueinander zu finden, denn es sind die Menschen und nicht die Staaten, die die Versöhnung auf Dauer begründen.

[…]

Ich habe die ernsthafte Befürchtung, dass diese Verträge[1] nicht den Frieden sicherer machen, sondern dass unsere Sicherheit in Freiheit mit diesen Verträgen gefährdet ist. Diese Politik führt auch nicht zur Entspannung, denn sie schreibt die Ursachen der Spannungen fest. Diese Ostverträge sind auch kein Beitrag zur Versöhnung, denn sie zementieren die Trennung der Menschen durch Mauer und Stacheldraht. Die Ostpolitik dieser Regierung ist illusionär, weil sie versucht, das Unvereinbare zu vereinen: Eine gesamteuropäische Friedensordnung mit Moskau als Hegemonialmacht, mehr Rechte für den Menschen ohne Achtung der Menschenrechte, mehr Freizügigkeit ohne Durchlässigkeit der Grenzen.

Heute, wo sich uns die Frage stellt, wohin diese Politik führt, wo wir mit tiefer Sorge in die Zukunft blicken müssen, ist nicht der Tag, um die Vergangenheit zu beschwören. Dennoch ist es notwendig, eines hier festzuhalten: Es war die geschichtliche Leistung von Adenauer, der die Friedenspolitik in der Bundesrepublik Deutschland und in Europa mitbegründet hat, es war die Leistung von 20 Jahren Politik der CDU/CSU, den Frieden für Deutschland zu sichern und die Freiheit für uns zu bewahren.

Ihre Haltung, Herr Bundeskanzler, die Haltung Ihrer Regierung und Ihrer Partei zu dieser von Konrad Adenauer begründeten Friedenspolitik der CDU/CSU ist genauso zwiespältig wie Ihre heutige Politik. Einerseits behaupten Sie, Sie führten die Kontinuität jener Politik fort, also die Politik von Adenauer, Erhard und Kiesinger; auf der anderen Seite verketzern Sie diese Politik als Politik der Erstarrung, der Unbeweglichkeit und behaupten, Sie seien es, die Deutschland jetzt aus einer Sackgasse der Stagnation herausführen müssten. Beides ist falsch, meine Damen und Herren!

[...]

Nur wenn auf beiden Seiten – das ist eine der grundlegenden Fragen, die das gesamte Vertragswerk so schwierig machen, die auch die Verhandlungen so schwierig gestalten mussten – die gleichen Wertvorstellungen über die unverzichtbaren Grundrechte des Menschen und über das Zusammenleben der Völker bestehen, ist eine dauerhafte – ich betone: dauerhafte! – Ordnung in Frieden und Freiheit zu begründen. (Ungeachtet der nicht vorhandenen Übereinstimmung in diesen Grundwerten sind wir von der CDU/CSU bereit, im Interesse der Menschen nach Mitteln und Wegen zu suchen, um wenigstens vorläufige Regelungen zu finden.)

Solange aber die andere Seite ihre ideologisch untermauerte Machtpolitik beibehält, ist äußerste Vorsicht am Platze. Sicherheit ist nach wie vor das vordringliche Gebot der Stunde. Wer diese Notwendigkeit in den Hintergrund treten oder gar außer Acht lässt, kann plötzlich vor einer verhängnisvollen Entwicklung stehen. Ich weiß, wer heute auf die bolschewistische Gefahr in Deutschland aufmerksam macht, kommt leicht in den Verdacht, ein kalter Krieger zu sein und wird von bestimmter Seite verketzert und verdammt.

Dies wird mich aber nicht abhalten, den Kommunismus so zu sehen und so zu urteilen, wie er sich verhält und wie er sich programmatisch offenbart. Die Weltrevolution ist nach wie vor das Ziel des Kommunismus. Die Nachkriegspolitik der Sowjetunion liefert dafür eine Reihe unwiderlegbarer Beweise. In all den heute kommunistischen Staaten im Bereich des Warschauer Paktes war die kommunistische Partei jeweils in der Minderheit, und heute ist sie mit sowjetrussischer Unterstützung die allein beherrschende Staatspartei geworden.

Ich erinnere an die tragischen Schicksalstage, die wir in Europa erlebten. Ich denke an den 17. Juni 1953, an die Niederwerfung des Ungarnaufstandes 1956, den Mauerbau am 13. August 1961 und zuletzt an den 21. August 1968, den völkerrechtswidrigen Überfall auf die Tschechoslowakei. Der Überfall auf einen Verbündeten des Warschauer Paktes erfolgte, obwohl es im Art. 8 dieses Paktes heißt: Die vertragschließenden Seiten erklären, dass sie im Geiste der Freundschaft, Zusammenarbeit für die Weiterentwicklung und Festigung der wirtschaftlichen und kulturellen Beziehungen untereinander in Befolgung der Grundsätze der gegenseitigen Achtung ihrer Unabhängigkeit und Souveränität und der Nichteinmischung in ihre inneren Angelegenheiten handeln werden.

Herr Breschnew hat noch im Juni 1968 einer tschechoslowakischen Parlamentsdelegation unter Führung des tschechoslowakischen Parlamentspräsidenten Josef Smirkowski angeboten, ein internationaler Gerichtshof möge die Interventionsgelüste, die der Sowjetunion unterstellt werden, überprüfen. Niemals, so erklärte Herr Breschnew damals, habe die Sowjetunion auf die innere Politik ihrer Nachbarn Einfluss nehmen wollen. Sie habe das 1956 in Polen[2] nicht getan. Warum sollte sie es jetzt gegenüber der Tschechoslowakei tun?

Zwei Monate später standen die sowjetischen Panzer in Prag.

[...]

Meine sehr verehrten Damen und Herren, nicht der deutsch-sowjetische Vertrag sichert uns den Frieden, sondern Frieden, Freiheit und Sicherheit garantiert jenes Bündnis, das trotz des erbitterten Widerstandes der SPD von Adenauer mit der CDU/CSU geschaffen wurde. Ich wiederhole, nicht dieser Vertrag gibt uns Sicherheit, gibt uns mehr Frieden und sichert unsere Freiheit, sondern das ist das Bündnis mit der freien Welt in der NATO.

zitiert nach: Wolfgang Hug (Hg.): Geschichtliche Quellenkunde, Quellenlesebuch, Band 3: Von der Zeit des Imperialismus bis zur Gegenwart. Frankfurt/Main: Diesterweg 1983, S. 249–251.

Anmerkung:

1 gemeint sind die Ostverträge der Regierung Brandt

2 Im Juni 1956 schlug die polnische Armee einen Arbeiteraufstand in Posen blutig nieder. Im Oktober 1956 wurde daraufhin der nationalkommunistische Gomułka zum neuen Generalsekretär der Kommunistischen Partei Polens gewählt. Er konnte der Sowjetunion Zugeständnisse abringen sowie eine Intervention der Roten Armee verhindern und sorgte für ein Klima der Liberalisierung (Polnischer Oktober). Dieses dauerte allerdings nicht lange an und Abweichungen von der Parteilinie wurden schon bald wieder streng geahndet.

zugelassene Hilfsmittel: Deutsches Wörterbuch

Lösungsvorschläge

Diese Aufgabe entspricht den folgenden aktuellen Schwerpunktthemen:

- *Inhaltsfeld 6: Nationalismus, Nationalstaat und deutsche Identität im 19. und 20. Jahrhundert*
  - *Nationale Identität unter den Bedingungen der Zweistaatlichkeit in Deutschland (neue Ostpolitik)*

1. *Die erste Teilaufgabe fordert Sie dazu auf, die vorliegende Quelle zu analysieren. Dazu sollten Sie diese zunächst kurz vorstellen, indem Sie den Autor, die Adressaten, den Veröffentlichungszeitpunkt, das Thema und die Intention nennen. Geben Sie anschließend im Rahmen der inhaltlichen Analyse die Kernaussagen der Rede strukturiert wieder. Belegen Sie Ihre Erkenntnisse mithilfe von Zitaten am Text und verwenden Sie die indirekte Rede, um die Distanz zu Stücklens Ausführungen zu wahren.*

Einleitung

Quelle

Veröffentlichungszeitpunkt

Thema

Intention

Adressaten

Bei der vorliegenden Quelle handelt es sich um einen Auszug aus einer **Rede** von Richard Stücklen, die der Abgeordnete der CSU am 23. Februar 1972 vor dem Bundestag gehalten hat. Er vergleicht darin die **Neue Ostpolitik** Willy Brandts mit Konrad Adenauers Politik der **Westintegration**. Damit verfolgt er die Absicht, die Errungenschaften Adenauers zu betonen sowie die möglichen Konsequenzen und Unwägbarkeiten von Brandts Politik kritisch herauszustellen. Die Adressaten seiner Rede sind sowohl die anwesenden **Bundestagsabgeordneten** als auch die politisch interessierte Öffentlichkeit.

Stücklen widmet sich zunächst der grundsätzlichen Frage, inwieweit die Neue **Ostpolitik** Brandts tatsächlich zu mehr **Frieden und Sicherheit** führen werde. Er befürchtet, dass die Ostverträge eine weitere **Verfestigung der „Trennung** [...] durch Mauer und Stacheldraht" (Z. 9) zur Folge hätten, anstatt zu Entspannung und Versöhnung beizutragen. Dem CSU-Abgeordneten erscheint es paradox, ja geradezu „illusionär" (Z. 10), mit der Sowjetunion über Frieden, Menschenrechte und Grenzen zu verhandeln, wenn diese ihre Ziele mit **Zwang und Gewalt im Ostblock** durchsetze (vgl. Z. 9 ff.).

strukturierte Wiedergabe
Befürchtungen in Bezug auf Brandts Ostpolitik

Um seine **Skepsis bezüglich der Politik Brandts** zum Ausdruck zu bringen, kontrastiert er diese mit der **„Friedenspolitik"** (Z. 17) **Adenauers**, die eine freiheitliche und friedliche Grundordnung in Deutschland und Europa geschaffen habe (vgl. Z. 16 ff.). Im Folgenden wendet er sich direkt an den Bundeskanzler und wirft diesem eine **widersprüchliche Argumentation** vor. So würde Brandt einerseits behaupten, **Adenauers Politik fortzusetzen**, andererseits jedoch seinen Vorgänger der „Erstarrung [und] Unbeweglichkeit" (Z. 25 f.) bezichtigen, die es nötig machen würden, das Land „aus einer Sackgasse der **Stagnation**" (Z. 26 f.) zu befreien. Dies weist Stücklen kategorisch als Falschaussage zurück.

Gegenüberstellung von Adenauer und Brandt

Anschließend geht der CSU-Abgeordnete auf die **weltpolitische Situation** ein und untersucht die Deutschlandpolitik im Rahmen des Ost-West-Gegensatzes. Nach Auffassung des Bundestagsabgeordneten ist es nicht möglich, einen langfristigen Konsens im Hinblick auf Frieden und Freiheit herzustellen, wenn die politischen Umstände und **ideologischen Vorstellungen** in West und Ost so **stark auseinanderklaffen** (vgl. Z. 30 ff.). Trotz seiner Bedenken betont er jedoch, dass seine Partei die **Erarbeitung „vorläufige[r] Regelungen"** (Z. 37) unterstütze, um das Leben der Menschen zu erleichtern.

Deutschlandpolitik im Rahmen des Ost-West-Konflikts

Stücklen erläutert seine **skeptische Grundhaltung** näher und mahnt dazu, der Sowjetunion mit Vorsicht zu begegnen. Deren „ideologisch untermauerte Machtpolitik" (Z. 38) müsse dazu führen, die **Sicherheit als oberstes Ziel** zu betrachten. Er betont die **Gefahr**, die mit **der kommunistischen Ideologie** verbunden sei, deren Hauptaugenmerk grundsätzlich auf einer „Weltrevolution" (Z. 46 f.) liege. Dieses Bestreben zeige sich auch daran, dass sich die **kommunistische Partei**, die in den sowjetischen Satellitenstaaten eigentlich eine Minderheit gewesen sei, mithilfe der Sowjetunion zur **alleinigen Staatspartei** entwickelt habe. Des Weiteren zeigt Stücklen anhand verschiedener Bei-

Warnung vor sowjetischer Machtpolitik anhand von Beispielen

spiele der europäischen Nachkriegsgeschichte auf, wie die Sowjetunion über den Warschauer Pakt ihren **Einfluss ausgebaut** habe. Die **Unterdrückung der Proteste in der DDR** am 17. Juni 1953, die **Niederschlagung des Aufstands in Ungarn** im Jahr 1956, der **Mauerbau in der DDR** 1961 sowie die gewaltsame **Beendigung des „Prager Frühlings"** im Jahr 1968 würden die im Vertrag formulierte Absicht, die „Unabhängigkeit und Souveränität" (Z. 60) der Mitglieder zu wahren, widerlegen. Auch die **Aussage Breschnews**, sich aus den innenpolitischen Angelegenheiten der Nachbarstaaten heraushalten und nicht in der Tschechoslowakei intervenieren zu wollen, habe sich zwei Monate später als **Lüge** erwiesen (vgl. Z. 62 ff.).

abschließende Würdigung der Westintegration

Abschließend betont der CSU-Politiker erneut die **Bedeutung der Westintegration** Deutschlands. Diese könne im Rahmen des **NATO-Schutzbündnisses** die Sicherheit in Europa besser gewährleisten als es die Ostverträge der Regierung Brandt zukünftig bewirken würden.

2. *In der zweiten Teilaufgabe soll die Rede von Stücklen in ihren historischen Kontext eingeordnet und vor dem Hintergrund der Deutschlandpolitik der Bundesrepublik seit 1949 erläutert werden. Dazu stellen Sie am besten zunächst kurz dar, welchen Stellenwert die Textquelle im Rahmen der Ostpolitik von Willy Brandt einnimmt. Anschließend sollten Sie in chronologischer Reihenfolge Ihre Kenntnisse zu Adenauers und Brandts jeweiliger Deutschlandpolitik wiedergeben. Beschränken Sie sich dabei auf die zentralen Verträge und Vereinbarungen, die Sie nicht nur nennen, sondern auch kurz in ihrer Bedeutung erklären sollten. Am Ende können Sie sich abschließend noch einmal auf Stücklens Rede beziehen.*

historischer Kontext

Debatte um Neue Ostpolitik

Richard Stücklens Bundestagsrede vom 23. Februar 1972 lässt sich in die **Debatte um** Willy Brandts **Neue Ostpolitik** einordnen, die zehn Monate später mit dem Grundlagenvertrag zwischen der Bundesrepublik und der DDR ihren Höhepunkt erreichte. Dass diese Politik in der Bundesrepublik **äußerst umstritten** war, zeigen auch die Äußerungen des CSU-Abgeordneten, der Brandt vorwirft, die **Sicherheit** der Bundesrepublik und eines freien Europas **durch** die **Annäherung an den Ostblock aufs Spiel zu setzen**. In seiner Rede stellt er deshalb die Leistungen der „Friedenspolitik" (Z. 17) Konrad Adenauers heraus, um sie mit dem von ihm kritisierten Vorgehen Brandts zu kontrastieren. Die **Kennzeichen der** jeweiligen **Politik der beiden Kanzler** sollen nun im Folgenden genauer erläutert werden.

Die erste deutsche Bundesregierung unter **Kanzler Adenauer**, die im September 1949 zusammentrat, sah sich vor die Aufgabe gestellt, einen dauerhaften **Frieden in Europa** zu erreichen und Deutschland wieder zu einem gleichberechtigten Mitglied der internationalen Staatenwelt werden zu lassen. Die „geschichtliche Leistung" (Z. 16f.) Adenauers, wie Stücklen positiv hervorhebt, besteht in seinen Bemühungen um eine intensive **Zusammenarbeit mit den westeuropäischen Staaten**, insbesondere mit Frankreich, über die der Kanzler die staatliche **Souveränität** und **internationale Gleichberechtigung** Deutschlands zu erreichen suchte. Ein erster Schritt auf diesem Weg der Westintegration war das **Petersberger Abkommen** im Jahr 1949, das den Handel und die konsularischen Beziehungen zu anderen Ländern verbesserte, eine Reduzierung bei den Demontagen vorsah und die Aufnahme der Bundesrepublik in internationale Organisationen in Aussicht stellte. 1951 wurde die **Europäische Gemeinschaft für Kohle und Stahl** (EGKS; Montanunion) gegründet, die für eine verstärkte wirtschaftliche Zusammenarbeit in Westeuropa sorgte und den raschen wirtschaftlichen Wiederaufbau der Bundesrepublik ermöglichte. Der **Deutschlandvertrag**, der als Teil der **Pariser Verträge** im Mai 1955 in Kraft trat, beendete das Besatzungsstatut und gab der Bundesrepublik ihre weitgehende Souveränität zurück (eingeschränkt nur in Bezug auf Gesamtdeutschland und Berlin). Des Weiteren legten die Pariser Verträge die Aufnahme der Bundesrepublik in die **Westeuropäische Union** fest. Der **NATO-Beitritt** der Bundesrepublik rundete die Westintegration ab. Kritiker warfen Adenauer vor, seine sicherheitspolitisch motivierte **Westbindung um den Preis der deutschen Einheit** voranzutreiben. **Adenauer** dagegen vertrat die Ansicht, die Wiedervereinigung nur über ein **stabiles Bündnis mit den Westmächten** erreichen zu können.

Deutschlandpolitik
Westintegration

Bis 1969 besaßen der **Alleinvertretungsanspruch** der Bundesrepublik und die **Hallstein-Doktrin**, welche die Aufnahme diplomatischer Beziehungen zur DDR als „unfreundlichen Akt" gegenüber der Bundesrepublik wertete, Gültigkeit. Sie **belasteten das deutsch-deutsche Verhältnis** und blockierten weiterführende Bemühungen um eine politische Entspannung. Mit Beginn seiner Kanzlerschaft suchte Brandt deshalb nach neuen Wegen, um mit den Staaten Osteuropas zu verhandeln. In seiner Regierungserklärung vom Oktober 1969 brach er durch die **Formel von „zwei Staaten in Deutschland"** mit der Doktrin von der Nicht-Existenz der DDR. Sein Ziel war es, nach dem von Egon Bahr formulierten Prinzip des „**Wandels durch Annähe-**

außenpolitische Neuausrichtung Brandts

rung" die Beziehungen zu den osteuropäischen Staaten auf eine neue Grundlage zu stellen. Durch eine schrittweise Verbesserung des Verhältnisses sollte **langfristig** die **Wiedervereinigung** Deutschlands ermöglicht werden. Symbolisch für die neue Phase der deutschen Außenpolitik wurde der spontane, nicht im Protokoll vorgesehene **Kniefall Brandts** am 7. Dezember 1970 vor dem Denkmal für den jüdischen Aufstand im Warschauer Getto.

Neue Ostpolitik

Als Auftakt zur Neuen Ostpolitik wurde im August 1970 der **Moskauer Vertrag** abgeschlossen, auf den sich auch Stücklen in seiner Rede bezieht (vgl. Z. 71 ff.). Darin erklärten Deutschland und die Sowjetunion ihren Willen zum Gewaltverzicht und die Unverletzlichkeit ihrer Grenzen. Nur wenige Monate später, im Dezember 1970, unterzeichnete Deutschland den **Warschauer Vertrag** mit Polen und garantierte damit die Achtung der bestehenden Grenzen zwischen beiden Ländern (**Oder-Neiße-Linie**). Das **Viermächteabkommen** vom September 1971 zwischen den ehemaligen Westalliierten und der UdSSR regelte den **Transitverkehr zwischen der Bundesrepublik und Westberlin**. Außerdem akzeptierte Moskau darin die faktische Zugehörigkeit Westberlins zur Bundesrepublik, obwohl der Westteil der Stadt kein offizieller Bestandteil des Weststaats wurde. Das erste auf Regierungsebene geschlossene Abkommen zwischen der Bundesrepublik und der DDR war das **Transitabkommen**, das am 17. Dezember 1971 unterzeichnet wurde. Genauso wie der im Mai 1972 folgende **Verkehrsvertrag** schuf es **Erleichterungen im Personen- und Güterreiseverkehr** zwischen beiden deutschen Staaten. Zentraler Meilenstein der Neuen Ostpolitik Brandts war der am 21. Dezember 1972 zwischen der DDR und der Bundesrepublik geschlossene **Grundlagenvertrag**. Mit diesem gab der deutsche Weststaat seinen Alleinvertretungsanspruch auf, ohne die DDR jedoch völkerrechtlich anzuerkennen (Einrichtung „Ständiger Vertretungen" anstelle von Botschaften). Die beiden Staaten vereinbarten **gutnachbarliche Beziehungen** und erkannten sich gegenseitig als gleichberechtigt an. Auf diese Weise normalisierte der Vertrag das innerdeutsche Verhältnis und stellte eine wichtige **Grundlage für die spätere Wiedervereinigung** dar. Den Abschluss der Ostverträge bildete der **Prager Vertrag** mit der Tschechoslowakei im Jahr 1973, der für beide Staaten ebenfalls einen Gewaltverzicht und die Festlegung der Grenzen regelte.

Kritik an Neuer Ostpolitik

Brandts Ostpolitik wurde, vor allem vonseiten der CDU/CSU-Opposition (vgl. Stücklens Rede), **vehement kritisiert:** Man warf dem Bundeskanzler vor, die **DDR** durch die Anerkennung zu **stabilisieren** und dadurch die **deutsche Teilung** zu **zementieren**. Außerdem beschuldigte man ihn der **Aufgabe wesentlicher Rechtspositionen**, zum Beispiel in Bezug auf die Oder-Neiße-Linie. Stücklen bringt in seiner Rede vornehmlich seine **Befürchtungen hinsichtlich der Freiheit und Sicherheit** der Bundesrepublik zum Ausdruck, die seiner Ansicht nach durch Brandts Politik aufs Spiel gesetzt werden (vgl. Z. 5 ff.). Damit bildet die Textquelle einen Teil der in den 1970er-Jahren geführten Debatte eindrucksvoll ab.

3. *In der dritten Teilaufgabe sollen Sie sich kritisch mit den Einschätzungen Stücklens auseinandersetzen und diese bewerten. Überlegen Sie also, inwiefern Ihnen sowohl die positive Darstellung von Adenauers Politik der Westintegration als auch die Kritik an Brandts Ostpolitik zutreffend erscheint. Nehmen Sie dabei auch die deutsche Wiedervereinigung 1990 in den Blick und entscheiden Sie, inwieweit diese von den vorherigen politischen Entscheidungen bedingt wurde. Für eine differenzierte Bewertung empfiehlt es sich, sowohl zustimmende als auch ablehnende Aspekte zu finden und auszuführen. Am Ende können Sie ein eindeutiges Fazit ziehen, das Ihre Darstellung sinnvoll abrundet.*

Einleitung
Kritik an Brandts Ostpolitik

Stücklen **kritisiert** als Vertreter der Opposition deutlich die **Neue Ostpolitik** Willy Brandts. Er stellt sie nicht nur in einen Gegensatz zur Politik Adenauers, sondern verweist auch auf die **vermeintlichen Gefahren**, die mit einer Annäherung an den Ostblock einhergehen könnten. Im Folgenden soll bewertet werden, ob Stücklens Einschätzungen zuzustimmen ist oder ob diese relativiert werden müssen.

zustimmende Aspekte
aggressive Machtpolitik der Sowjetunion

Zustimmend lässt sich zunächst festhalten, dass die **Außenpolitik der Sowjetunion** in der Tat kritisch zu betrachten war, stellten sich doch viele Maßnahmen und vertraglich festgelegte Grundsätze als **bloße Friedensrhetorik** der sowjetischen Großmacht heraus. Die von Stücklen erwähnten Ereignisse der Jahre 1953–1968 (vgl. Z. 52 ff.) sind Zeugnisse einer **aggressiven Machtpolitik** der Sowjetunion. Diese **missachtete die Menschenrechte** und widersetzte sich den freiheitlichen Bestrebungen in den Staaten des Warschauer Pakts, die sie scharf und gewaltsam sanktionierte. Daher ist der Aufbau einer westlich orientierten Friedensordnung tatsächlich von höchster Wichtigkeit. Die bundesrepublikanische **Sicherheit vor Versöhnung und Annäherung** zu stellen, wie Stücklen dies tut, ist vor diesem Hintergrund naheliegend und nachvollziehbar.

Zudem muss dem CSU-Abgeordneten hinsichtlich der **Bedeutung** von Adenauers Politik **der Westintegration** recht gegeben werden. Gerade im Rahmen der bipolaren Weltordnung und der Systemgegensätze zwischen der westlichen Welt und dem kommunistischen Osten war der **Handlungsspielraum der Bundesrepublik** auch immer **von** den außenpolitischen Prämissen der Hegemonialmacht **USA abhängig**. Aus diesem Grund war eine starke **Anlehnung an die USA** über den **Marshallplan** und die **NATO** für die Bundesrepublik unter Adenauer unabdingbar. Durch dessen Westorientierung konnte die Bundesrepublik sechs Jahre nach ihrer Gründung ihre **Souveränität wiedererlangen**. Außerdem durfte sie mit der Bundeswehr ab 1955 wieder **eigene Streitkräfte** aufstellen und wurde als **gleichberechtigter Partner** in die westliche Staatengemeinschaft aufgenommen. Der **Erfolg** ist Adenauers Politik der Westintegration also nicht abzusprechen.

Bedeutsamkeit von Adenauers Politik der Westintegration

Letztendlich hat Stücklen auch mit der Behauptung recht, dass die **Menschen** trotz Brandts Ostpolitik „durch Mauer und Stacheldraht" (Z. 9) **getrennt blieben**. So kam es in der DDR trotz der Annäherung an die Bundesrepublik **im Inneren** zu **keinerlei Verbesserungen**. Die **Mauer** blieb als beinahe unüberwindliche Grenze stehen, die **Stasi** überwachte weiterhin die Bevölkerung, **Wahlen** wurden **gefälscht** und **Oppositionelle verfolgt**. Obwohl auf staatlicher Ebene eine Verständigung herbeigeführt wurde, wurden die **Unterdrückungsmaßnahmen** im Inneren der DDR nicht gelockert, sondern eher noch **verstärkt**.

weiterhin Unterdrückung im Innern der DDR

Dennoch sind Stücklens Ausführungen zu den Konsequenzen der Ostpolitik Brandts zu hinterfragen. Diese erwies sich als ein großer **Beitrag zur Versöhnung mit Osteuropa**, was den gesamteuropäischen Frieden festigte und eine weitere **Zusammenarbeit** ermöglichte. Beispielsweise wäre die Konferenz über Sicherheit und Zusammenarbeit in Europa (**KSZE**), die von 1973 bis 1975 an unterschiedlichen Tagungsorten stattfand, ohne eine vorherige **Annäherung zwischen West und Ost** kaum zustande gekommen und so erfolgreich gewesen. Obwohl Stücklen den Ostverträgen der Regierung Brandt einen „Beitrag zur Versöhnung" (Z. 8) aberkennt, waren sie dennoch wegweisend für eine **Entschärfung des Ost-West-Konflikts**. Es ist mehr als fraglich, ob es dazu zielführende Alternativen gegeben hätte, wie sie Stücklen vorzuschweben scheinen.

ablehnende Aspekte

Ostpolitik als Teil globaler Entspannungspolitik

Doch nicht nur im Hinblick auf die weltpolitische Lage im Kalten Krieg war Brandts Ostpolitik von zentraler Bedeutung, sondern deren **positive Auswirkungen** bildeten auch eine wichtige Voraussetzung **für** die **Wiedervereinigung** Deutschlands 1990. Ohne die **Zustimmung der Sowjetunion** wäre diese kaum möglich gewesen, weshalb die Ostverträge einen unabdingbaren Schritt zur deutschen Einheit darstellten. Eine **Alternative** zu Brandts Vorgehen erscheint auch in diesem Fall **kaum denkbar**.

Ostpolitik als Voraussetzung für Wiedervereinigung

Darüber hinaus kann man Stücklen vorwerfen, dass er die **positiven Auswirkungen** von Brandts Ostpolitik **auf das Leben der Menschen** verkennt. Gerade er, der zu Beginn seiner Rede hervorhebt, dass die Menschen und nicht nur die Staaten zueinander finden müssten (vgl. Z. 1 ff.), sollte den Wert der Ostverträge wahrnehmen. Zwar standen das Transitabkommen sowie der Verkehrs- und der Grundlagenvertrag zum Zeitpunkt der Rede noch aus, doch waren die zuvor vereinbarten Abkommen eine wichtige Voraussetzung dafür, auch das **Alltagsleben** der Menschen im Ost- und Westteil Deutschlands zu **erleichtern**. Die später abgeschlossenen Verträge sorgten für **zunehmende Kontakte der Bevölkerung** in Bundesrepublik und DDR, was die **SED-Propaganda** von den „Faschisten im Westen“ immer **unglaubwürdiger** erscheinen ließ und den Boden für die Wiedervereinigung bereitete.

Verbesserung der Kontakte zwischen den Menschen

Die Frage, ob die Neue Ostpolitik global gesehen die bipolare Weltordnung weiter verstärkte, muss relativierend beurteilt werden. Die Politik des „Wandels durch Annäherung“ trug durch die **Anerkennung der DDR** unter Umständen **kurzfristig** zu einer **Verstärkung der Systemgegensätze** im Kalten Krieg, bei. **Langfristig** wurde der **Ost-West-Konflikt** dadurch jedoch deutlich **entschärft**. Die Neue Ostpolitik ermöglichte eine **Annäherung** beider deutscher Staaten und zumindest **teilweise** eine **Normalisierung der Beziehungen** zwischen Bundesrepublik und DDR.

Entschärfung des Ost-West-Konflikts

Abschließend muss Stücklen also eine weitgehend **einseitige Darstellung** der Fakten bescheinigt werden, die sicherlich **parteipolitisch motivierte** Ursachen hat.

Fazit

Mündliche Abiturprüfung Nordrhein-Westfalen Geschichte
Grundkurs – Übungsaufgabe 8

A: Interpretation sprachlicher oder nichtsprachlicher historischer Quellen

Aufgabenstellung

1. Analysieren Sie die vorliegende Quelle.
2. Ordnen Sie sie in den historischen Kontext ein.
3. Nehmen Sie zu Goebbels' Taktik vom Standpunkt des Konzepts der „wehrhaften Demokratie" Stellung.

M: Joseph Goebbels: „Was wollen wir im Reichstag?" in: „Der Angriff"[1] vom 30. April 1928

Wir sind doch eine antiparlamentarische Partei, lehnen aus guten Gründen die Weimarer Verfassung und die von ihr eingeführten republikanischen Institutionen ab, sind Gegner einer verfälschten Demokratie, die den Klugen und den Dummen, den Fleißigen und den Faulen über einen Leisten schlägt, sehen im heutigen System der Stimmenmajoritäten und der organisierten Verantwortungslosigkeit die Hauptursache unseres ständig zunehmenden Verfalls.

Was wollen wir im Reichstag? Wir gehen in den Reichstag hinein, um uns im Waffenarsenal der Demokratie mit deren eigenen Waffen zu versorgen. Wir werden Reichstagsabgeordnete, um die Weimarer Gesinnung mit ihrer eigenen Unterstützung lahm zu legen. Wenn die Demokratie so dumm ist, uns für diesen Bärendienst Freifahrkarten und Diäten zu geben, so ist das ihre eigene Sache. Wir zerbrechen uns darüber nicht den Kopf. Uns ist jedes gesetzliche Mittel recht, den Zustand von heute zu revolutionieren. Wenn es uns gelingt, bei diesen Wahlen[2] sechzig bis siebzig Agitatoren und Organisatoren unserer Partei in die verschiedenen Parlamente hineinzustecken, so wird der Staat selbst in Zukunft unseren Kampfapparat ausstatten und besolden. Eine Angelegenheit, die reizvoll und neckisch genug ist, sie einmal auszuprobieren.

Wir werden auch in den Parlamenten verparlamentisieren? So sehen wir aus! Glaubt einer von euch, dass wir, wenn wir in das Plenum des hohen Hauses einmarschieren, gleich mit Philipp Scheidemann Brüderschaft trinken? Haltet ihr uns für so miserable Revolutionäre, dass ihr fürchtet, wir würden vor einem dicken, roten Teppich und einer wohltemperierten Schlafhalle unsere geschichtliche Mission vergessen? Wer ins Parlament geht, kommt darin um! Jawohl, wenn er ins Parlament geht, um auch einer zu werden. Geht er jedoch hinein mit dem zähen und verbissenen Willen, auch hier seinen bedingungslosen Kampf gegen die zunehmende Verlumpung unseres öffentlichen Lebens mit der ihm angeborenen Rücksichtslosigkeit fortzuführen, dann wird er nicht verparlamentisieren, sondern er bleibt das, was er ist: ein Revolutionär. [...]

Man soll nicht glauben, der Parlamentarismus sei unser Damaskus[3]. Wir haben dem Gegner die Zähne gezeigt von den Podien der Massenversammlungen und von den Riesendemonstrationen unserer braunen Garde aus. Wir werden sie ihm auch zeigen in der bleiernen Sattheit eines parlamentarischen Plenums. Wir kommen nicht als Freunde, auch nicht als Neutrale. Wir kommen als Feinde! Wie der Wolf in die Schafherde einbricht, so kommen wir. Jetzt seid ihr nicht mehr unter euch! Und so werdet ihr keine reine Freude an uns haben!

Joseph Goebbels, „Was wollen wir im Reichstag?“, in: Der Angriff vom 30. April 1928.

Anmerkungen:

1 „Der Angriff“ war eine im Sommer 1927 von Joseph Goebbels (seit 1926 „Gauleiter“ der Berliner NSDAP) gegründete und von ihm herausgegebene nationalsozialistische Propagandazeitung.

2 Gemeint sind die Reichstagswahlen vom 20. Mai 1928.

3 Paulus hatte sich durch die Erscheinung Christi vor Damaskus von einem Verfolger zu einem Gläubigen gewandelt.

Lösungsvorschläge

1. und 2.

Die Lösungsskizze auf der folgenden Seite zeigt Ihnen, unter welchen Gesichtspunkten die Teilaufgaben 1 und 2 (Analyse und Einordnung in den historischen Kontext) bearbeitet werden können. Eine solche Skizze kann Ihnen zudem bei Ihrem Prüfungsvortrag als Gedankenstütze dienen.

3. *Teilaufgabe 3 kann im Sinne der folgenden Ausführungen beantwortet werden:*

Die von Goebbels in seinem Artikel propagierte bzw. verteidigte **Legalitätstaktik** nimmt die Rechte und Freiheiten einer Demokratie in Anspruch und wendet diese gegen die Demokratie selbst mit der Absicht, diese zu zerstören und abzuschaffen. Dies wirft das Problem der **Abwehrbereitschaft und Abwehrfähigkeit** des politischen Systems der Weimarer Republik auf, die über keine wirksamen Mechanismen verfügte, politische Kräfte, die die Abschaffung der Demokratie zum Ziel hatten, zu bekämpfen. Im Gegensatz dazu stehen im **Konzept einer „wehrhaften Demokratie“** die Demokratie und ihre wichtigsten Elemente selbst nicht mehr zur Diskussion, sie können auch durch eine noch so große Mehrheit nicht aufgehoben werden. Unveränderbar sind insbesondere die **Grundrechte**, die in den Artikeln 1 bis 19 des Grundgesetzes der Bundesrepublik Deutschland formuliert werden, sowie die in Artikel 20 des Grundgesetzes aufgeführten vier Strukturprinzipien **Demokratie, Rechtsstaat, Sozialstaat** und **Bundesstaat**.

Skizze als Grundlage zur mündlichen Prüfung

vorliegende Textquelle

Quellenart:
Zeitungsartikel mit dem Titel
„Was wollen wir im Reichtstag?"

Veröffentlichungsort:
NS-Propagandazeitung „Der Angriff"

Datierung:
30. April 1928

Autor:
Joseph Goebbels (1897 - 1945)
- promovierter Germanist
- Begründer der Propagandazeitung „Der Angriff"
- 1928 - 1945 Mitglied des Reichstags
- ab 1933 Leiter des „Reichsministeriums für Volksaufklärung und Propaganda"

Adressaten:
a) eigene Parteianhänger (Leser des „Angriff")
b) politische Gegner, deutsche Öffentlichkeit

Historischer Kontext:
- Nach seiner Entlassung wurde Hitler zum Sammelpunkt beim Wiederaufbau der NSDAP.
- Diese erhielt durch eine veränderte politische Strategie und einen anderen Parteiaufbau ein neues Profil.
- Die Putschtaktik wurde durch eine Legalitätstaktik ersetzt, ohne dass damit der politischen Gewalt abgeschworen wurde.
- politische Situation 1928

Intention:
Rechtfertigung der Legalitätstaktik: Inanspruchnahme demokratischer Rechte und Freiheiten gegen die Absicht ihrer Zerstörung und Abschaffung

Inhalt der Quelle:
- Definition der eigenen Partei (NSDAP) = „antiparlamentarische Partei", die die Weimarer Republik u. die republikanischen Institutionen ablehnt (Z. 1 - 2)
- (rhetorische) Frage: „Was wollen wir also im Reichtag?" (Überschrift u. Z. 7)
  = Frage der eigenen, möglicherweise an diesem Vorgehen zweifelnden Anhänger
- (fortdauerndes) Ziel: Bekämpfung u. Zerstörung des Parlamentarismus (Z. 7 ff.)
- Methode: Einsatz legaler Mittel und Ausnutzen der erkannten Schwächen des parlament. System; daher auch: Teilnahme an Parlamentswahlen und Anstreben von Mandaten: Ausstattung und Besoldung des „Kampfapparates" durch den Staat selbst (Z. 7 - 17)
- Parlamentarismus ist nicht „unser Damaskus" (Z. 29)
- am Schluss erneut: Drohung und Hohn

Rhetorische Strategie: Freund-Feind-Schema

Kennzeichnung der eigenen Seite („wir"):
- Revolutionäre (Z. 27 - 28)
- zäh und verbissen (Z. 24)
- angeborene Rücksichtslosigkeit (Z. 26)
- „Wir kommen nicht als Freunde, auch nicht als Neutrale. Wir kommen als Feinde!" (Z. 33 - 34)
- „wie der Wolf" (Z. 33)

Bezeichnungen für den politischen Gegner bzw. Feind („sie")
- „verfälschte Demokratie" (Z. 3)
- „System der Stimmenmajorität u. der organisierten Verantwortungslosigkeit (Z. 4 - 5)
- „Verlumpung unseres öffentlichen Lebens" (Z. 25 - 26)
- Parlament als „Schlafhalle" (Z. 22)
- „bleierne Sattheit eines parlamentarischen Plenums" (Z. 32)
- „Schafherde" (Z. 34)
- am Schluss der Rede direkte Ansprache: bedrohlich wirkendes „ihr" (Z. 34 - 35)

Mündliche Abiturprüfung Nordrhein-Westfalen Geschichte
Grundkurs – Übungsaufgabe 9

B: Analyse von Darstellungen und kritische Auseinandersetzung mit ihnen

Aufgabenstellung

1. Fassen Sie die Ausführungen Jarauschs geordnet zusammen.
2. Erläutern Sie ausgehend vom Begriff der „Bürgerrevolution" die Hintergründe für die krisenhafte Zuspitzung in der DDR im Jahre 1989.
3. Nehmen Sie zu der von Konrad Jarausch vorgenommenen Unterscheidung und Bewertung der Begriffe Stellung.

M: Konrad Jarausch[1]: Etiketten mit Eigenleben: Wende, Zusammenbruch, friedliche Bürgerrevolution

Zehn Jahre nach dem überraschenden Ende der DDR scheint die Frage, wie die dramatischen Ereignisse von 1989/90 genannt werden sollen, noch immer nicht eindeutig geklärt. [...] Welche Konnotationen haben die drei häufigsten Termini, worauf beruht ihre jeweilige Popularität, und was wäre schließlich die passendste Bezeichnung?

Am meisten wird das blasse Wort „Wende" im Volksmund gebraucht, um den Umbruch von der Massenausreise des Sommers 1989 bis zur Vereinigung im Herbst 1990 zu benennen. [...]

In wissenschaftlichen Werken, die sich mit der Auflösung des kommunistischen Systems beschäftigen, hat vor allem der Begriff „Zusammenbruch" Konjunktur. [...] Die Verwendung des Wortes „Zusammenbruch" lenkt den Blick vor allem auf die Statik des Machterhalts eines Systems sowie auf diejenigen „Prozesse" die quasi unaufhaltsam zu ihrem Kollaps führen. In Umschreibungen der Systemwechsel des 20. Jahrhunderts der Jahre 1918, 1933, 1945 oder 1989 ist immer wieder von solchen Zusammenbrüchen die Rede.

Dagegen stammt der Begriff der Revolution von den Dissidenten der Bürgerbewegung, die ihr Aufbegehren gegen die SED-Herrschaft durch Rückgriff auf einen geschichtsträchtigen Terminus legitimieren wollten. Auch das zeitliche Zusammentreffen mit dem zweihundertjährigen Jubiläum der Französischen Revolution regte die Phantasie in solcher Weise an. Schon während der Ereignisse selbst versuchten die Bürgerrechtler den besonderen Charakter dieses demokratischen Aufbruchs mit Adjektiven wie „friedlich", „samten", oder „protestantisch" zu beschreiben. [...]

Die jeweilige Popularität der Begriffe hängt von den Sinndeutungen der Ereignisse ab, die damit vermittelt werden sollen. [...]

Welcher dieser unterschiedlichen Begriffe beschreibt und interpretiert den ostdeutschen Umbruch von 1989/90 am zutreffendsten? Die Untertreibung „Wende" ist trotz ihrer Popularität als analytisches Konzept ungeeignet und auch der einleuchtende Begriff des Zusammenbruchs lässt die eigentlichen Prozesse und Akteure weitgehend im Dunkeln. Demgegenüber passt das Konzept einer Revolution [...] schon eher auf das Aufbegehren von Regimekritikern, dem sich die Volksmassen anschlossen, da es einen völligen Systemwechsel erzwang, der in die Wiedervereinigung einmündete. Jedoch muss der Revolutionsbegriff genauer spezifiziert werden, denn es handelte sich um einen neuartigen Typus einer „Bürgerrevolution“. Engagierte Bürgerrechtler und unzufriedene Normalbürger wirkten zusammen in dem friedlichen, von Medien vorangetriebenen und durch Verhandlungen beschleunigten Sturz der SED-Diktatur. Ein sich zu wenden versuchender Kommunismus brach daher nicht nur zusammen, sondern er wurde von einem revolutionären Aufbegehren gestürzt.

Konrad H. Jarausch, Etiketten mit Eigenleben. Wende, Zusammenbruch, friedliche Bürgerrevolution. In: „Das Parlament“, Nr. 35–36/25. August/1. September 2000, S. 1.

Anmerkungen:

1 Konrad Jarausch (geb. 1941) ist Professor für Europäische Zivilisation an der University of North Carolina, Chapel Hill, sowie Direktor des Zentrums für Zeithistorische Forschung in Potsdam und Autor zahlreicher Bücher über die deutsche Geschichte.

Lösungsvorschläge

1. *In Teilaufgabe 1 soll nach einer kurzen einleitenden Vorstellung des Autors (Zeithistoriker) und des Textes (Sekundärliteratur, Titel, Erscheinungsort und -jahr) sowie einer Benennung des Themas (Begriffsklärung zur Umschreibung der Ereignisse in der DDR 1989/90) eine geordnete Zusammenfassung der Ausführungen des Autors Konrad Jarausch erfolgen. Hierzu können Sie die folgende tabellarische Zusammenstellung nutzen. In dieser werden in der ersten Spalte die drei Begriffe „Wende", „Zusammenbruch" und „Revolution" genannt und in der mittleren Spalte im Hinblick auf ihre Herkunft und den Verwendungszusammenhang erläutert, daneben sind in der rechten Spalte jeweils die Gründe Jarauschs für bzw. gegen die Verwendung der Begriffe zu entnehmen.*

Vorstellung des Autors und des Textes:
- Autor: Zeithistoriker
- wissenschaftlicher Text
- Thema: Begriffsklärung zur Umschreibung der Ereignisse in der DDR 1989/90

Begriff	**Herkunft und Verwendungszusammenhang**	**Gründe für bzw. gegen die Begriffsverwendung nach Jarausch**
„Wende"	im „Volksmund" populärer, aber eher blasser Begriff für die Ereignisse zwischen Sommer 1989 und Herbst 1990	Untertreibung; ungeeignet als Leitbegriff einer wissenschaftlichen Analyse
„Zusammenbruch"	• Verwendung im wissenschaftlichen Kontext • Fokus: Statik des Machterhalts eines politischen Systems • zur Umschreibung von Systemwechseln im 20. Jahrhundert: 1918 – 1933 – 1945 – 1989	lässt eigentliche Prozesse und handelnde Akteure im Dunkeln
„Revolution"	• Herkunft aus Kreisen der Dissidenten der Bürgerbewegung, und zwar nicht ohne Bezug zu den Ereignissen in Frankreich 200 Jahre früher (1789) • verwendet insbesondere zur Legitimation des Handelns der Bürgerbewegung • schon frühzeitig ergänzt durch Adjektive wie „friedlich", „samten", „protestantisch"	entspricht am ehesten dem Aufbegehren von Regimekritikern, dem sich die Massenbewegung mit dem Ergebnis eines völligen Systemwechsels anschließt

Jarausch fordert bei der von ihm insgesamt bevorzugten Verwendung des Begriffs „Revolution“ allerdings eine Spezifizierung im Sinne des Begriffs **„Bürgerrevolution“**. Diese steht dem Autor zufolge für das **Zusammenwirken** von **engagierten Bürgerrechtlern** einerseits und **unzufriedenen Normalbürgern** andererseits, und zwar in einem „friedlichen, von Medien vorangetriebenen und durch Verhandlungen beschleunigten Sturz der SED-Diktatur“ (Z. 33–35).

2. *Anknüpfend an den Lösungsteil zu Aufgabe 1 kann nun eine Erläuterung der im Zusammenhang mit dem Begriff „Bürgerrevolution“ genannten Aspekte erfolgen.*

   Als Hintergründe für die krisenhafte Zuspitzung in der DDR sind beispielsweise zu nennen:
   - **Gerontokratie**: Herrschaft der alten Männer; Bezeichnung für die Überalterung der Führungen in Staat und Partei in den sozialistischen Staaten, vor allem in der UdSSR und der DDR
   - **Abwehrhaltung gegenüber der Perestrojka** (russisch für: Umbau, Umgestaltung); umfassender Begriff für die seit 1985 von dem neuen sowjetischen Parteichef und späteren Staatspräsidenten Michail Gorbatschow eingeleitete Reformpolitik in der UdSSR
   - **Botschaftsflüchtlinge**: im August und September 1989 suchen Tausende DDR-Bürger Zuflucht in den bundesdeutschen Botschaften in Budapest, Prag und Warschau sowie in der Ständigen Vertretung in Ost-Berlin. Unter dem Druck der wachsenden Flüchtlingszahlen und der Medien sowie angesichts des bevorstehenden 40. Jahrestages der DDR entschied die DDR-Führung Ende September, die Flüchtlinge in Zügen, die über die DDR fahren mussten, ausreisen zu lassen.
   - ausweglose ökonomische Krise
   - zunehmende Sammlung aufbegehrender Bürger/innen unter dem Schutz der **Kirchen**
   - **40. DDR-Jubiläum** am 7. Oktober 1989 mit Militärparade und Festveranstaltung unter Anwesenheit des sowjetischen Parteichefs Gorbatschow
   - **Massendemonstrationen**: vor allem in Form der „Montagsdemonstrationen“, die seit Herbst 1989 ursprünglich in Leipzig, dann aber auch in der gesamten DDR stattfanden
   - **Ablösung Honeckers** am 18. Oktober 1989
   - „unbeabsichtigte“ **Maueröffnung**: Am Abend des 9. November verkündete das SED-Politbüromitglied Schabowski in einer Presseerklärung eher beiläufig und völlig überraschend eine neue Regelung für die ständige Ausreise aus der DDR; daraufhin zogen Tausende Ost-Berliner zu den Grenzübergängen und verlangten erfolgreich deren Öffnung.

   Dabei können Jarauschs Ausführungen aufgegriffen und ggf. differenziert werden. Hier einige Beispiele:
   - die **Rolle der (West-)Medien** mit ihrer dauernden Berichterstattung über die Vorgänge und Entwicklungen in der DDR und in anderen Ostblock-Staaten

- der unglaubwürdige Erneuerungsversuch von **Egon Krenz**
- die Einrichtung des **„Zentralen Runden Tisches"** mit der Möglichkeit, die Forderungen der Oppositionsbewegungen nach einer neuen Verfassung, freien Wahlen und Auflösung des bisherigen MfS an die Öffentlichkeit zu bringen;
- die zunehmend auf Einheit zielenden Forderungen, die sich zum Beispiel in bei Demonstrationen gezeigten Plakaten mit der Aufschrift **„Wir sind ein Volk"** zeigten;
- der **10-Punkte-Plan** des Bundeskanzlers Helmut Kohl vom 28. 11. 1989, in der erstmals das Ziel einer Wiedervereinigung sowie mögliche Etappen auf dem Weg hierzu formuliert wurden;
- die **ersten freien Wahlen zur Volkskammer** am 18. März 1990 und die „erkaufte" Wiedervereinigung; etc.

3. *Während Sie durch die Darlegungen zu Frage 2 Ihr Wissen über den historischen Kontext und die historischen Hintergründe unter Beweis gestellt haben, sollen Sie im dritten Lösungsschritt selbst begründet Stellung beziehen. Dabei können Sie der Begriffsunterscheidung Jarauschs grundsätzlich zustimmen, aber auch den Standpunkt des Autors zu modifizieren versuchen. Sie können demnach beispielsweise wie folgt argumentieren (hier thesenartig verkürzt):*

   - Der Autor Konrad Jarausch nimmt eine **plausible Begriffsherleitung** vor.
   - Bei der Frage der angemessenen Begriffswahl ist dem Autor zu folgen, wenn er jeden der vorgeschlagenen Begriffe als zu einseitig ansieht.
   - In der Tat wäre beispielsweise die Annahme eines zum Zusammenbruch des Regimes führenden **Automatismus**, der sich aus der ökonomischen und politischen Zwangslage der DDR ergeben würde, monokausal und **eindimensional**.
   - Konrad Jarausch ist zu folgen, wenn er für eine **Modifikation des Begriffs „Revolution"** plädiert und stattdessen den Begriff der **„Bürgerrevolution"** vorschlägt.
   - Das Erklärungsmodell Jarauschs erscheint differenzierter, da es von einem Zusammenwirken mehrerer Faktoren und damit einem **multikausalen Erklärungsansatz** ausgeht.

Mögliche Aspekte im **zweiten Prüfungsteil (Prüfungsgespräch)**:
Im anschließenden Prüfungsgespräch könnte, anknüpfend an die Zeilen 12 bis 14 der Textvorlage auf weitere „Systemwechsel" im 20. Jahrhundert eingegangen werden, insbesondere auf das Datum 1933 und die Etablierung des Führerstaats. Dabei könnte die Aufgabe für Sie darin bestehen, eine überblicksartige Darstellung der Ursachen der nationalsozialistischen Machtübernahme zu geben, den behaupteten „revolutionären" Charakter des 30. Januar 1933 zu erörtern oder die Struktur der nationalsozialistischen Herrschaft zu umreißen.

Abiturprüfung 2019 NRW – Grundkurs Geschichte
Aufgabe 1

A: Interpretation sprachlicher oder nichtsprachlicher historischer Quellen

Aufgabenstellung Punkte

Interpretieren Sie die Quelle, indem Sie

1. sie analysieren, 26
2. sie in den Revolutionsverlauf der Jahre 1848/49 einordnen (*14 Punkte*) und die im Brief deutlich werdende Haltung des Verfassers untersuchen (*14 Punkte*), 28
3. zu der Position des Verfassers Stellung nehmen. 26

M: Privates Schreiben des preußischen Königs Friedrich Wilhelms IV., 1849

Mein lieber gnädigster Herr,

Ich glaubte zu träumen, als ich gestern abend E. Kgl. H.[1] offizielles Schreiben erbrochen[2] und darin las, daß Sie in den Vorschlag des Verfassungsausschusses zu Frankfurt a/M. einstimmten, kraft welchen man mich an die Spitze Deutschlands stellen will. Es hat mich eine tiefe Rührung ergriffen, als ich E. Kgl. H. eigenhändige Unterschrift unter so gewichtigen Worten sah, und dann eine Wehmut über die verdrehte Zeit und dann die Besorgnis, von Ihnen mißverstanden zu werden.

E. Kgl. H. sind der erste, der mir, um es rund herauszusagen, die Krone von Deutschland anbietet, und Sie sind mein alter gütiger Freund – wird da mein „Nein" nicht verletzen, nicht übel gedeutet werden? Das wolle Gott nicht.

[…]

Von allen übrigen Schwierigkeiten und Unmöglichkeiten abgesehen hab' ich in Wahrheit mit meinen mir „von Gottes Gnaden" anvertrauten 16 Millionen Untertanen so über und über zu tun, daß ich nicht einsehen kann, wie ich meine gebundene Pflicht und Schuldigkeit gegen dieselben noch erfüllen könnte, wenn ich über 45 000 000 gesetzt würde. Dies Argument, mein gnädigster Herr, ist glaub' ich allein schon zur Entschuldigung meines „Nein" für einen Herrn hinreichend, der so wenig wie ich selbst seinen fürstlichen Beruf „für einen Raub" ansieht. Zählen Sie nun gütigst die andern Argumente gegen die Annahme hinzu. Entspringt das vorige Argument aus dem lautern Quell der Gewissenhaftigkeit, so mag der deutsche altfürstliche Stolz beim Diktieren der anderen Argumente vielleicht seinen Einfluß geübt haben.

Aber ich schäme mich auch d e r Quelle nicht. Deutschlands Königskrone (denn eine deutsche Kaiserkrone existiert, wie bekannt, gar nicht[3]) ist *nie* anders als durch die Wahl der „Principes imperii"[4] vergeben worden, und das zwar seit 1000 Jahren (excusez du peu[5]) .

Erlauben mir E. Kgl. H. jetzt zu fragen: „Was bietet man mir?" – „Wer bietet mir?" Antwort: Eine Versammlung von p.p. 600[6] „Untertanen" der 38 deutschen rechtmäßigen Obrigkeiten bietet mir eine sogenannte Krone. Diese Krone ist, ihnen selbst bewußt, nicht die Krone, die das Haupt des großen Heinrichs von Sachsen oder Rudolphs von Habsburg[7] schmückte, ist nicht die tausendjährige Krone „deutscher Nation", sondern eine Geburt des „scheusäligen" Jahres 1848, nicht älter und nicht jünger. Die mag ein Hecker oder Struve[8] annehmen, aber kein Lothringer, kein Wettiner, kein Welf, kein Hohenzoller[9]. Sie ist wie das Aas zu schlecht, um von solchen Händen berührt zu werden. Untertanen können keine Krone vergeben.

Das ist mein Bekenntnis. Folglich sind die Hände, die sie bieten, so gut als die Krone, die geboten wird, für mich nicht geeignet. Und was würd' ich denn, nähme ich *die* Krone an? Eine Kreatur der 600 in der Frankfurter Paulskirche versammelten Männer. Ihr Recht wäre älter als mein deutschkönigliches Recht; die Obrigkeit stünde unter dem Untertanen; der Hase jagte den Jäger.

[…] Der kann nur Obrigkeit sein, wenn er oben steht. Hiermit sei es genug der Dinge, die der altfürstliche Stolz richtet. Jetzt zu Argumenten der Politik und Fürsicht[10]. Ist denn der dermalige Zustand[11] Deutschlands so, daß ein gekrönter Popanz, dem eine Konstitution (du cru de 48[12]) die Hände auf dem Rücken zuschnürt, das mindeste Gute für Fürsten und Volk leisten kann? Nein. Gewiß sagen auch E. Kgl. H.: „Nein." Und nun das Hauptargument dieser Klasse. Diese verderbliche Krone kann nur für den Preis „des Ausscheidens Österreichs aus Deutschland" errungen werden. Sehen Sie, mein teurer gnädigster Herr, wenn Sie und alle großen Fürsten Ihrer Art mir die echte Krone von Gottes Gnaden, die alte Krone der Deutschen, böten, zu dem Preise des Ausscheidens von Österreich aus Deutschland, so würde ich dieselbe – die sonst für jedes fürstliche Haupt die höchste Ehre wäre – mit Unwillen zurückweisen. Ich bin ein zu guter deutscher Mann und Fürst, um an so unermeßlicher Schwächung und Schändung Deutschlands schuld sein zu wollen. Schließen Sie sich mir und Österreich herzhaft an, wenn wir – vielleicht bald – rufen; so werden wir mit Gottes Hilfe „oben" wieder oben und „unten" wieder unten machen. Das ist das eine, was vor allem nottut.

Es umarmt Sie in treuer Freundschaft E. Kgl. H. treuer Neffe, Bruder und Freund

F.W.

Privates Schreiben des preußischen Königs Friedrich Wilhelms IV. an Großherzog Carl Friedrich von Sachsen-Weimar-Eisenach vom 10. 01. 1849.
(Rechtschreibung, Grammatik und Hervorhebungen wie in der Vorlage)

Hinweise zum Adressaten:
Carl Friedrich von Sachsen-Weimar-Eisenach: Das Herzogtum Sachsen-Weimar-Eisenach erhielt unter Karl August, dem Vater Carl Friedrichs, schon 1816 als erstes Land im Deutschen Bund eine Verfassung, hier fanden auch das Wartburgfest und die Gründung der Jenaer Burschenschaft statt. Während der Revolution von 1848 machte Carl Friedrich unter öffentlichem Druck Zugeständnisse und liberalisierte die bestehende Verfassung weiter. Die Regierung von Sachsen-Weimar-Eisenach war auch die Erste, die sich 1849 für die beschlossene Reichsverfassung und die Übertragung der Kaiserwürde an den König von Preußen aussprach.

Anmerkungen:
1 E. Kgl. H.: Eure Königliche Hoheit
2 erbrochen: *hier:* geöffnet
3 Im Heiligen Römischen Reich Deutscher Nation gab es nur die Wahl eines deutschen Königs, dieser hatte dann die Anwartschaft auf die vom Papst verliehene römisch-deutsche Kaiserwürde.
4 Principes imperii: die Kurfürsten, die das Recht zur Königswahl hatten.
5 excusez du peu: *etwa:* man stelle sich das vor!
6 p.p. 600: etwa 600 Personen
7 Heinrich von Sachsen und Rudolf von Habsburg: bedeutende deutsche Herrscher des Mittelalters
8 Hecker und Struve: radikale Demokraten in der Revolution 1848
9 Lothringer, Wettiner, Welfen, Hohenzollern: einflussreiche deutsche Adelsgeschlechter, aus deren Reihen Kaiser und Könige kamen.
10 Fürsicht: Voraussicht, Vorsicht
11 dermalige Zustand: jetzige Zustand
12 du cru de 48: aus den Ereignissen des Jahres 48 hervorgegangen

---

Lösungsvorschläge

Die Aufgabe entspricht den folgenden aktuellen Schwerpunktthemen:
- ***Inhaltsfeld 6:** Nationalismus, Nationalstaat und deutsche Identität im 19. und 20. Jahrhundert*
  - *Die „Deutsche Frage" im 19. Jahrhundert*

1. *Die erste Teilaufgabe verlangt von Ihnen die Analyse einer schriftlichen Quelle. Stellen Sie diese zunächst kurz vor, indem Sie den Autor, den Adressaten, die Textgattung sowie Zeitpunkt und Anlass der Veröffentlichung nennen. Gehen Sie außerdem auf das Thema der Quelle und die Intention des Verfassers ein. Anschließend geben Sie den Inhalt und den gedanklichen Aufbau des Textes strukturiert und in Ihren eigenen Worten wieder. Formulieren Sie dabei in der indirekten Rede (Konjunktiv I) und belegen Sie Ihre Aussagen am Text.*

Einleitung
Quelle
Gattung
Autor
Adressat
Datierung

Bei der vorliegenden Schriftquelle handelt es sich um einen privaten **Brief** des preußischen **Königs Friedrich Wilhelm IV.** an **Großherzog Carl Friedrich** von Sachsen-Weimar-Eisenach vom 10. Januar 1849. Der König reagiert damit auf ein Schreiben Carl Friedrichs, in dem dieser den Vorschlag der Frankfurter Nationalversammlung befürwortet hat, **Friedrich Wilhelm zum Kaiser** eines künftigen deutschen Nationalstaats zu **machen**.

Thema

In dem vorliegenden Schriftstück legt der König seine **ablehnende Haltung** zur Revolution und zur Übernahme der Kaiserkrone dar.

Intention

Damit will er seine **Position rechtfertigen** und Carl Friedrich von seinen Gründen überzeugen.

Zusammenfassung
Ablehnung der Krone

Friedrich Wilhelm beginnt seinen Brief mit einem Rückblick auf den **Vorschlag** der Nationalversammlung, **ihn zum Staatsoberhaupt** Deutschlands **zu machen**. Er betont, dass der Großherzog, den er als „[m]ein lieber gnädigster Herr" (Z. 1) anredet, der Erste sei, der ihm die Krone tatsächlich angeboten habe (vgl. Z. 7 f.). Allerdings erteilt der König diesem Ansinnen eine **klare Absage** (vgl. Z. 8 f.). Aus Furcht, von Carl Friedrich missverstanden zu werden, legt der preußische König in den folgenden Absätzen seine **Gründe für die Ablehnung** dar.

Gründe für die Ablehnung

Diese beruhen auf seinem **Verantwortungsgefühl** seinen Untertanen gegenüber (vgl. Z. 11–19), auf der traditionellen **Legitimation der Königswürde** (vgl. Z. 19–35), auf seiner **Auffassung von monarchischer Herrschaft** (vgl. Z. 35–44) und auf der **Ablehnung einer kleindeutschen Lösung** (vgl. Z. 44–53).

– Pflicht gegenüber Preußen

Im Einzelnen führt er aus, dass er bereits genug damit zu tun habe, sein ihm „von Gottes Gnaden" (Z. 12) verliehenes **Amt als König** gegenüber seinen preußischen Untertanen gewissenhaft auszuüben. Dieser gottgegebenen Pflicht **könne er nicht mehr** mit der gebotenen Sorgfalt **nachkommen**, wenn er über 45 Millionen Untertanen herrschen müsse (vgl. Z. 13 ff.).

– Bruch mit traditioneller Königswahl

Weiterhin könne die deutsche **Königskrone traditionell** nur in einer **Wahl durch die Kurfürsten** vergeben werden (vgl. Z. 21 ff.). Die Krone, die ihm angetragen werde, sei jedoch nicht die „tausendjährige Krone ‚deutscher Nation'" (Z. 29 f.), welche die großen Kaiser des Mittelalters geschmückt habe, sondern das **Ergebnis der Revolution** von 1848. **Untertanen** aber **fehle** die **Berechtigung**, die **Kaiserwürde zu verleihen**, weshalb kein Angehöriger eines deutschen Fürstengeschlechts ein solches Angebot annehmen könne (vgl. Z. 26 ff.).

– Umkehrung der Machtverhältnisse

Friedrich Wilhelm vertritt die Meinung, dass er durch einen auf diesem Weg erhaltenen Kaisertitel **von den Abgeordneten** der Paulskirche **abhängig würde, wodurch „oben" und „unten" vertauscht** würden. Dabei müsse seiner Ansicht nach die Obrigkeit über den Untertanen stehen und nicht umgekehrt (vgl. Z. 37 f.). Außerdem glaubt Friedrich Wilhelm, dass ein Monarch seiner Aufgabe nicht mehr gewissenhaft nachkommen könne, wenn ihn eine **Verfassung beschränken** würde (vgl. Z. 41 ff.).

– Sorge vor Schwächung durch kleindeutsche Lösung

Als sein Hauptargument bezeichnet der König die Tatsache, dass der Vorschlag der Nationalversammlung die **kleindeutsche Lösung** bedinge und den **Ausschluss Österreichs** aus Deutschland bedeute (vgl. Z. 44 ff.). Er aber wolle nicht die Verantwortung für die „**Schwächung** und Schändung **Deutschlands**" (Z. 52) tragen und würde unter diesen Bedingungen selbst die aus seiner Sicht legitime Krone des Heiligen Römischen Reichs zurückweisen (vgl. Z. 47 ff.).

Appell zur Bekämpfung der Revolution

Friedrich Wilhelm schließt mit der Feststellung, dass es in der derzeitigen Lage am wichtigsten sei, „mit Gottes Hilfe" (Z. 54) die **Revolution wieder rückgängig** zu **machen**, und fordert Carl Friedrich dazu auf, sich ihm und Österreich bei diesem Vorhaben anzuschließen (vgl. Z. 53 f.).

2. *Die zweite Teilaufgabe ist in zwei Teilschritte untergliedert. Zunächst geht es darum, die Ausführungen Friedrich Wilhelms IV. in den Kontext der Revolution von 1848/49 zu stellen. Berücksichtigen Sie dabei sowohl deren Anfänge als auch ihren weiteren Verlauf und ihr Ende. Beziehen Sie sich an Stellen, an denen es sinnvoll möglich ist, auf Friedrich Wilhelms Schreiben, um den Zusammenhang zwischen den historischen Ereignissen und der Quelle zu verdeutlichen. Der zweite Teil der Aufgabenstellung hat zum Ziel, die Haltung des Königs zur Revolution herauszuarbeiten. Untersuchen Sie also, wie Friedrich Wilhelm zu den Geschehnissen steht, auf die er in seinem Schreiben anspielt. Gehen Sie dabei auch auf die Sprache des Königs ein und stellen Sie passende Textbezüge her.*

historischer Kontext der Quelle

Der Brief Friedrich Wilhelms IV. an Großherzog Carl Friedrich wurde zu Beginn des Jahres 1849 verfasst, als der **Ausbruch der Revolution** beinahe ein Jahr zurücklag und die Nationalversammlung seit fast acht Monaten in der **Frankfurter Paulskirche** tagte.

Vorgeschichte der Revolution

Im Februar 1848 hatte die **Absetzung des französischen Königs** eine Welle von Aufständen in Europa ausgelöst, die im März auch die Staaten des Deutschen Bundes erreichte. Es kam zunächst im **Südwesten** Deutschlands zu spontanen **Volksversammlungen und Unruhen**. Dabei protestierten Handwerker und Arbeiter gegen Not, Hunger und Armut, bäuerliche Unterschichten forderten die Aufhebung grundherrlicher Privilegien und liberale Bürger verlangten Presse- und Versammlungsfreiheit, Verfassungen sowie die Einberufung eines gesamtdeutschen Parlaments („**Märzforderungen**").

„Märzereignisse"

Anfang **März 1848** griffen die **Demonstrationen** auf **Berlin** über. Am 18. März verkündete Friedrich Wilhelm IV. schließlich die Aufhebung der Zensur und versprach eine gesamtdeutsche Verfassung. Bei der Verkündung dieser Maßnahmen fielen auf dem Platz vor dem Berliner Schloss Schüsse und lösten **Barrikadenkämpfe zwischen Demonstranten und preußischen Soldaten** aus, in deren Verlauf über 200 Menschen starben. Daraufhin ordnete der König den **Abzug des Militärs** an und **erwies** den **toten Revolutionären die Ehre**. Auch zeigte er sich mit den Farben der Nationalbewegung – Schwarz, Rot und Gold – in der Öffentlichkeit und verkündete, dass **Preußen** nun **in Deutschland aufgehen** werde.

Nationalversammlung in Frankfurter Paulskirche

Die Einzelstaaten des Deutschen Bundes willigten in der Folge ein, ein gesamtdeutsches Parlament wählen zu lassen. Am 18. Mai 1848 trat die **Nationalversammlung in der Frankfurter Paulskirche** zusammen. Ihre Hauptaufgaben waren die **Überwindung der Einzelstaatlichkeit** und die Ausarbeitung einer **gesamtdeutschen Verfassung**. Im Detail diskutierten die überwiegend bürgerlichen Abgeordneten über die **Staatsform** des zukünftigen deutschen Nationalstaats (konstitutionelle Monarchie oder Republik), das **Staatsoberhaupt** (Wahl- oder Erbkaisertum) sowie über die **Staatsorganisation** (Bundesstaat oder Staatenbund). Lange Zeit debattierte man auch über die **Staatsgrenzen**. Hierbei stand eine **kleindeutsche Lösung** (ohne Österreich), die Friedrich Wilhelm in seinem Schreiben so vehement ablehnt (vgl. Z. 45 ff.), oder eine **großdeutsche** Lösung (mit den zum Deutschen Bund gehörenden Teilen Österreichs) zur Diskussion, wobei Österreich seit dem Herbst darauf bestand, mit dem gesamten Staatsverband berücksichtigt zu werden (**großösterreichische Lösung**).

Gegenrevolution

Angesichts dieser zahlreichen Probleme kam es seit dem Spätsommer 1848 zu einem **Erstarken der Gegenrevolution**. Im militärischen **Konflikt um Schleswig** mit Dänemark schloss Preußen gegen den Willen der Nationalversammlung den Waffenstillstand von Malmö, den die Paulskirche schließlich akzeptieren musste. In der Folge erhoben sich im September **Aufstände gegen die Nationalversammlung**, bei deren Niederschlagung diese auf das österreichische und preußische Militär angewiesen war. Im Sommer gingen Truppen des österreichischen Kaisers gewaltsam gegen Aufstände in Tschechien und Italien vor, im Oktober schließlich wurde **Wien eingenommen**. Sowohl dort als auch in **Berlin** wurden konservative Regierungen gebildet. Im Dezember 1848 **löste** Friedrich Wilhelm IV. die preußische **Nationalversammlung auf** und **oktroyierte** eine eigene **Verfassung**, da ihm eine „Konstitution[, die ihm] die Hände auf dem Rücken zuschnürt“ (Z. 42 f.), zuwider war.

Scheitern der Nationalversammlung

Trotz der konterrevolutionären Erfolge verabschiedete die Nationalversammlung am 27. Dezember 1848 einen Katalog von **Grundrechten**, die vor allem individuelle Freiheitsrechte garantierten. Die **Verfassung** selbst wurde am 28. März 1849 veröffentlicht. Die Mehrheit der Abgeordneten hatte sich für eine **Erbmonarchie** mit dem **preußischen König als Kaiser** und für eine **kleindeutsche Lösung** entschieden. **Friedrich Wilhelm IV. lehnte** jedoch im April 1849 das **Angebot** der Nationalversammlung **ab**, Kaiser der Deutschen zu werden. Liest man sein Schreiben an Carl Friedrich vom Januar 1849, kann diese Entscheidung nicht verwundern, da er in seinem Brief bereits deutlich sein Missfallen äußert („Sie ist wie das Aas zu schlecht, um von solchen Händen berührt zu werden.“, Z. 32 f.).

Ende der Revolution

Mit der Weigerung des Königs, die ihm angetragene Krone anzunehmen, war der **Versuch** der Nationalversammlung **gescheitert**, einen deutschen Nationalstaat und eine gesamtdeutsche liberale Verfassung zu realisieren. Die österreichischen und preußischen Abgeordneten wurden aus der Nationalversammlung zurückgerufen. Das „**Rumpfparlament**" zog sich nach Stuttgart zurück, wo es im Juni 1849 vom württembergischen Militär **aufgelöst** wurde. **Aufstände** radikaldemokratischer Kräfte in Sachsen, in der Pfalz oder in Baden im Zuge der „Reichsverfassungskampagne" wurden **niedergeworfen** und das ganze Land wurde von preußischen Truppen besetzt. Die **Übergabe der Bundesfestung Rastatt** an die preußischen Soldaten markierte schließlich das Ende der Volkserhebung.

Haltung des Königs

Friedrich Wilhelms **ablehnende Haltung zur Revolution** von 1848/49 kommt in dem vorliegenden privaten Brief, also ungefähr drei Monate vor seiner offiziellen Zurückweisung der Kaiserkrone, an mehreren Stellen deutlich und sprachlich zugespitzt zum Ausdruck. Seine Sicht auf die Ereignisse ist dabei geprägt von seiner **Auffassung fürstlicher Herrschaft** sowie von einer darauf beruhenden **Abwertung der Revolution** und ihrer Protagonisten.

traditionelle Herrschaftsauffassung

Friedrich Wilhelm sieht seine **Herrschaft** als „**von Gottes Gnaden**" (Z. 12) legitimiert. Dieses von Gott gegebene **Amt als preußischer König** wolle er verantwortungsvoll ausüben, es stehe für ihn **an erster Stelle** (vgl. Z. 11 ff.). Er beschreibt seine Position mit positiv besetzten Begriffen: So seien ihm seine Untertanen „anvertrau[t]" (Z. 12) worden und er müsse seiner Aufgabe mit „Pflicht und Schuldigkeit" (Z. 14) sowie mit „Gewissenhaftigkeit" (Z. 19) nachkommen. Er sieht in seiner monarchischen Stellung einen Beruf im Sinne einer **Berufung** (vgl. Z. 16 f.), die ihn mit „altfürstliche[m] Stolz" (Z. 19 f.) erfüllt.

Festhalten an alten Traditionen

Dieser **traditionellen Herrschaftsauffassung** entsprechend kann auch das **Kaisertum nur über eine Königswahl durch** seine **Mitfürsten** legitimiert werden, so wie es „seit 1 000 Jahren" (Z. 23) mit der Wahl üblich war. Für Friedrich Wilhelm wäre eine auf diesem Weg gewonnene Krone „für jedes fürstliche Haupt die höchste Ehre" (Z. 50).

Ablehnung einer vom Volk verliehenen Kaiserwürde

Der **Kaiserkrone der Nationalversammlung** spricht er dagegen jede Tradition ab (vgl. Z. 27 ff.), weshalb er sie als „sogenannte Krone" (Z. 27) **geringschätzt**. Dies begründet er damit, dass er sie **aus den Händen der Paulskirchenabgeordneten** entgegennehmen solle, die zu einem solchen Angebot nicht berechtigt seien („Untertanen können keine Krone vergeben.", Z. 33). Eine **vom Volk ausgehende Herrschaft** steht für ihn außerhalb seines Vorstellungsbereichs und besitzt in seinen Augen **keinerlei Legitimation**.

Friedrich Wilhelm **würdigt** das **Angebot** der Nationalversammlung auch sprachlich **herab**. Er bezeichnet die Kaiserkrone als „**verderblic[h]**“ (Z. 45) und vergleicht sie mit „**Aas**“ (Z. 32). Die Annahme dieser Krone käme für ihn einer Aufgabe seines „deutschkönigliche[n] Recht[s]“ (Z. 37) gleich, was die Hierarchie zwischen „oben“ und „unten“ auf den Kopf stellen würde (vgl. Z. 37 f.). Die dadurch **umgekehrten Machtverhältnisse** verdeutlicht der König mit einem Bild: Aus dem Jäger, also der Obrigkeit, werde der Gejagte, der sich vor seinen Untertanen in Acht nehmen müsse (vgl. Z. 38).

Herabwürdigung des Angebots der Nationalversammlung

Dabei kann ein **Herrscher** der Auffassung des Königs nach seine Aufgabe nur erfüllen, „wenn er oben steht“ (Z. 39) und **nicht durch eine Verfassung eingeschränkt** wird, die er mit Fesseln vergleicht (vgl. Z. 42 f.). Auf diese Weise würde er zu einer von den Abgeordneten abhängigen „Kreatur“ (Z. 36) und zu einem „gekrönte[n] Popanz“ (Z. 41 f.), also als zu einem **nur äußerlich mächtigen Herrscher**, der aber in Wirklichkeit unfrei und eine **Marionette des Volks** ist.

Misstrauen gegenüber Verfassung

Die **Revolution von 1848** selbst, welche die aus seiner Sicht durch Gott und die Tradition legitimierte Herrschaft infrage stellt, bezeichnet er als „**scheusäli[g]**“ (Z. 30). Darum besteht sein wichtigstes **Ziel** darin, diese **zu beenden** (vgl. Z. 53 ff.).

Wunsch nach Beendigung der Revolution

3. *In der dritten Teilaufgabe geht es darum, zur Position des Verfassers Stellung zu nehmen. Das heißt, dass Sie die Äußerungen Friedrich Wilhelms IV. auf der Grundlage fachlicher Kenntnisse – unter Bezug auf Teilaufgabe 2 und auf Ihr weiteres Kontextwissen – prüfen und abschließend beurteilen müssen. Fragen Sie sich, inwiefern die Haltung des Königs nachvollziehbar ist und mit den historischen Tatsachen übereinstimmt. Sie sollten einerseits zustimmende, andererseits aber auch relativierende oder ablehnende Aspekte ausführen und am Ende ein differenziertes Fazit ziehen.*

Friedrich Wilhelm begründet die **Ablehnung der Kaiserkrone** mit seiner Auffassung legitimer fürstlicher Herrschaft, mit einer daraus resultierenden Verachtung für die Revolution, deren Ende er kommen sieht, sowie mit der machtpolitischen Schwächung Deutschlands durch eine kleindeutsche Reichsgründung. Im Folgenden soll nun zur **Position des Königs** Stellung genommen werden.

Einleitung
Hinführung zur Stellungnahme

Die Ansicht des Königs, dass fürstliche Herrschaft auf dem **Gottesgnadentum** beruht, ist **typisch für** die Haltung **konservativer und monarchischer Kräfte** in der ersten Hälfte des 19. Jahrhunderts und stimmt mit den damaligen Herrschaftsverhältnissen überein. Diese Einstellung zeigt sich z. B. auch in

zustimmende Aspekte
weitverbreitete konservativ-monarchistische Haltung

den Prinzipien Restauration, Legitimität und Solidarität, die den Beschlüssen des **Wiener Kongresses** von 1815 zugrunde lagen. Ihren restaurativen Zielen entsprechend hatten die Monarchen Russlands, Österreichs und Preußens im September 1815 in der „**Heiligen Allianz**" das Gottesgnadentum als Grundlage ihrer Herrschaft bekräftigt und sich gegenseitiger Hilfe im Kampf gegen liberale und nationale Bestrebungen versichert. In der folgenden Zeit wurden **revolutionäre, demokratische und liberale Tendenzen** massiv **verfolgt und unterdrückt**, wofür die Karlsbader Beschlüsse von 1819 beispielhaft stehen können.

Prophezeiung eines baldigen Endes der Revolution

Friedrich Wilhelms **Einschätzung**, dass das **Ende der Revolution** „bald" (Z. 53) bevorstehe, ist durchaus **realistisch**. Spätestens seit Herbst 1848 hatten in den Regierungen der beiden deutschen Führungsmächte Österreich und Preußen **konservative Kräfte** wieder **an Einfluss gewonnen**. **Zugeständnisse** an die Revolutionäre wie das Verfassungsversprechen und die preußische Nationalversammlung hatte Friedrich Wilhelm IV. zum Zeitpunkt seines Schreibens bereits **rückgängig gemacht**. Die gegenrevolutionären Kräfte erstarkten in den folgenden Monaten noch weiter, sodass im Juni 1849 die **revolutionäre Bewegung** schnell und gewaltsam **zerschlagen** und 1850 der Deutsche Bund wiederhergestellt werden konnte.

Schwächung Deutschlands durch kleindeutsche Lösung

Auf diese Weise wurde die **machtpolitische Schwächung**, die Friedrich Wilhelm **durch** eine kleindeutsche Lösung und die damit einhergehende **Auflösung des Deutschen Bundes** befürchtet (vgl. Z. 44 ff.), vermieden. Tatsächlich wäre ein **kleindeutscher Nationalstaat** zunächst möglicherweise **weniger bedeutsam** gewesen als der Deutsche Bund mit all seinen Mitgliedsstaaten und deren nicht-deutschen Teilen. Das mühsam ausgehandelte europäische **Mächtegleichgewicht** hätte neu austariert werden müssen und auch Österreich hätte seine machtpolitische Stellung neu definieren müssen.

relativierende Aspekte

Abweichung von Versprechungen

Auf der anderen Seite **widerspricht** die Haltung, die Friedrich Wilhelm IV. in seinem Brief zum Ausdruck bringt, deutlich **seinem Verhalten im Frühjahr 1848**. Damals hatte er weitgehende **Zugeständnisse an die liberalen Revolutionäre** gemacht und den Eindruck erweckt, für einen deutschen Nationalstaat einzutreten. Sein Schreiben allerdings offenbart seine **Verachtung für Demokratie**, Volkssouveränität und die Nationalversammlung sowie seine Ablehnung einer deutschen Nationalstaatsgründung unter preußischer Führung. Insofern muss man davon ausgehen, dass seine Zugeständnisse vor allem dazu dienten, sein **Königtum zu retten**.

Das **Festhalten** des preußischen Königs **an** überkommenen **vormodernen Vorstellungen** wie am Gottesgnadentum, an gottgegebener gesellschaftlicher Ungleichheit oder an der Idee des mittelalterlichen Kaisertums übersieht aber die **Dynamik der Ideen von** Menschenrechten, **Demokratie**, Verfassungsstaat und Nation. Diese hatten ihren Ursprung in der Französischen Revolution, deren Auswirkungen mittelbar zur Auflösung des Heiligen Römischen Reichs deutscher Nation geführt hatten. Selbst dreißig Jahre repressiver Politik des Deutschen Bundes hatten die **Ideen von Einheit und Freiheit** nicht vollständig unterdrücken können. Sie **blieben** auch nach dem Scheitern der Revolution **wirksam**, was z. B. die Einführung von Verfassungen in allen deutschen Staaten zur Folge hatte.

Unterschätzung der Ideen von Einheit und Freiheit

Der **Verfassungsentwurf** der Frankfurter Nationalversammlung **schränkte** die **monarchische Gewalt** des zukünftigen Kaisers zudem **keineswegs so drastisch ein**, dass Friedrich Wilhelm nur noch ein „gekrönter Popanz“ (Z. 41 f.) gewesen wäre. In Bezug auf das Staatsoberhaupt hatten sich die konservativ-monarchischen Abgeordneten durchgesetzt: Das **Kaisertum** sollte **erblich** sein, der Monarch sollte den **Oberbefehl** über die Streitkräfte haben, die Minister ernennen und entlassen können und zudem über das Recht zur **Gesetzesinitiative** und über ein aufschiebendes **Veto** verfügen.

starke Stellung des Kaisers in geplanter Verfassung

Weiterhin **übersieht** Friedrich Wilhelm IV. die **machtpolitischen Chancen**, die sich aus einer Schwächung Österreichs in **einer kleindeutschen Nationalstaatsgründung für Preußen** ergeben könnten. Diese wurden später von **Bismarck** erkannt, der seit den 1860er-Jahren gegen den Widerstand Österreichs und Frankreichs den **preußischen Führungsanspruch mit dem Nationalstaatsgedanken verband** und die Reichsgründung betrieb – allerdings unter weitgehender Ausschaltung liberaler Ideen.

Möglichkeit eines Machtzuwachses für Preußen

Insgesamt zeigt sich **Friedrich Wilhelm IV.** in seinem Schreiben als **überzeugter Vertreter der alten Ordnung**, die durch ein absolutistisches Gottesgnadentum und ein obrigkeitsstaatliches Herrschaftsverständnis charakterisiert war. In seinem Standesdenken haben damals moderne **Ideen wie Einheit und Freiheit** keinen Platz und werden **als Bedrohung** empfunden. **Zugeständnisse**, die er den Revolutionären im März 1848 gegenüber gemacht hatte, waren wohl **vorgetäuscht** und dienten nur dazu, Zeit zu gewinnen, um gegen die Volkserhebung vorzugehen.

Fazit
abschließende Beurteilung

A: Interpretation sprachlicher oder nichtsprachlicher historischer Quellen

Aufgabenstellung	Punkte
Interpretieren Sie die Quelle, indem Sie	
1. sie analysieren,	26
2. sie in den historischen Kontext ab 1916 einordnen (*12 Punkte*) sowie die Bedeutung der Bildelemente erläutern (*16 Punkte*),	28
3. die Sichtweise des Zeichners beurteilen.	26

M: Jo Steiner: Zum 1. August (1. August 1919)

Jo Steiner: Zum 1. August. In: ULK, Nr. 31, 48. Jahrgang, 1. August 1919.

Hinweise zum Autor:
Jo Steiner (1877–1935): Maler, Zeichner, Graphiker. Er nahm als Soldat am Ersten Weltkrieg teil.

Hinweise zum Material:
ULK: Eine deutsche Satire-Zeitschrift, die 1872–1922 als Gratisbeilage dem überregional erscheinenden, auflagenstarken Berliner Tageblatt beigefügt war. Zwischen 1922 und 1933 erschien sie als eigenständige Publikation.
Text unterhalb des Bildes: „ER hat uns herrlichen Zeiten entgegengeführt! –“ Anspielung auf eine Rede Wilhelms II. vor dem Brandenburgischen Provinziallandtag am 24. Februar 1892, in der er versprach, er werde die Brandenburger „herrlichen Tagen“ entgegenführen. Das Zitat wurde in der deut-

schen Öffentlichkeit in der abgewandelten Form sehr populär und häufig zur Charakterisierung des Regierungsstils Wilhelms II. benutzt.
PAX (lat.): Frieden

Zugelassene Hilfsmittel: Wörterbuch zur deutschen Rechtschreibung

---

Lösungsvorschläge

Die Aufgabe entspricht den folgenden aktuellen Schwerpunktthemen:

- ***Inhaltsfeld 4:*** *Die moderne Industriegesellschaft zwischen Fortschritt und Krise*
  - *Vom Hochimperialismus zum ersten „modernen" Krieg der Industriegesellschaft*
- ***Inhaltsfeld 6:*** *Nationalismus, Nationalstaat und deutsche Identität im 19. und 20. Jahrhundert*
  - *„Volk" und „Nation" im Kaiserreich und im Nationalsozialismus*
- ***Inhaltsfeld 7:*** *Friedensschlüsse und Ordnungen des Friedens in der Moderne*
  - *Internationale Friedensordnung nach dem Ersten Weltkrieg*

1. *Die erste Teilaufgabe verlangt von Ihnen die Analyse der vorliegenden Bildquelle. Das heißt, dass Sie zunächst deren äußere Merkmale (Quellengattung, Titel, Erscheinungsort und -zeitpunkt, Zeichner, Adressaten, Anlass, Thema und Intention) nennen sollen. Anschließend beschreiben Sie möglichst genau den Bildaufbau und die einzelnen Bildelemente. Achten Sie dabei auf ein strukturiertes Vorgehen und eine präzise Ausdrucksweise.*

Einleitung
Quelle
Titel
Erscheinungsort und -zeit
Autor
Adressaten
Anlass

Bei der vorliegenden Bildquelle, die den Titel „Zum 1. August" trägt, handelt es sich um eine **politische Karikatur** des Malers und Grafikers Jo Steiner. Sie wurde am 1. August 1919 in der Zeitschrift „ULK" veröffentlicht, die sich als Beilage des Berliner Tageblatts an eine **größere politisch interessierte Leserschaft** richtete. Am Tag der Veröffentlichung **jährte sich** zum fünften Mal **der Kriegsausbruch** vom 1. August 1914. Der **Erste Weltkrieg**, den Deutschland **verloren** hatte, war seit ungefähr neun Monaten vorbei und einen Monat zuvor war am 28. Juni 1919 der **Versailler Friedensvertrag** unterzeichnet worden. Aus diesem Anlass kommentiert Jo Steiner, der selbst Soldat gewesen ist, mit der vorliegenden Karikatur **die Folgen des Ersten Weltkriegs**. Dabei ist es seine Absicht, dem ehemaligen **Kaiser Wilhelm II**. die **Hauptverantwortung** für Ausbruch und Ergebnisse des Kriegs zuzuweisen sowie das **Vertragswerk** von Versailles zu **kritisieren**.

Thema
Intention

Beschreibung der Bildelemente
Aufbau

Die Karikatur besteht aus der **Bildüberschrift** „Zum 1. August", der **Bildunterschrift** „ER hat uns herrlichen Zeiten entgegengeführt! –" und einem in schwarz, weiß und grau gehaltenen **Bildteil**. Dieser ist **dreigeteilt:** Der **Bildvordergrund** setzt sich aus einer Vogelscheuche, einer ausgemergelten knienden Gestalt und verschiedenen Utensilien zusammen. Der **Mittelteil** wird von einem Gräberfeld eingenommen und der **Bildhintergrund** zeigt einen grauen Himmel sowie am Horizont die Umrisse einer Stadtlandschaft.

Vogelscheuche im Zentrum

Die **Vogelscheuche**, die **im Zentrum** der Zeichnung zu sehen ist, besteht aus einem **weißen Bettlaken**, das an ein Holzkreuz gebunden ist, sowie aus einem Kopf und zwei Flügeln an ihrem Rücken. Das **Holzkreuz** steckt, vom Betrachter aus gesehen, links unten im Boden, **neigt sich nach rechts** und scheint fast umzufallen. Das weiße Laken, das den Körper der Vogelscheuche bildet, windet sich wie eine Schleppe um den Längsbalken des Holzkreuzes und über den Boden. Auf Brusthöhe trägt das Laken die lateinische **Aufschrift „PAX“**, was „Frieden“ bedeutet. Die verknoteten Zipfel des Betttuchs sind die **Arme und Hände** der Figur, sie **hängen schlaff** vom Querbalken des Kreuzes **herab**. Der **Kopf** der Vogelscheuche, von dem struppige schwarze Haare abstehen, ist zur Seite **geneigt**, die **Augen** sind **hohl**, der **Mund** ist **geöffnet**. Insgesamt macht die Figur einen **resignierten und erschöpften** Eindruck.

Elemente des Bildvordergrunds

Sie überragt eine **menschliche Gestalt**, die auf einer grau gezeichneten Bodenfläche im Vordergrund des Bildes kniet. Diese hat einen im Verhältnis zum übrigen Körper **überdimensional großen Kopf**, die **Augen** sind weit **aufgerissen**, das Gesicht ist **hohlwangig**. Sie scheint den Betrachter der Karikatur direkt anzuschauen. Ihr **nackter** Körper ist **abgemagert**, sodass man die Rippen und einzelne Knochen an Armen und Beinen erkennen kann. Vor der Person befinden sich wie bei einem Picknick ein **Krug** und ein **Teller**. Die Mahlzeit ist sehr karg und besteht nur aus einer **kleinen Brotscheibe**. An der Basis der Vogelscheuche liegt ein **Blatt Papier**, das mit **vierzehn schwarzen Punkten** bedruckt ist.

Gräberfeld

Hinter dieser Szene erstreckt sich ein riesiges schwarzes **Gräberfeld**, auf dem sich bis zum Horizont **weiße Holzkreuze** aneinanderreihen. Ihre Konturen verlieren sich nach hinten immer mehr, sodass der Eindruck einer endlosen Zahl von Kreuzen und Gräbern entsteht.

Silhouette am Horizont

Am **Horizont** lassen sich die schwarz ausgefüllten **Silhouetten verschiedener Gebäude** erkennen, unter anderem Fabrikschornsteine sowie eine Kirche mit einem hohen Turm. Sie ragen in einen **grauen, wolkenlosen Himmel**, der auf der ganzen Szene lastet.

2. *Die zweite Teilaufgabe setzt sich aus zwei Teilschritten zusammen. Zunächst sollen Sie die Karikatur in den historischen Zusammenhang ab 1916 einordnen. Im Hinblick auf das Erscheinungsdatum der Zeichnung heißt das, dass für Deutschland zentrale Ereignisse, Ergebnisse und Folgen des Kriegs bis 1919 im Zentrum Ihrer Ausführungen stehen sollten. In einem weiteren Schritt müssen Sie dann die einzelnen Bildelemente der Karikatur vor dem Hintergrund der bisherigen Aufgabenlösung erklären und durch zusätzliche Informationen verdeutlichen. Formulieren Sie abschließend unter Rückgriff auf die zuvor behandelten Aspekte eine Gesamtdeutung der Zeichnung.*

Einordnung in den historischen Kontext

Um die vorliegende Karikatur in den historischen Kontext seit 1916 einzuordnen, ist es sinnvoll, auf die **Kriegslage**, die **Auswirkungen des Kriegs** auf die deutsche Bevölkerung sowie auf das **Kriegsende und dessen Folgen** einzugehen.

Stellungskrieg

Das Kriegsjahr 1916 war im Westen gekennzeichnet durch die sogenannte **Schlacht um Verdun**, mit der der deutsche Oberbefehlshaber Falkenhayn von Februar bis Dezember 1916 erfolglos versuchte, eine kriegsentscheidende Wende herbeizuführen. Beide Seiten verloren dabei und in der alliierten Gegenoffensive an der **Somme** (Juli bis November 1916) Hunderttausende Soldaten. Die Schlachten stehen daher sinnbildlich für den verlustreichen **Stellungs- und Abnutzungskrieg**, in dem weder die eine noch die andere Seite trotz eines immensen Einsatzes von Material und Menschen einen entscheidenden Durchbruch erzielen konnte.

„totaler" Krieg

Dieser lang anhaltende Abnutzungskrieg hatte auch gravierende **Auswirkungen auf** die deutsche **Zivilbevölkerung**. Schon seit Kriegsbeginn war die gesamte **Wirtschaft** den Bedürfnissen der **Kriegführung untergeordnet**. 1916 forderte die Oberste Heeresleitung (OHL) im sogenannten **Hindenburg-Programm**, alle noch verbleibenden Reserven für den Krieg zu mobilisieren. Mit dem „**Hilfsdienstgesetz**" wurden daher alle Männer zwischen 17 und 60 Jahren, die noch nicht eingezogen waren, zur Arbeit verpflichtet. Darüber hinaus ersetzten in den Betrieben Frauen, Kriegsgefangene und Zwangsarbeiter die fehlenden Arbeitskräfte.

katastrophale Versorgungslage

Der „**totale**" **Krieg** führte dazu, dass Lebensmittel rationalisiert wurden und das Existenzminimum weiter Bevölkerungsteile kaum noch gesichert werden konnte. Spätestens seit dem „**Steckrübenwinter**" 1916/17 war der Alltag großer Teile der deutschen Bevölkerung von **Hunger und Mangelernährung** bestimmt. Mehrere Hunderttausend Menschen, vor allem Alte, Schwache und Kinder, starben.

Kriegsmüdigkeit der Bevölkerung

Die schlechte Versorgungslage ließ den Rückhalt in der Bevölkerung für den Krieg und die Reichsleitung schwinden. Der

„**Burgfrieden**" der Parteien **zerbrach** 1916 am Streit um den von der Reichsleitung propagierten „**Siegfrieden**" mit weitreichenden Gebietsforderungen und den von der SPD angestrebten „**Verständigungsfrieden**". Bereits seit 1915 kam es immer wieder zu Protesten, die ihren Höhepunkt in den „**Januarstreiks**" 1918 fanden. Ungefähr drei Millionen Arbeiter demonstrierten gegen Hunger und Krieg, stellten aber auch politische Forderungen, z. B. nach einem demokratischen Wahlrecht.

Kriegsniederlage

Im April 1917 löste die Erklärung des uneingeschränkten U-Boot-Kriegs den **Kriegseintritt der Vereinigten Staaten** aus. Die Verstärkung der alliierten Truppen durch die USA führte im Sommer 1918 zum **militärischen Zusammenbruch der Mittelmächte**. In dieser Lage forderte die OHL die deutsche Regierung Ende September 1918 ultimativ auf, um **Waffenstillstand** nachzusuchen. Die deutsche Führung setzte ihre Hoffnungen dabei in das von US-Präsident Wilson erarbeitete **14-Punkte-Programm** als Grundlage für einen Friedensvertrag. Wilson machte eine **Demokratisierung des Reichs** zur Bedingung für jegliche Verhandlungen, weshalb die Reichsleitung zu demokratischen Zugeständnissen bereit war, mit denen man zugleich der revolutionären Stimmung im Innern entgegenwirken wollte.

Novemberrevolution 1918

Jedoch konnten die verfassungspolitischen Reformen („**Oktoberreformen**") die Monarchie nicht retten. Eine **revolutionäre Bewegung**, die von meuternden Matrosen und streikenden Arbeitern ausging und sich rasch in ganz Deutschland ausbreitete, führte am **9. November 1918** zur eigenmächtigen Erklärung der **Abdankung des Kaisers** durch den liberal gesinnten neuen Reichskanzler Prinz Max von Baden. Es bildete sich eine provisorische Regierung aus Vertretern von MSPD und USPD („**Rat der Volksbeauftragten**"), die am 11. November 1918 in Compiègne das **Waffenstillstandsabkommen** unterzeichnete. Damit waren die Kampfhandlungen des **Ersten Weltkriegs** nach vier Jahren und Millionen von Toten und Verwundeten **beendet**.

Bestimmungen des Versailler Vertrags

Offiziell fand der Krieg jedoch erst mit dem **Versailler Vertrag** seinen Abschluss. Dieser wurde von den Hauptsiegermächten USA, Großbritannien und Frankreich unter **Ausschluss der besiegten Staaten** auf der Pariser Friedenskonferenz ausgehandelt. Das Deutsche Reich sollte ungefähr ein Siebtel seines **Territoriums** und ein Zehntel seiner Bevölkerung sowie einen Großteil seiner Kohlen- und Erzvorkommen einbüßen. Das linke Rheinufer wurde für 15 Jahre von alliierten Truppen besetzt und das Rheinland bis 50 Kilometer östlich des Rheins zu einer **entmilitarisierten Zone** erklärt. Die **Reichswehr** wurde auf 100 000 Soldaten und die Marine auf 15 000 Mann **reduziert**, außerdem schaffte man die Wehrpflicht ab und ordnete die Auslieferung schwerer Waffen an. Das Deutsche Reich musste zudem **Reparationen** in Form von Sachleistungen und Geldzahlungen entrichten, deren genaue Höhe zunächst offenblieb. Legitimiert wurden diese Entschädigungen durch die Festschreibung der **alleinigen Kriegsschuld Deutschlands** und seiner Verbündeten (Artikel 231).

Reaktionen auf den Versailler Vertrag

Der Versailler Vertrag, insbesondere der „**Kriegsschuldartikel**", stieß in Deutschland auf **große Empörung**. Weite Teile der Bevölkerung waren davon überzeugt, einen Verteidigungskrieg geführt zu haben, und sahen sich nicht als Verlierer des Kriegs. Insofern wurde das Vertragswerk in fast der gesamten Bevölkerung als ungerechter und demütigender „**Diktatfrieden**" empfunden. Trotz heftiger Proteste in der deutschen Öffentlichkeit wurde der **Vertrag am 28. Juni 1919** im Spiegelsaal des Schlosses von Versailles **unterzeichnet**, da eine Wiederaufnahme des Kriegs, mit der die Alliierten bei einer Weigerung drohten, aussichtslos erschien.

Erläuterung der Bildelemente

Vogelscheuche: Versailler Vertrag

Auf zahlreiche der genannten Ereignisse und Prozesse bezieht sich der Zeichner Jo Steiner in der vorliegenden Karikatur: Die **Vogelscheuche** mit der Aufschrift „PAX" („Frieden") repräsentiert den gerade unterschriebenen **Versailler Friedensvertrag und** dessen **Bedingungen**. Die Figur ist aus der Sicht des Karikaturisten trotz ihrer Flügel **kein Friedensengel**, sondern eher eine hässliche und abschreckende Vogelscheuche. Die Hoffnungslosigkeit und Erschöpfung, die in deren Haltung und Gesicht zum Ausdruck kommen, verweisen darauf, dass die wirtschaftliche und politische **Zukunft Deutschlands** infolge des Vertrags **ungewiss und düster** erscheint.

Instabilität der Vogelscheuche: Gefährdungen der Republik

Auch ist der Versailler Frieden nach Ansicht des Karikaturisten ein **instabiles Konstrukt**, denn die **Vogelscheuche** neigt sich bedrohlich zur Seite und **fällt beinahe um**. Damit verweist der Zeichner auf die **mangelnde Akzeptanz** des Vertrags in Deutschland. Die Kriegsniederlage, die Probleme der Nachkriegszeit und die als „Schmach" empfundenen Vertragsbedingungen wurden in der politischen **Propaganda von links und rechts** dem neuen Staat und den demokratischen Politikern angelastet. Die **Weimarer Republik** war also von Beginn an **Schwierigkeiten** und Anfeindungen ausgesetzt.

Blatt Papier: 14-Punkte-Programm

Das Vertragswerk von Versailles hatte auch deshalb große **Enttäuschung** hervorgerufen, weil aus deutscher Sicht die Grundsätze des **14-Punkte-Programms von Wilson** nicht beachtet worden waren. Darauf verweist das achtlos auf dem Boden liegende **Blatt Papier** mit den **vierzehn** schwarzen **Punkten**.

Die **kniende** abgemagerte **Gestalt** unterhalb der Vogelscheuche kann stellvertretend für die **deutsche Bevölkerung** stehen. Sie veranschaulicht das **Leiden an** den unmittelbaren Kriegsfolgen wie **Krankheiten, Hunger** und **Armut**. Wie verzweifelt die Lage ist, verdeutlicht die karge Mahlzeit im Vordergrund. In einem weiteren Sinn kann die Figur aber auch die **politische Lage Deutschlands** repräsentieren. Diese war von der machtpolitischen und wirtschaftlichen **Schwächung** durch den Versailler Vertrag, von der empfundenen Demütigung sowie von zahlreichen innen- und außenpolitischen Problemen in der Anfangsphase der Weimarer Republik geprägt.

Bildvordergrund: Kriegsfolgen

Die **Gebäudesilhouetten** im Hintergrund könnten darauf anspielen, dass die Normalität eines Lebens in **Frieden und Wohlstand** angesichts der dramatischen Situation **in weiter Ferne** liegt. Die damit verbundene **Hoffnungslosigkeit** wird durch den deprimierenden **grauen Himmel**, der eher an einen Novemberhimmel als an einen Sommerhimmel im August erinnert, noch verstärkt.

Hintergrund: Hoffnungslosigkeit

Die weißen **Holzkreuze** schließlich wecken Assoziationen an die endlosen **Gräberfelder** vor allem im Norden Frankreichs und verweisen auf die **Millionen Toten** der „Materialschlachten" des Ersten Weltkriegs. Sie symbolisieren die massenhaften Menschenverluste des ersten industrialisierten Kriegs.

Gräberfeld: Menschenverluste

Insgesamt steht die Zeichnung in einem ironisch-sarkastischen **Widerspruch zur Bildüber- und -unterschrift**. „Zum 1. August" lässt eher an einen Geburtstagsglückwunsch oder an ein freudiges Jubiläum denken, während die Karikatur genau das Gegenteil veranschaulicht: Die „**herrlichen Tage**", die Kaiser Wilhelm II. Deutschland 1892 in Aussicht gestellt hat, sind im Ergebnis wirtschaftliche Not, politische Instabilität und eine **hoffnungslose Grundstimmung**.

Widerspruch zwischen Text- und Bildelementen

Damit lässt sich die Aussage der Karikatur folgendermaßen zusammenfassen: Fünf Jahre nach dem Ausbruch des Ersten Weltkriegs stellt Jo Steiner die **Lage Deutschlands** und der deutschen Bevölkerung als **desolat** dar, gekennzeichnet durch **die Folgen des Ersten Weltkriegs** wie Hunger, Not und Millionen Tote. Der **Frieden von Versailles** bringt in dieser Situation **keine Hoffnung auf Besserung**, sondern bedeutet eine weitere Schwächung Deutschlands. Die verzweifelte Lage führt der Karikaturist in erster Linie auf eine **übersteigerte Großmachtpolitik** im Kaiserreich zurück, als dessen **Hauptrepräsentanten** und Verantwortlichen er den ehemaligen **Kaiser Wilhelm II.** anklagt. Darauf weist das groß geschriebene und betonte „ER" in der Bildunterschrift hin.

zusammenfassendes Fazit

3. *In der dritten Teilaufgabe geht es darum, auf der Grundlage Ihres historischen Kontextwissens und der zuvor erarbeiteten Ergebnisse zu überprüfen, ob man den Einschätzungen Jo Steiners zustimmen kann oder ob sie relativiert bzw. abgelehnt werden müssen. Achten Sie bei Ihren Ausführungen auf eine sinnvolle Strukturierung, indem Sie sich auf einzelne Aspekte der Zeichnung konzentrieren, diese präzise benennen und im Hinblick auf Ihre historische Korrektheit prüfen. Ziehen Sie zum Schluss ein differenziertes Fazit, das Ihr Urteil zusammenfassend wiedergibt.*

Hinführung zur Beurteilung

Jo Steiner beschäftigt sich auf seiner Zeichnung mit den **Folgen** und Auswirkungen **des Ersten Weltkriegs**, für die er Wilhelm II. verantwortlich macht. Im Folgenden soll deshalb die **Sicht des Karikaturisten** auf die Rolle des Kaisers im Vorfeld und während des Ersten Weltkriegs, auf die Situation Deutschlands 1919 sowie auf den Versailler Vertrag **beurteilt werden**.

zustimmende Aspekte

Großmachtpolitik Wilhelms II.

Für Steiners Einschätzung der **Rolle Kaiser Wilhelms II.** spricht, dass die deutsche **Großmachtpolitik**, für die der Kaiser maßgeblich stand, eine wichtige **Ursache für** den **Ersten Weltkrieg** darstellte. Nach dem erzwungenen Rücktritt Bismarcks 1890 übte der Kaiser ein „**persönliches Regiment**" aus und forderte im Rahmen seines „Neuen Kurses" für das Deutsche Reich eine den übrigen europäischen Staaten ebenbürtige Machtstellung (Wunsch nach „**Weltgeltung**"). Aus dieser Politik resultierten zahlreiche wirtschaftliche und machtpolitische Konflikte, die schließlich das **Ende des bismarckschen Bündnissystems** brachten. Infolge der „**Politik der freien Hand**" des Kaisers fand sich das Deutsche Reich in der **außenpolitischen Isolation** wieder, was wiederum eine stärkere Anlehnung an den einzig verbliebenen Bündnispartner Österreich-Ungarn zur Folge hatte. Da diese „**Nibelungentreue**" zur **Forcierung der Julikrise** („Blankoscheck") und damit zum Ausbruch des Ersten Weltkriegs entscheidend beitrug, ist Jo Steiner durchaus zuzustimmen, wenn er den Wandel in der Außenpolitik unter Wilhelm II. für die Kriegsfolgen verantwortlich macht.

Krieg als Mittel der Politik

Hinzu kommt, dass **provozierende Aktionen** des Kaisers wie z. B. in der **1. Marokkokrise** (1905/06) oder in der „**Daily-Telegraph-Affäre**" (1908) zu schweren diplomatischen Krisen führten. Das ungeschickte und als anmaßend empfundene Verhalten Wilhelms II. trug maßgeblich dazu bei, die Beziehungen zu den übrigen europäischen Großmächten weiter zu belasten. Dadurch entstand ein **Klima der Konfrontation**, in dem auch **Krieg als Mittel der Politik** einkalkuliert wurde.

Kriegsziele und Kriegspropaganda

Im Krieg selbst wurden von deutscher Seite weitreichende **Kriegsziele** formuliert, die u. a. eine Ausschaltung Frankreichs als europäische Großmacht und eine wirtschaftliche Hegemonie

Deutschlands in Europa umfassten. Kaiser, zivile Reichsleitung und militärische Führung hielten am Ziel eines „**Siegfriedens**" **mit weitgehenden Annexionen** auch dann noch fest, als sich die militärische Niederlage längst abzeichnete. In eine ähnliche Richtung weist auch die fortgesetzte **Kriegspropaganda**, die bis zum Sommer 1918 einen deutschen Sieg in Aussicht stellte. Aus diesem Grund kam die **Niederlage** für einen Großteil der Bevölkerung **überraschend**, was den Boden für die **vehemente Ablehnung des Versailler Vertrags** bereitete, die auch in Steiners Karikatur zum Ausdruck kommt.

Schwächung Deutschlands durch Krieg und seine Folgen

Im Hinblick auf die **Folgen des Kriegs für Deutschland** ist die Sichtweise des Karikaturisten insgesamt nachvollziehbar. Die Versorgungslage war als Ergebnis der Kriegswirtschaft und der Inflation so schwierig, dass Lebensmittel weiterhin rationiert wurden. Wie schon während der letzten Kriegsjahre wurden täglich Menschen Opfer von **Hunger**, aber auch von **Krankheiten** wie Grippe oder Tuberkulose. In dieser Situation stellten die **Bedingungen des Versailler Vertrags** einen Schock dar. Er wurde den Besiegten diktiert, Verhandlungsmöglichkeiten waren ausgeschlossen. Seine territorialen und militärpolitischen Bestimmungen reduzierten Deutschland auf den Status einer Mittelmacht. Durch die **Gebietsabtretungen** wurde die deutsche Wirtschaftskraft erheblich dezimiert und die **Reparationen** entzogen der geschwächten Wirtschaft weitere Ressourcen. Es ist also nicht von der Hand zu weisen, dass der **Friedensvertrag** sich durch eine **besondere Härte** auszeichnete, wie es Steiner in seiner Karikatur behauptet.

relativierende Aspekte

Rolle des Kaisers

Auf der anderen Seite gibt es jedoch auch Aspekte, die die Sichtweise des Karikaturisten relativieren. Zwar war **Kaiser Wilhelm II.** eine der Hauptfiguren der deutschen Großmachtpolitik, **repräsentierte** aber **mit seiner politischen Haltung** große Teile der adlig-militärischen **Elite**, der Großindustriellen und des konservativen Bürgertums. Eine militaristische Grundeinstellung und national-chauvinistisches Denken prägten deren Wertesystem, weshalb sie die Forderung des Kaisers nach einer Weltmachtstellung Deutschlands teilten. So wirkten zahlreiche **Berater und Interessengruppen** auf das vermeintlich „persönliche Regiment" Kaiser Wilhelms II. ein. Dazu gehörte z. B. der einflussreiche **Alldeutsche Verband**, der sich seit 1891 vehement für einen aggressiven Imperialismus des Kaiserreichs einsetzte und ebenso wie der **Deutsche Flottenverein** öffentlichkeitswirksam das deutsche Flottenbauprogramm unterstützte. Während des Kriegs selbst trat Kaiser Wilhelm schließlich als offizieller „Oberster Kriegsherr" immer mehr in den Hintergrund, denn im Rahmen der Mobilisierung aller Kräfte für den

Krieg übte die **Oberste Heeresleitung** unter Hindenburg und Ludendorff seit 1916 eine Art **Militärdiktatur** aus. Steiner berücksichtigt also nicht alle Tatsachen, wenn er seine Anklage allein gegen Wilhelm II. richtet.

teilweise Fehleinschätzung des Versailler Vertrags

Im Hinblick auf den **Versailler Vertrag** muss man anmerken, dass sich große Teile der Bevölkerung und der Politiker in Deutschland **Illusionen** hingegeben hatten. Infolge von Propaganda und Desinformation während des Kriegs hoffte man auf einen maßvollen Frieden, ohne zu beachten, dass das Deutsche Reich selbst im **Frieden von Brest-Litowsk** mit Russland rücksichtslos die eigenen maximalen Kriegsziele durchgesetzt und den ersten „**Diktatfrieden**" des Ersten Weltkriegs geschlossen hatte. Auch erkannte man nicht, dass die alliierten **Verhandlungsführer** angesichts der Opfer und Verwüstungen des Kriegs **unter erheblichem öffentlichen Druck** ihrer eigenen Heimatländer standen. Aus dieser Perspektive waren die **Bedingungen** des Vertrags **weniger hart**, als sie hätten sein können und als sie der Karikaturist darstellt. So hatten z. B. französische Politiker die Abtrennung des Saarlands oder der Gebiete links des Rheins verlangt. **Deutschland blieb** jedoch als **souveräner Flächenstaat** in der Mitte Europas erhalten. Es bildete eine **politische und wirtschaftliche Einheit** und hatte die Aussicht, wieder in den Kreis der europäischen Großmächte aufzurücken. Auch behielt Deutschland Spielräume bei der Verhandlung der Reparationen sowie für eine friedliche **Revision des Versailler Vertrags**, wie der Vertrag von Locarno (1925), die Aufnahme Deutschlands in den Völkerbund (1926) oder die Aufhebung der Reparationszahlungen (1932) zeigen.

Fazit

zusammenfassende Beurteilung

Abschließend kann man festhalten, dass die **Sichtweise** des Karikaturisten **nur in Teilen nachvollziehbar** ist. Der **Vorwurf**, Kaiser Wilhelm II. sei maßgeblich verantwortlich für den Ersten Weltkrieg und seine Folgen, trifft im Hinblick auf seine Haltung und sein Agieren zu. Allerdings **überschätzt** er die reale **Machtposition des Kaisers** und berücksichtigt nicht, dass dessen Politik von einer breiten Mehrheit und von einflussreichen Kreisen unterstützt wurde. Bei der **Darstellung des Versailler Vertrags** wiederum **betont** Steiner in zeittypischer Weise die **harten Bedingungen** und Konsequenzen für Deutschland. Er **verkennt** jedoch die Voraussetzungen, unter denen der Vertrag zustande kam, sowie die **Chancen**, die er in einer mittelfristigen Perspektive dem Deutschen Reich bot.

Abiturprüfung 2019 NRW – Grundkurs Geschichte
Aufgabe 3

B: Analyse von Darstellungen und kritische Auseinandersetzung mit ihnen

Aufgabenstellung Punkte

1. Analysieren Sie den Text. 26
2. Arbeiten Sie ausgehend vom Text die Grundlagen der SED-Diktatur heraus (*12 Punkte*) und charakterisieren Sie die Haltung des Autors zum NS- und SED-Regime (*16 Punkte*). 28
3. Beurteilen Sie die Aussagen des Autors. 26

M: A. Irrtümer über die DDR

1. „Die DDR hat als antifaschistischer Staat mit den schlechten Traditionen der deutschen Geschichte radikal gebrochen und ihre besten Traditionen fortgeführt."[1]

Die Bedeutung des Antifaschismus für das Selbstverständnis der DDR ist kaum zu überschätzen. Aus dem radikalen Bruch mit dem Faschismus leitete die SED ihre geschichtliche und politische Legitimation ab. Die DDR, das sei das andere, bessere, das „neue Deutschland". Der Antifaschismus war der Gründungsmythos der DDR. Er hat nach 1945 manchen veranlasst, aus dem Exil in die Sowjetische Besatzungszone und nicht nach Westdeutschland zurückzukehren, auch Prominente wie Bertolt Brecht (der allerdings vorsichtshalber die österreichische Staatsbürgerschaft behielt[2]) oder Stefan Heym[3]. […]

In Wahrheit war der Antifaschismusmythos der DDR eine Verdrehung historischer Tatsachen, eine billige Vergangenheitsentsorgung, ein elastisches Instrument zur Denunziation beliebiger Gegner und die Legitimation für eine weitere Diktatur auf deutschem Boden. […] Die SED-Herrschaft eine Diktatur zu nennen ist keineswegs denunziatorisch. Sie verstand sich nämlich selbst als „Diktatur des Proletariats", war aber in Wahrheit die des Politbüros. Und Lenin hatte unumwunden erklärt: „Diktatur bedeutet … eine unbeschränkte, sich auf Gewalt und nicht auf Gesetze stützende Macht."

Trotzdem finden es manche anrüchig, von beiden deutschen Diktaturen zu sprechen. Denn das bedeute eine Relativierung des Holocausts. Der darf tatsächlich nicht relativiert werden, da stimme ich zu.

Vergleichen wir einmal das Jahr 1937 mit dem Jahr 1974 in der DDR. Keine Arbeitslosen, ein herrliches Urlaubsprogramm für die arbeitende Bevölkerung, dort „Kraft durch Freude", hier „FDGB-Feriendienst" genannt, die Aussicht auf ein eigenes Auto, Volkswagen dort, Trabant hier, und das Gefühl: Es geht bergauf. Ja, es gab Bevölkerungsgruppen, die diskriminiert wurden, die Rassenfeinde dort, die Klassenfeinde hier, aber das war doch eine Minderheit, die Mehrzahl der Bevölkerung war doch einigermaßen zufrieden. 1937 hatte der Zweite Weltkrieg bekanntlich noch nicht begonnen. Die Olympiade hatte stattgefunden. Die Vernichtungslager waren noch nicht erfunden. Aber die Weichen waren bereits gestellt. Denn die Grundrechte waren längst kassiert durch das Ermächtigungsgesetz, die Einparteienherrschaft war installiert, die öffentliche Meinung durch Propaganda manipuliert – wie in der DDR 1974. Die Dramatisierung der Nazizeit, die die Jahre vor 1939 auslässt, ist zugleich ihre Verharmlosung. Diktatoren unterdrücken die Freiheit und ihre Feinde und Gegner, aber die Masse der Bevölkerung möchten sie natürlich auf ihrer Seite haben, und dafür denken sie sich mancherlei Wohltaten aus.

Oder nehmen wir einmal an, die Nazis wären 1941 nicht zur systematischen Vernichtung der europäischen Juden übergegangen, hätten aber ihre bisherige Politik der Verfolgung und Diskriminierung der Juden und der anderen, die sie zu Volksschädlingen erklärt hatten, fortgesetzt. Auch dann hätten wir Grund genug, uns dieses Zivilisationsbruchs in der deutschen Geschichte zu schämen. Wer das bestreitet, verharmlost die NS-Diktatur. Er würde verdunkeln, dass der Holocaust nur der letzte Schritt einer Entwicklung war, die 1933 begann.

Und wer mit dem Hinweis auf die Einmaligkeit des Holocaust für unstatthaft erklärt, von den beiden deutschen Diktaturen zu reden, verharmlost die SED-Diktatur. Er untergräbt die Bildung eines demokratischen, und das muss immer heißen: eines antitotalitären Konsenses. Für diejenigen, die die stalinistische Zeit der SED-Herrschaft erlebt haben, muss solch ein Verdikt geradezu beleidigend wirken. Die unstrittige Tatsache, dass auch in der stalinistischen Zeit der SED-Diktatur etwas dem Holocaust Vergleichbares nicht vorgekommen ist, darf doch nicht dafür herhalten, die Verbrechen der SED-Herrschaft zu relativieren. Das wäre eine subtile Verhöhnung der Opfer.

[…]

Richard Schröder: Irrtümer über die deutsche Einheit. Aktualisierte und erweiterte Neuausgabe, Freiburg: Herder 2014 (erste Auflage 2007), S. 46–52.

Hinweise zum Autor:
Richard Schröder (*1943) ist ein deutscher Philosoph und Theologe. 1989 trat Schröder in die Sozialdemokratische Partei (SDP) der DDR ein und wurde nach der Volkskammerwahl vom 18. 03. 1990 Fraktionsvorsitzender der SDP, am 02. 12. 1990 wurde Schröder Mitglied des neu gewählten gesamtdeutschen Bundestages.

Anmerkungen:
1 Es handelt sich hierbei nicht um ein konkretes Zitat, sondern um eine dem Autor häufig begegnete Vorstellung über die DDR.
2 Tatsächlich wurde Brecht, der 1948 nach Ostberlin zurückgekehrt war, die österreichische Staatsbürgerschaft erst 1950 verliehen.
3 Stefan Heym (1913–2001), Schriftsteller und Publizist, zählte zu den bekanntesten Autoren der DDR.

Zugelassene Hilfsmittel: Wörterbuch zur deutschen Rechtschreibung

Lösungsvorschläge

Die Aufgabe entspricht den folgenden aktuellen Schwerpunktthemen:

- ***Inhaltsfeld 5:** Die Zeit des Nationalsozialismus – Voraussetzungen, Herrschaftsstrukturen, Nachwirkungen und Deutungen*
  - *Vergangenheitspolitik und „Vergangenheitsbewältigung"*
- ***Inhaltsfeld 6:** Nationalismus, Nationalstaat und deutsche Identität im 19. und 20. Jahrhundert*
  - *Nationale Identität unter den Bedingungen der Zweistaatlichkeit in Deutschland*

1. *Die erste Teilaufgabe verlangt von Ihnen eine formale und inhaltliche Analyse der vorliegenden Veröffentlichung. Stellen Sie dazu den Text zunächst kurz vor, indem Sie den Autor und die Adressaten, den Titel sowie den Erscheinungszeitpunkt nennen. Gehen Sie zudem auf das Thema und die Intention des Verfassers ein. Anschließend geben Sie den Inhalt des Auszugs strukturiert wieder. Verwenden Sie dazu auch Begriffe, die den Gedankengang des Autors verdeutlichen, und belegen Sie Ihre Erkenntnisse mithilfe direkter und indirekter Zitate am Text.*

Einleitung
Titel
Erscheinungszeitpunkt
Adressaten
Autor
Thema
Intention

Der vorliegende Auszug mit der Überschrift „Irrtümer über die DDR" stammt aus einer **historischen Darstellung** mit dem Titel „Irrtümer über die Deutsche Einheit", die 2007 erstmals veröffentlicht wurde (zweite Auflage 2014) und sich an eine **historisch-politisch interessierte Leserschaft** richtet. In dem auszugsweise abgedruckten Kapitel legt der Philosoph und Theologe **Richard Schröder**, der 1989/90 Politiker wurde, dar, dass die **DDR** seiner Auffassung nach **ebenso wie der NS-Staat** eine **Diktatur** gewesen sei. Damit möchte er einen Beitrag zu einem demokratischen und **antitotalitären Konsens** im wiedervereinigten Deutschland leisten.

strukturierte Textwiedergabe
Ausgangsthese

Schröder beginnt seine Ausführungen mit der Wiedergabe einer weitverbreiteten **Vorstellung von der DDR:** Es werde oft behauptet, dass diese ein **antifaschistischer Staat** gewesen sei, der von Grund auf mit den negativen Traditionen der deutschen Vergangenheit gebrochen habe (vgl. Z. 1 f.). Diese These bildet für Schröder den Ausgangspunkt für eine detaillierte Untersuchung der DDR-Diktatur.

Erläuterung des Antifaschismus-Konzepts der DDR

Im ersten Abschnitt seiner weiteren Ausführungen erläutert er die **Funktion des Antifaschismus** für das Selbstverständnis der DDR (vgl. Z. 3–14). Aus ihrer Selbsteinschätzung als antifaschistischer Staat habe die **DDR** abgeleitet, im Vergleich zur Bundesrepublik das „bessere, das ‚**neue Deutschland**'" (Z. 5 f.) zu sein. Diese Ausrichtung habe Intellektuelle wie Bertolt Brecht oder Stefan Heym dazu veranlasst, Bürger der DDR zu werden (vgl. Z. 7 ff.). Richard Schröder **widerspricht** allerdings **dieser Vorstellung** eines radikalen Bruchs der DDR mit der faschistischen Vergangenheit und bezeichnet sie als „**Gründungsmythos**" (Z. 6). Um seine Behauptung zu belegen, nennt er vier verschiedene Aspekte: So verfälsche die vorgebliche antifaschistische Tradition die Wirklichkeit und habe als **Vorwand** gedient, sich nicht mit der nationalsozialistischen Vergangenheit auseinandersetzen zu müssen (vgl. Z. 11 f.). Des Weiteren sei sie dazu genutzt worden, gegen politische Gegner vorzugehen, und habe ein **Instrument zur Legitimation einer neuen Diktatur** dargestellt (vgl. Z. 12 f.).

DDR als Diktatur

Im zweiten, umfangreicheren Teil des Textauszugs führt Schröder **Argumente für** seine **These** an, dass die **DDR** von Beginn an **eine Diktatur** gewesen sei (vgl. Z. 14–52). Er verweist dazu auf das **Selbstverständnis der SED-Führung**, die ihre Herrschaft als „**Diktatur des Proletariats**" (Z. 15 f.) verstanden habe, die nach Schröder in Wirklichkeit eine Diktatur des Politbüros gewesen sei. Diese Staatsform habe Lenin selbst als eine unumschränkte, auf Gewalt beruhende Herrschaft bezeichnet (vgl. Z. 16 ff.).

Vergleich von NS-Regime und SED-Herrschaft

Zentral für Schröders weitere Argumentation ist der nun folgende **Vergleich** zwischen der **SED-Herrschaft** und dem **NS-Regime**, der in seinen Augen **keine** von ihm ausdrücklich abgelehnte **Relativierung des Holocaust** bedeute (vgl. Z. 19 ff.). So sieht Schröder **Parallelen** zwischen dem nationalsozialistischen Deutschland 1937 und der DDR 1974. Beide Regierungen hätten **sozialpolitische Maßnahmen** ergriffen, um die Bevölkerung auf ihre Seite zu ziehen (vgl. Z. 22 ff.). Für die Verheißung wirtschaftlich-sozialen Fortschritts habe in beiden Fällen die Mehrheit der Bevölkerung die **Ausgrenzung von Minderheiten** in Kauf genommen (vgl. Z. 25 ff.). Des Weiteren seien in beiden Staaten die **Grundrechte außer Kraft gesetzt** worden, eine **Einparteienherrschaft** sei etabliert und die öffentliche Meinung durch **Propaganda** manipuliert worden (vgl. Z. 30 ff.).

Holocaust als Endpunkt einer langen Entwicklung

In diesem Zusammenhang betont Schröder, dass der **Holocaust der letzte Schritt einer Entwicklung** gewesen sei, die bereits 1933 angefangen habe (vgl. Z. 42 f.). Wer dies nicht berücksichtige, trage zu einer **Verharmlosung der NS-Herrschaft** vor 1939 bei (vgl. Z. 33 f.). Denn bereits die **Verfolgung von Juden** und anderer ausgegrenzter Minderheiten **vor** dem systematischen Völkermord seit **1941** sei ein beschämender „**Zivilisationsbruc[h]** in der deutschen Geschichte" (Z. 41) gewesen.

Fazit

Aus seinen Überlegungen zieht Schröder die Schlussfolgerung, dass die Singularität des Holocaust nicht dazu führen dürfe, den **diktatorischen Charakter der SED-Herrschaft** zu leugnen.

Ansonsten würde man die Opfer der DDR-Diktatur verhöhnen und laufe Gefahr, die antitotalitäre Grundhaltung der Demokratie in Deutschland auszuhöhlen (vgl. Z. 46 f.).

2. *In der zweiten Teilaufgabe geht es zunächst darum, die Grundlagen der Diktatur in der DDR herauszuarbeiten. Da Sie dabei vom Text ausgehen sollen, ist es sinnvoll, von Schröder genannte Aspekte durch weiteres Hintergrundwissen anzureichern. Weiterhin sollten Sie über den Text hinaus Elemente der SED-Herrschaft erläutern, die bei Schröder keine Erwähnung finden. In einem zweiten Schritt sind Sie aufgefordert, die Haltung des Verfassers zum Nationalsozialismus und zum SED-Regime auf der Grundlage der bisherigen Teilaufgaben zu charakterisieren. Trennen Sie dabei klar zwischen beiden Diktaturen und stellen Sie auch anhand von Textbezügen dar, wie Schröder sich jeweils positioniert.*

Grundlagen der SED-Diktatur

Antifaschismus-Konzept

Richard Schröder stellt in seinen Ausführungen insbesondere die Bedeutung des **Antifaschismus als Legitimationsgrundlage** der SED-Herrschaft heraus (vgl. Z. 3 ff.). Dieser bildete den zentralen Ausgangspunkt für das Selbstverständnis des ostdeutschen Teilstaats. Die DDR sah sich in der **Tradition** der **Arbeiterbewegung** des 19. Jahrhunderts, der **KPD** in der Weimarer Republik und des **kommunistischen Widerstands** gegen die NS-Diktatur. Folglich **lehnte** die DDR-Führung jede **Verantwortung für** die im **Nationalsozialismus** begangenen Verbrechen **ab**.

Entnazifizierung

Den **Nationalsozialismus** selbst bezeichnete man als höchste und **zugespitzte Form des Kapitalismus**, deren treibende Kräfte Großgrundbesitzer und Großindustrielle gewesen seien. Um diese Strukturen zu beseitigen und die **Transformation zu einer sozialistischen Gesellschaft** zu beschleunigen, begann die sowjetische Besatzungsmacht schon bald nach Kriegsende mit der **Entnazifizierung**.

– Bodenreform und Verstaatlichungen

Unter dem Motto „Junkerland in Bauernhand" wurde seit Herbst 1945 eine **Bodenreform** durchgeführt. Der landwirtschaftliche Besitz über 100 ha wurde enteignet, an Kleinbauern verteilt oder in Volkseigentum überführt. Die **Verstaatlichung** der Banken und Sparkassen setzte ebenfalls 1945 ein und in der Folgezeit wurden schrittweise große Betriebe aller wichtigen Wirtschaftszweige in Staatsbesitz überführt.

– personelle Neubesetzung

Weiterhin wurden vor allem im öffentlichen Dienst, in der Justiz und im Bildungswesen **ehemalige NSDAP-Mitglieder aus wichtigen Positionen entfernt** und durch politisch loyale Personen ersetzt. Die Maßnahmen gegen die früheren NS-Funktionsträger reichten von **Entlassungen bis zur Internierung** in sowjetischen Speziallagern. Dabei **schaltete** man unter dem

Deckmantel der Entnazifizierung auch **Kritiker des neuen Regimes aus**, worauf Schröder verweist, wenn er von der „Denunziation beliebiger Gegner“ (Z. 13) spricht.

– vermeintliche Überwindung des Nationalsozialismus

Ab 1947 wurden **einfache NSDAP-Mitglieder** nach und nach **rehabilitiert** und erhielten ihre bürgerlichen Rechte weitgehend zurück. Bereits im Februar **1948** erklärte die sowjetische Militäradministration den antifaschistischen und demokratischen **Umbau** in der SBZ für **beendet**. Im Mai 1948 gründete die SED mit der **NDPD** eigens eine Partei für ehemalige NSDAP-Mitglieder, um diese in den neuen Staat zu integrieren. Der **Nationalsozialismus** wurde als **überwunden** angesehen, was dazu führte, dass keine weitere **Auseinandersetzung mit der NS-Vergangenheit** stattfand. Schröder spricht in diesem Zusammenhang von einer „billige[n] Vergangenheitsentsorgung“ (Z. 12).

Einparteienherrschaft der SED

Die politische Umgestaltung der SBZ diente vor allem dazu, die **Herrschaft der kommunistischen Partei** durchzusetzen. Zwar wurden 1945 **verschiedene Parteien** wie KPD, SPD, CDU und LDP zugelassen, doch standen diese unter der Kontrolle der sowjetischen Besatzungsmacht. Im April 1946 wurden **KPD und SPD** unter sowjetischem Druck zur „Sozialistischen Einheitspartei Deutschlands“ (**SED**) **zwangsvereinigt**. Die SED verstand sich als **Partei der Arbeiterklasse**, die durch die „Diktatur des Proletariats“ die bürgerliche Demokratie überwinden würde. Nach dem Prinzip des **„demokratischen Zentralismus“** waren alle Beschlüsse der höheren Parteiorgane für die nachgeordneten Gremien verbindlich. Auch kannte das **Konzept der Volksdemokratie** keine Gewaltenteilung und keine unabhängige Justiz, da alle wichtigen Positionen in Staat und Gesellschaft mit Parteimitgliedern besetzt wurden. Auf diese Umgestaltung hin zu einer faktischen **Einparteienherrschaft** bezieht sich Schröder ebenfalls, wenn er den diktatorischen Charakter des SED-Regimes betont (vgl. Z. 14 f.).

Haltung des Autors
zum NS-Regime

Sowohl für die NS-Diktatur als auch für die DDR findet der Verfasser klare Worte. So hebt er an mehreren Stellen den menschenverachtenden und totalitären Charakter des NS-Regimes hervor (vgl. Z. 25 ff., 30 ff., 37 ff.). Seiner Meinung nach entlarven die Missachtung von Grundrechten, die Einparteienherrschaft, die manipulative Propaganda sowie die **rassistisch motivierte Diskriminierung** den NS-Staat als **Gewaltherrschaft**. In der Ausgrenzung und Verfolgung von Juden und anderen Minderheiten seit 1933 bis hin zum Menschheitsverbrechen des Holocaust sieht er einen Grund, sich des „Zivilisationsbruchs in der deutschen Geschichte zu **schämen**“ (Z. 41). Außerdem verweist er deutlich auf die **„Einmaligkeit des**

Holocaust“ (Z. 44), den man keinesfalls relativieren dürfe (vgl. Z. 20 f.).

Die Haltung, die Richard Schröder in seinen Ausführungen zum SED-Regime zum Ausdruck bringt, ist gekennzeichnet von seiner **Ablehnung der SED-Herrschaft** und ihrer ideologischen Grundlagen. Er übt deutliche **Kritik** am Konzept des Antifaschismus und **an** der **Behauptung**, die DDR sei aufgrund **eines Bruchs mit der Vergangenheit** das „bessere […] Deutschland“ (Z. 5 f.) gewesen. Diese Vorstellung ist für Schröder eine **Geschichtsverzerrung**, allein zweimal verwendet er dafür den Begriff **Mythos** („Gründungsmythos“, Z. 6; „Antifaschismusmythos“, Z. 11). Insgesamt sieht Schröder in der **DDR** eine „weitere **Diktatur** auf deutschem Boden“ (Z. 13 f.), die er – abgesehen vom Holocaust – für **vergleichbar mit dem NS-Regime** hält. Wer dies leugne, verharmlose die totalitäre Herrschaft in der DDR und setze deren Opfer herab (vgl. Z. 44 ff., 48 ff.). Dies stelle letztlich auch eine **Gefährdung des „antitotalitären Konsenses**“ (Z. 47) in der gegenwärtigen deutschen Demokratie dar. zur SED-Herrschaft

Insgesamt betont Schröder die **Übereinstimmungen zwischen NS- und SED-Diktatur** und weist dadurch die Abgrenzungsversuche der DDR-Führung als propagandistische Selbstdarstellung zurück. Fazit

3. *In der dritten Teilaufgabe wird von Ihnen verlangt, die Aussagen Schröders zu beurteilen, d. h. dass Sie sich kritisch mit diesen auseinandersetzen müssen. Finden Sie also sowohl zustimmende als auch relativierende bzw. ablehnende Gesichtspunkte, mit denen Sie zu den Behauptungen des Verfassers Stellung nehmen. Um Wiederholungen zu vermeiden, sollten Sie nur die Sachverhalte ausführlicher darlegen, die nicht Bestandteil von Teilaufgabe 2 waren. Schließen Sie Ihre Darstellung am Ende mit einem zusammenfassenden Fazit ab.*

Richard Schröders Ausführungen können als **Reaktion auf** die Probleme im **Einigungsprozess von DDR und Bundesrepublik** seit 1989/90 verstanden werden. Diese hatten dazu geführt, dass viele den Alltag in der DDR nostalgisch verklärten: Der diktatorische Charakter der DDR wurde ignoriert und man nahm eine Abwehrhaltung gegenüber der Aufarbeitung der Vergangenheit ein. Insofern ist es nachvollziehbar, dass Schröder diesen Tendenzen entgegentreten und zu einer angemessenen **historischen Einordnung der DDR** beitragen will. Auf diese Weise soll **Antitotalitarismus als gemeinsamer demokratischer Wert** etabliert werden. Einleitung

Dabei ist es sicherlich gerechtfertigt, die **DDR als Diktatur** zu bezeichnen. In dem ostdeutschen Teilstaat war die **Ideologie** des Marxismus-Leninismus verbindlich und die **SED** erhob den alleinigen Anspruch, als **Partei der Arbeiterklasse** den Sozialismus umzusetzen. Ihre **führende Rolle** war sogar in der Verfassung der DDR verankert. Bei Wahlen gab es trotz des vordergründigen Parteienpluralismus nur **Einheitslisten**, die man als Ganzes befürworten oder ablehnen konnte. **Massenorganisationen** wie der Freie Deutsche Gewerkschaftsbund (FDGB) oder die Freie Deutsche Jugend (FDJ) erfassten einen Großteil der Bevölkerung. Sie dienten deren Integration in den Staat sowie der Erziehung zum Sozialismus. 1950 wurde zudem das **Ministerium für Staatssicherheit** („Stasi") gegründet. Dieses entwickelte sich in der Folgezeit zu einem staatlichen Überwachungsapparat, der durch ein Spitzelsystem die eigene Bevölkerung kontrollierte und Prinzipien der **Rechtsstaatlichkeit außer Kraft** setzte.

zustimmende Aspekte

DDR als Diktatur

Schröder stellt außerdem zu Recht heraus, dass die **antifaschistische Haltung** ein wichtiger Baustein zur **Legitimation** der kommunistischen Herrschaft in der DDR war. Staatlich gelenkte Erinnerungsrituale mit Massenaufmärschen dienten der **Selbstvergewisserung** und Beschwörung dieser antifaschistischen Ausrichtung. Doch die **einseitige Verherrlichung** des kommunistischen Widerstands in der öffentlichen DDR-Erinnerungskultur ignorierte weitere Formen der Regimekritik und blendete andere Opfergruppen des Nationalsozialismus aus. Eine **tiefergehende Auseinandersetzung** mit den NS-Verbrechen **unterblieb** folglich.

Bedeutung des Antifaschismus-Konzepts für die DDR

Richard Schröder selbst bezeichnet den **Holocaust** als **Menschheitsverbrechen**, das man nicht relativieren dürfe. In der Tat ist die staatlich angeordnete und fabrikmäßig organisierte **Ermordung von ungefähr 6 Millionen europäischen Juden** innerhalb weniger Jahre ein beispielloses Verbrechen. Auf der Grundlage einer **rassistischen Ideologie**, die Juden als „Ungeziefer" verunglimpfte und ihnen die „Weltverschwörung" unterstellte, verfolgten die Nationalsozialisten das Ziel, die gesamte jüdische Bevölkerung vollständig zu vernichten (**Völkermord**). Dieser „**Zivilisationsbruc[h]**" (Z. 41) ist das zentrale Ereignis des 20. Jahrhunderts, an dem viele Deutsche beteiligt waren. Daher ist auch der angemessene Umgang mit dieser Vergangenheit ein **wesentlicher Teil der deutschen Verantwortung**.

Singularität des Holocaust

Die **Voraussetzungen für** den **Holocaust** wurden, wie es Schröder in korrekter Weise hervorhebt, bereits seit Beginn der nationalsozialistischen Herrschaft geschaffen. Schon im **April 1933** setzten mit dem **Boykott** jüdischer Geschäfte und

Weg in den Holocaust seit 1933

dem „Gesetz über die **Wiederherstellung des Berufsbeamtentums**“ die ersten **diskriminierenden Maßnahmen** ein. Diese wurden mit der systematischen und pseudolegalen Ausgrenzung durch die **Nürnberger Gesetze** 1935 fortgesetzt. Berufsverbote, Einschränkungen im Wirtschafts- und im Alltagsleben sowie die Stigmatisierung durch das Tragen des „Judensterns“ verschärften die Diskriminierung weiter. Auch erhöhten diese Maßnahmen beim Rest der Bevölkerung schrittweise die Akzeptanz der **Entrechtung und Verfolgung von jüdischen Mitbürgern**, die einen ersten Höhepunkt im **Novemberpogrom** 1938 fand. Schröder hat also recht, wenn er betont, dass der **Grundstein für den Holocaust** lange vor dessen eigentlicher Durchführung gelegt wurde.

relativierende Aspekte

reales Identifikationspotenzial des Antifaschismus

Auf der anderen Seite gibt es aber auch Aspekte, die manche von Schröders Urteilen relativieren. So reduziert sein Vorwurf, die **antifaschistische Tradition** der DDR sei ausschließlich ein Mythos gewesen, diese Idee auf ihre propagandistische Funktion für den Erhalt der SED-Herrschaft. Jedoch darf man nicht übersehen, dass sich gerade nach den Erfahrungen mit dem Nationalsozialismus und dem Zweiten Weltkrieg **viele Deutsche** im Ostteil des Landes **mit dieser Haltung identifizieren** konnten. Sie waren wie die Intellektuellen, die Schröder erwähnt (vgl. Z. 8 f.), der Überzeugung, ein besseres und antifaschistisches Deutschland aufbauen zu können.

unvollständige Entnazifizierung in den Westzonen

Auch lässt sich feststellen, dass die **Entnazifizierung** der unmittelbaren Nachkriegszeit **in der SBZ** im Ergebnis **radikaler und umfangreicher** durchgeführt wurde als in Westdeutschland. So verlor ungefähr eine halbe Million deutscher Funktionsträger in der SBZ ihre Stellung. Demgegenüber gestaltete sich die Entnazifizierung mithilfe von Fragebogen und Spruchkammerverfahren, z. B. in der amerikanischen Zone, als bürokratisch sehr aufwendig und komplex. Folglich waren beim offiziellen Ende der Entnazifizierung 1948 zahlreiche Verfahren, darunter auch gegen schwer Belastete, noch nicht abgeschlossen. Amnestiegesetze in der frühen **Bundesrepublik** führten schließlich zur **Reintegration zahlreicher** ehemaliger **Nationalsozialisten**. Aus diesem Grund muss man auch in Bezug auf den Westen bis in die 1960er-Jahre hinein von einer **fehlenden** selbstkritischen **Aufarbeitung der NS-Vergangenheit** sprechen, die Schröder nur der SBZ vorwirft.

Unterschiede zwischen NS-Diktatur und SED-Regime

Schröder macht zwar den **Holocaust als entscheidenden Unterschied** zwischen der NS-Diktatur und dem SED-Regime aus, erwähnt jedoch keine **weiteren Merkmale**, die beide Systeme voneinander abgrenzen. Dies birgt die **Gefahr einer undifferenzierten Gleichsetzung** und Missachtung der jeweiligen Eigenheiten. So wurde im Namen der **DDR** nicht nur kein Völkermord begangen, sondern der ostdeutsche Teilstaat führte auch **keinen totalen Angriffs- und Vernichtungskrieg** wie das nationalsozialistische Deutschland im Zweiten Weltkrieg. In diesem Krieg folgte bis zuletzt der überwiegende Teil der Deutschen den Befehlen des „Führers", dessen **Herrschaftssystem** erst **durch** den **Sieg der Alliierten beseitigt** wurde. Demgegenüber gab es in der **DDR** neben Zustimmung zum SED-Regime auch offenen **Protest und Ablehnung**. Diese zeigte sich im Aufstand vom 17. Juni 1953, in der massenhaften Abwanderung von DDR-Bürgern in den 1950er-Jahren oder in den Versuchen von Republikflucht nach dem Mauerbau 1961. Die fehlende Akzeptanz des Regimes führte letztlich auch in der friedlichen Revolution von 1989 zur **Beseitigung der DDR durch die Bürger** selbst.

Infragestellen des Ausdrucks „Dramatisierung der Nazizeit"

Der Hinweis auf die **Unterschiede** der beiden Diktaturen führt nicht zu einer Verharmlosung der SED-Herrschaft, sondern dient der **Differenzierung** und stellt vor allem die **Besonderheit der nationalsozialistischen Verbrechen** angemessen heraus. Insofern ist es auch **problematisch**, wenn Schröder von einer „**Dramatisierung der Nazizeit**" (Z. 33) spricht, um die in seinen Augen zu starke Konzentration auf den Holocaust in der Auseinandersetzung mit der NS-Zeit zu kritisieren. Zum einen kann man die NS-Herrschaft angesichts der Dimension des **Völkermords an den europäischen Juden** kaum dramatisieren. Zum anderen besteht die Gefahr, dass eine solche Begriffsverwendung **als Relativierung des Holocaust missverstanden wird**, gegen die Schröder sich eigentlich wehrt.

Fazit

Zusammenfassend kann man in Anlehnung an Schröder festhalten, dass es wichtig ist, Irrtümer über die antifaschistische Grundlage der DDR zu widerlegen und einer **Verharmlosung der SED-Diktatur entgegenzutreten**. So schafft man eine gemeinsame Basis für eine Aufarbeitung der Vergangenheit und für **Antitotalitarismus als** grundlegenden **Wert einer Demokratie**. Auch Schröders Charakterisierung der DDR als Diktatur ist nachvollziehbar. Dazu trägt bei, dass er Gemeinsamkeiten mit der nationalsozialistischen Gewaltherrschaft herausstellt, zugleich aber betont, dass der **Holocaust als Menschheitsverbrechen singulär** ist. Allerdings **vernachlässigt** er bei seinem Vergleich **weitere wesentliche Unterschiede zwischen beiden Systemen**, die zwar den diktatorischen Charakter der DDR nicht infrage stellen, aber die Besonderheiten beider Regime verdeutlichen können.

Abiturprüfung 2020 NRW – Grundkurs Geschichte
Aufgabe 1

A: Interpretation sprachlicher oder nichtsprachlicher historischer Quellen

Aufgabenstellung Punkte

Interpretieren Sie die Quelle, indem Sie

1. sie analysieren, 26
2. sie in den historischen Kontext der Jahre 1918/19 einordnen *(14 Punkte)* und die Aussagen Keils über das 19. Jahrhundert erläutern *(14 Punkte),* 28
3. zu den Aussagen des Verfassers Stellung nehmen. 26

M: Wilhelm Keil: Rede vor der deutschen Nationalversammlung (1919)

[…] In Deutschland gibt es immer noch politische Kreise, die über die große Revolution, deren Zeugen wir sind, ihre Jeremiaden[1] anstimmen, gegenüber den großen Ursachen dieses weltgeschichtlichen Ereignisses aber beharrlich die Augen verschließen. Daß die deutsche Revolution die Frucht des Weltkrieges ist, ist eine Binsenwahrheit, die jedermann erkannt haben könnte. Aber auch der Weltkrieg kam nicht von ungefähr.

Ich will jedoch in dieser Stunde nicht noch einmal des näheren auf die Ursachen des Weltkrieges eingehen. Dagegen möchte ich mir gestatten, die Aufmerksamkeit auf eine Erscheinung in der deutschen Entwicklung zu lenken, die immerhin im Bereiche der allgemeinen Ursachen des Weltkrieges liegt. Die **deutsche November-Revolution** knüpft, obgleich sie ganz anderen Charakter trägt wie die deutsche März-Revolution von 1848, doch an diese an. Sie führte erst durch, was 70 Jahre vorher vergebens durchzuführen versucht worden war: die Demokratie. Aber es war das Unglück des deutschen Volkes, daß es bis an das Ende des Weltkrieges, bis zum Jahr 1918, auf die Verwirklichung seiner politischen Ideale warten mußte.

[…] Nachdem die entscheidende Westfront ins Rutschen gekommen, nachdem auch das lange gepflegte Gewebe der schönfärberigen Pressestimmungsmache zerrissen war, erhoben sich die Arbeiter und die Soldaten und mit ihnen alle leidenden Schichten des deutschen Volkes und schüttelten die alte Herrschaft mitsamt dem militaristischen Zwangssystem ab. Mit einem Schlage ward das alte konservative Deutschland zu einem freien demokratischen Staatswesen. Die Arbeiterklasse holte damit nach, was das deutsche Bürgertum versäumt hatte. War es England schon vor 300 Jahren[2] gelungen, die Feudalherrschaft zu zertrümmern, war Frankreich vor 130 Jahren mit ihr fertig geworden, so hatte das deutsche Bürgertum nach der mißlungenen Märzrevolution sich mit dem Fortbestehen der Junkerherrschaft abgefunden. Erst die Arbeiterschaft hat der Junkerherrschaft in Deutschland in der Novemberrevolution für immer ein Ende bereitet.

(Sehr richtig! bei den Sozialdemokraten.)

[...]

Meine Damen und Herren, das Wort „die Weltgeschichte macht keine Sprünge“ hat sich nur als eine halbe Wahrheit erwiesen. Die Weltgeschichte macht keine Sprünge in eine dunkle Zukunft hinaus, sie eilt nicht den Tatsachen voraus; wohl aber kann sie, wie die Novemberrevolution beweist, mit einem Sprunge nachholen, was in langer Vergangenheit versäumt worden ist, und dazu war die deutsche Revolution notwendig. Sie hat den politischen Überbau des Deutschen Reichs wieder in Einklang gebracht mit dem Stande der wirtschaftlichen Entwicklung, die weit vorausgeeilt war. Der Arbeiterklasse hat die Revolution die Gleichberechtigung gebracht, für die sie lange vergebens gekämpft hatte, und sie hat damit zugleich die Führung der Staatsgeschäfte der sozialdemokratischen Partei anvertraut.

Es war ein großes Glück für das deutsche Volk, daß in der Stunde des katastrophalen Zusammenbruchs eine starke **sozialdemokratische Partei** vorhanden war.

(Sehr richtig! bei den Sozialdemokraten.)

Was würde aus unserem Volke geworden sein, wenn in diesem Augenblick eine Partei gefehlt hätte, deren Führung sich die Millionen, die nach Befreiung rangen, anvertrauen konnten?

(Zurufe rechts.)

Das Chaos wäre die unausbleibliche Folge gewesen!

(Erneute Zurufe.)

Wenn das Deutsche Reich in seiner kritischsten Stunde erhalten blieb, wenn es nicht rettungslos der Anarchie zum Opfer fiel, so ist das der Sozialdemokratie zu danken.

(Sehr wahr! bei den Sozialdemokraten. – Zurufe rechts: Den Beamten!)

Ich will mich nicht in parteipolitischer Ruhmredigkeit[3] ergehen, aber die nackte Tatsache glaube ich doch feststellen zu müssen, daß die Partei, die ein halbes Jahrhundert lang als staatsfeindlich verschrien worden ist, die in Gegensatz gestellt worden ist zu den sogenannten staatserhaltenden Parteien, sich als die staatserhaltendste Partei erwiesen hat, als der Staat von den staatserhaltenden Elementen im alten Sinne des Wortes an den Rand des Unterganges geführt war.

[...] Die Revolution ist noch nicht abgeschlossen, die Tagung der deutschen **Nationalversammlung** an und für sich ist ein Zeichen der fortdauernden Revolution. Ein revolutionierender Umbau des ganzen Reichsgebäudes ist auszuführen. Diese Arbeit wird fortdauern über die Lebensdauer der Nationalversammlung hinaus, sie wird sich in ihrer Auswirkung im einzelnen auf Jahre, vielleicht leicht auf Jahrzehnte erstrecken. Ich hoffe aber, daß nunmehr als abgeschlossen gelten kann die Periode der gewaltsamen, der gesetzlosen Umwälzung. Je kürzer der Zeitraum der gesetzlosen Zeit, desto besser für unser Volk. Die gewaltsame Revolution ist nicht Selbstzweck, sie ist das Mittel zur Erreichung eines bestimmten Zieles. Ist das Ziel erreicht, oder sind die Mittel beschafft, mit denen es auf gesetzlichem Wege durchgesetzt werden kann, so muß dieser gesetzliche Weg beschritten werden.

(Sehr richtig! bei den Sozialdemokraten.)

[...]

Wilhelm Keil: Rede vor der deutschen Nationalversammlung am 14. Februar 1919. (Rechtschreibung, Grammatik und Hervorbebungen wie im Original)

Hinweise zum Redner:
Wilhelm Keil (1870–1968) war Mitglied der Sozialdemokratischen Partei Deutschlands (MSPD) und der deutschen Nationalversammlung von 1919.

Zugelassene Hilfsmittel: Wörterbuch zur deutschen Rechtschreibung

Anmerkungen:
1 wehleidige Klagelieder
2 Im 17. Jahrhundert gelang es dem Parlament im Zuge der „Glorreichen Revolution", umfassende Rechte gegenüber der Krone durchzusetzen und die absolute Monarchie zu beenden.
3 übermäßiges Hervorheben der eigenen Partei

Lösungsvorschläge

Diese Aufgabe entspricht den folgenden aktuellen Schwerpunktthemen:

- ***Inhaltsfeld 4:** Die moderne Industriegesellschaft zwischen Fortschritt und Krise*
  - *Die „Zweite Industrielle Revolution" und die Entstehung der modernen Massengesellschaft*
  - *Vom Hochimperialismus zum ersten „modernen" Krieg der Industriegesellschaft*
- ***Inhaltsfeld 6:** Nationalismus, Nationalstaat und deutsche Identität im 19. und 20. Jahrhundert*
  - *„Volk" und „Nation" im Kaiserreich und im Nationalsozialismus*

1. *Die erste Teilaufgabe verlangt von Ihnen die Analyse einer Textquelle. Dazu nennen Sie zunächst deren äußere Merkmale (Autor, Adressaten, Quellengattung, Erscheinungszeitpunkt, Anlass, Thema und Intention), um anschließend ihren Inhalt und den gedanklichen Aufbau strukturiert wiederzugeben. Achten Sie dabei darauf, Ihre Aussagen durch direkte und indirekte Zitate am Text zu belegen und mithilfe der indirekten Rede die Distanz zur Quelle zu wahren.*

Einleitung – Quelle – Autor, Datierung – Anlass – Adressaten – Thema – Intention

Bei der vorliegenden Quelle handelt es sich um einen Auszug aus dem Protokoll einer **politischen Rede** des MSPD-Abgeordneten **Wilhelm Keil**, die er am 14. Februar 1919 vor der deutschen Nationalversammlung gehalten hat. Sie gehört damit in die Zeit des revolutionären **Übergangs von der Monarchie zur Republik** nach dem verlorenen Ersten Weltkrieg. Keil richtet seine Worte an die **Abgeordneten** des Parlaments, deren Reaktionen in der vorliegenden Mitschrift aufgenommen sind, und in einem weiteren Sinn an die **politisch interessierte Öffentlichkeit**. In der Rede erläutert Keil die **Bedeutung der Novemberrevolution von 1918** für die deutsche Geschichte sowie seine Sichtweise auf die **Rolle der deutschen Sozialdemokratie** in dieser Zeit. Dabei möchte er seine Zuhörer davon überzeugen, dass die **Revolution** geschichtlich notwendig gewesen sei, nun aber **in geordnete und legale Bahnen gelenkt werden** müsse.

Im ersten Teil seiner Rede (vgl. Z. 1–27) widmet sich Keil der **geschichtlichen Einordnung der Novemberrevolution**. Dazu beginnt er mit der Feststellung, dass diese ein **Ergebnis des Ersten Weltkriegs** gewesen sei (vgl. Z. 1 ff.). In einem weiteren Kontext sei die Novemberrevolution aber auch als **Fortsetzung der „März-Revolution von 1848"** (Z. 11 f.) zu sehen. Damals sei das Bürgertum daran gescheitert, die Demokratie durchzusetzen (vgl. Z. 12 f.), und habe sich anschließend – so Keils Vorwurf – mit der Herrschaft des Adels abgefunden (vgl. Z. 24 ff.). Diese **gescheiterte Demokratisierung** im 19. Jahrhundert charakterisiert Keil als „Unglück des deutschen Volkes" (Z. 14). Nach dem Zusammenbruch des Deutschen Reichs im Ersten Weltkrieg hätten sich nun „die **Arbeiter** und die **Soldaten** und mit ihnen alle leidenden Schichten des deutschen Volkes" (Z. 18 f.) gegen das fortbestehende militaristische und autoritäre System des Kaiserreichs aufgelehnt, die **Adelsherrschaft beseitigt** und durch eine Demokratie ersetzt (vgl. Z. 19 ff.). Insofern bestehe die **historische Rolle der Arbeiterschaft** darin, das Versäumnis des Bürgertums im 19. Jahrhundert wiedergutgemacht und **Deutschland** mit einer Verspätung von 300 Jahren gegenüber England bzw. 130 Jahren gegenüber Frankreich **demokratisiert** zu haben (vgl. Z. 21 ff.).

strukturierte Wiedergabe

Einordnung der Revolution in den historischen Prozess

Im zweiten Teil seiner Ausführungen (vgl. Z. 30–57) geht Keil auf die **Rolle der SPD** in dieser Umbruchsituation ein. Infolge der Novemberrevolution habe die **Arbeiterklasse** die **politische Gleichberechtigung** erhalten, die ihr aufgrund ihrer wirtschaftlichen Bedeutung schon seit Langem zukomme (vgl. Z. 35 ff.). Weiterhin habe die **SPD** als Partei der Arbeiter die Regierungsgewalt und damit nach dem „katastrophalen Zusammenbruc[h]" (Z. 40 f.) des Kaiserreichs **politische Verantwortung übernommen**. Auf diese Weise habe man **„Chaos"** (Z. 47) **und „Anarchie"** (Z. 50) **verhindern** können, auch weil die SPD das Vertrauen der Mehrheit der bislang unterdrückten Bevölkerung genieße (vgl. Z. 43 ff.). Diese Rolle der SPD bezeichnet Keil im Kontrast zu seiner Einschätzung der Revolution von 1848 als „ein großes Glück für das deutsche Volk" (Z. 40). Dabei sieht er eine besondere Ironie in der Tatsache, dass die staatstragenden Parteien des Kaiserreichs, welche die SPD immer als staatsfeindlich diffamiert hätten, Deutschland an „den Rand des Unterganges" (Z. 57) geführt hätten, während die **Sozialdemokraten** sich in der Krise **als die wahre staatstragende Partei** erwiesen hätten (vgl. Z. 53 ff.).

Bedeutung der Sozialdemokratie für die Revolution

In dritten und letzten Teil seiner Rede (vgl. Z. 58–68) geht Keil auf die **weitere Entwicklung** der Revolution ein. Die **Umgestaltung** des Staats sei **noch nicht beendet** und werde sich

Darlegung der Konsequenzen

noch über „Jahre, vielleicht […] Jahrzehnte“ (Z. 62) erstrecken. Das Fortdauern der Revolution zeige auch die Tagung der Nationalversammlung, vor der er gerade spreche. Allerdings plädiert er dafür, dass die bisherige **Phase der Gewalt** und Anarchie jetzt **rasch abgeschlossen werden** müsse. Gewalt sei nämlich kein „Selbstzweck“ (Z. 65 f.), sondern nur ein Mittel, um das Ziel des politischen Umbruchs zu erreichen. Er schließt daher seine Ausführungen mit seiner Kernforderung, die **Revolution** nun **in legale Bahnen** zu überführen (vgl. Z. 66 ff.).

2. *Die zweite Teilaufgabe besteht aus zwei gleichwertigen Teilen, die durch unterschiedliche Operatoren voneinander abgegrenzt sind. Zunächst einmal soll die Rede Wilhelm Keils in den geschichtlichen Zusammenhang der Jahre 1918/19 eingeordnet werden. Dieser Zeitraum war gekennzeichnet vom Kriegsende sowie vom revolutionären Übergang von der Monarchie zur Republik im Deutschen Reich. Legen Sie also auf Basis Ihres Hintergrundwissens strukturiert die zentralen Aspekte dieser Phase dar. In einem weiteren Schritt geht es darum, die historischen Bezüge zum 19. Jahrhundert, die Keil in seiner Rede herstellt, zu erläutern. Greifen Sie auch dazu auf Ihr im Unterricht erworbenes Wissen zurück und belegen Sie Ihre Ausführungen in beiden Aufgabenteilen immer wieder an der Quelle.*

historischer Kontext

Wilhelm Keil bezieht sich in seiner Argumentation durchgängig auf das **Kriegsende** und den revolutionären **Übergang von der Monarchie zur Republik** 1918/19.

Kriegsniederlage

Als der **militärische Zusammenbruch** des Deutschen Reichs im Herbst 1918 unabwendbar wurde, forderte die Oberste Heeresleitung (OHL) die Reichsregierung auf, einen Waffenstillstand auszuhandeln. Da die Alliierten die **Parlamentarisierung des Reichs** zur Bedingung für die Aufnahme von Verhandlungen machten, befürwortete die OHL verfassungspolitische Reformen, die in der „**Oktoberverfassung**“ vom 28. Oktober 1918 umgesetzt wurden.

Beginn der Revolution

Unabhängig vom bereits erfolgten Eingeständnis der militärischen Niederlage befahl die Marineleitung Ende Oktober 1918 ein **letztes Auslaufen der Flotte**, um den deutschen Widerstandswillen zu demonstrieren. Daraufhin kam es zu **Matrosenaufständen**, die bei kriegsmüden Soldaten sowie der Bevölkerung Unterstützung fanden und sich rasch im ganzen Reichsgebiet ausbreiteten. Dabei bildeten sich überall **Arbeiter- und Soldatenräte**, die die Abdankung des Kaisers und ein sofortiges Kriegsende forderten.

Verlauf der Revolution

Die rasche Ausweitung der Aufstände führte dazu, dass Reichskanzler Max von Baden am 9. November 1918 die **Abdankung**

des Kaisers (ohne dessen Einwilligung) verkündete und die **Regierungsverantwortung an Friedrich Ebert** (MSPD) übertrug. Diese Übernahme von Verantwortung durch die SPD betont auch Keil an mehreren Stellen in seiner Rede (vgl. Z. 38 f., 40 f., 49 ff.). Jedoch zeigte sich an der **doppelten Ausrufung der Republik** am selben Tag die Uneinigkeit innerhalb der Arbeiterschaft: Philipp Scheidemann von der MSPD proklamierte eine „Deutsche Republik", während Karl Liebknecht (USPD/Spartakusbund) wenig später eine „Freie Sozialistische Republik" verkündete. Daraufhin wurde eine **provisorische Regierung** gebildet, die zu gleichen Teilen aus Vertretern von MSPD und USPD bestand. Dieser „**Rat der Volksbeauftragten**" akzeptierte die Bedingungen der Alliierten für einen **Waffenstillstand**, der am 11. November 1918 unterzeichnet wurde.

Zusammenarbeit der SPD mit „alten Eliten"

Während die **MSPD** für eine Befriedung der Revolution, für eine **parlamentarische Demokratie** sowie für Wahlen zu einer verfassunggebenden Nationalversammlung eintrat, forderten radikalere Kräfte in der **USPD** und der **Spartakusbund** eine Fortsetzung der Revolution und eine **Räterepublik** nach russischem Vorbild. Um Ruhe und Stabilität zu gewährleisten, schloss Ebert am 10. November 1918 ein Übereinkommen mit General Groener von der Reichswehr („**Ebert-Groener-Pakt**"). Ebert sicherte zu, die Offiziersränge nicht anzutasten, und im Gegenzug garantierte Groener der neuen Regierung die Loyalität der Truppen. So konnte Ende Dezember 1918 nach der Entscheidung des Reichsrätekongresses für ein parlamentarisches System das **Militär gegen aufständische Matrosen** in Berlin eingesetzt werden. Auch der „**Spartakusaufstand**" unter Führung der KPD Anfang Januar 1919 wurde mithilfe des Militärs und von Freikorpsverbänden blutig **niedergeschlagen**. Bis zum Frühjahr 1919 konnten schließlich alle weiteren **Kämpfe** in anderen Großstädten und in den Industriezentren des Landes **mit militärischer Gewalt beendet** werden. Auf solche Eskalationen spielt Keil an, wenn er in seiner Rede von der „Periode der gewaltsamen, der gesetzlosen Umwälzung" (Z. 63 f.) spricht, die seiner Ansicht nach in gesetzmäßige Bahnen gelenkt werden müsse.

Weimarer Republik als erste deutsche Demokratie

Dies geschah am 19. Januar 1919 mit den ersten **Wahlen zur verfassunggebenden Nationalversammlung**, die sich Anfang Februar in Weimar, abseits vom revolutionären Chaos in Berlin, konstituierte. In ihr war die SPD die stärkste Kraft und bildete zusammen mit dem Zentrum und der DDP die neue Regierung (**Weimarer Koalition**): **Philipp Scheidemann** wurde zum **Reichskanzler** und **Friedrich Ebert** zum ersten **Reichspräsidenten** gewählt. Die wichtigste Aufgabe der Nationalversammlung bestand nun darin, eine **demokratische Verfassung** auszuarbeiten, die schließlich am 11. August 1919 in Kraft trat.

Erläuterung der Bezüge zum 19. Jahrhundert

Revolution von 1848/49

Über diesen unmittelbaren geschichtlichen Kontext des Jahres 1918/19 hinaus nimmt Wilhelm Keil in seiner Rede auch Bezug auf historische **Entwicklungen des 19. Jahrhunderts**. So geht er vor allem auf das **Scheitern der bürgerlichen Revolution von 1848** ein (vgl. Z. 10 ff.). Die revolutionäre Bewegung von 1848 erfasste ausgehend von Frankreich im Februar/März die Staaten des Deutschen Bundes. In den meisten deutschen Staaten gingen die Monarchen unter dem Eindruck der Aufstände auf zentrale Forderungen der liberalen Opposition nach Bürgerrechten oder einer Verfassung ein („**Märzforderungen**"). Sie beriefen gemäßigt liberale Minister und stimmten wie der preußische König Friedrich Wilhelm IV. **Wahlen zu einer gesamtdeutschen Nationalversammlung** zu.

Verhandlungen in der Frankfurter Paulskirche

Diese Nationalversammlung trat am 18. Mai 1848 in der **Frankfurter Paulskirche** zusammen, um über einen künftigen deutschen Nationalstaat zu beraten. Dabei zeigte sich eine **Spaltung** der Abgeordneten: Während die gemäßigten **Liberalen** sich für eine **konstitutionelle Monarchie** und für eine Sicherung des Erreichten in der **Zusammenarbeit mit den Fürsten** einsetzten, forderten die radikalen **Demokraten** die **politische Gleichheit** aller und eine **Republik**. Auf deren Seite stellt sich auch Keil, wenn er 70 Jahre später die Versäumnisse des Bürgertums kritisiert, die die Arbeiterschaft nun wiedergutmachen müsse (vgl. Z. 21 f.).

Scheitern der Revolution von 1848/49

Als die Nationalversammlung nach langen Debatten und Auseinandersetzungen schließlich im **Mai 1849** eine **Verfassung** verabschiedete, die einen kleindeutschen Nationalstaat mit dem preußischen König als Kaiser vorsah, war die **Gegenrevolution** längst **erstarkt:** Der König von Preußen lehnte die ihm angebotene Kaiserkrone ab und erkannte wie auch andere deutsche Fürsten die Verfassung nicht an. Während große Teile der **Liberalen sich** mit den oktroyierten Verfassungen der Fürsten **arrangierten**, versuchten **radikale Demokraten**, die Reichsverfassung gewaltsam durchzusetzen („**Reichsverfassungskampagne**"). Es kam vor allem in Süddeutschland zu Aufständen, die jedoch von Truppen der Gegenrevolution bis zum Sommer 1849 niedergeschlagen wurden.

politisches System des Kaiserreichs

Der Nationalstaat wurde erst im Jahre 1871 durch die deutschen Fürsten unter preußischer Führung verwirklicht (**Reichsgründung „von oben"**). Infolgedessen bildeten im neu gegründeten Kaiserreich weiterhin der **Adel** und das von ihm dominierte **Militär** die **Machtelite**. **Militärische Werte** wie Gehorsam, Patriotismus und Kaisertreue genossen auch in der Bevölkerungsmehrheit hohes Ansehen und **prägten das Leben** bis in den Alltag hinein. Autoritätsgläubigkeit und Unterordnung führten einerseits zu einem **obrigkeitsstaatlichen Denken** und andererseits zu einer **Überbetonung der** eigenen **Nation** und zur **Ausgrenzung** von Andersdenkenden und Minderheiten. Auf die **politische Rückständigkeit** des Deutschen Reichs weist auch Keil hin, wenn er von einem „militaristischen Zwangssystem" (Z. 20) spricht.

Zweite Industrielle Revolution

Wirtschaftlich stieg das neu gegründete Reich bis zum Ersten Weltkrieg in der von der **Chemie- und Elektroindustrie** geprägten **Zweiten Industriellen Revolution** zu einer der weltweit **führenden Industrienationen** auf. In dieser Zeit wandelte sich Deutschland von einer Agrar- zu einer Industriegesellschaft mit großen Ungleichheiten in Bezug auf Einkommen und Vermögen. Es entstand eine immer wohlhabendere **Elite von bürgerlichen Unternehmern**, auf der anderen Seite vergrößerte sich die **Schicht der Industriearbeiter**, die oft am Existenzminimum lebten. Dies findet auch bei Keil Erwähnung, wenn er sich zum „Stande der wirtschaftlichen Entwicklung" (Z. 36) äußert, mit dem das politische System im Hinblick auf seine Modernität gleichziehen müsse.

Unterdrückung der Sozialdemokratie im Kaiserreich

Die politischen und gesellschaftlichen Interessen der Arbeiter wurden zunächst von **Gewerkschaften und Arbeitervereinen**, seit 1875 auch von der **Sozialistischen Arbeiterpartei** (**SAP**) vertreten, die sich 1890 in **SPD** umbenannte. Von der politischen Elite des Kaiserreichs wurden die **Sozialdemokraten** als „**Reichsfeinde**" ausgegrenzt und verfolgt, was Keil in seiner Rede ebenfalls aufgreift (vgl. Z. 53 ff.). 1878 wurde das **Sozialistengesetz** erlassen, auf dessen Grundlage Organisationen und Presseerzeugnisse der Partei verboten und zahlreiche Parteimitglieder verhaftet wurden. Auch nach der Aufhebung des Gesetzes 1890 galten die Mitglieder der SPD trotz ihrer Abkehr von Forderungen nach einer Revolution in konservativ-nationalistischen Kreisen weiterhin als politisch unzuverlässig und als „vaterlandslose Gesellen", denen man, wie Keil richtig wiedergibt, unterstellte, den Staat zu gefährden (vgl. Z. 53 f.).

3. *In der dritten Teilaufgabe sind Sie zu einer Stellungnahme aufgefordert. Es geht also darum zu beurteilen, inwieweit man den Aussagen Keils zustimmen kann, inwiefern man sie aber auch einschränken oder entkräften muss. Zwar können Sie für Ihre Argumentation auf die Ergebnisse der zweiten Teilaufgabe zurückgreifen, sollten jedoch darauf achten, sich nicht inhaltlich zu wiederholen. Lassen Sie deshalb immer wieder auch weiterführendes historisches Hintergrundwissen mit einfließen.*

Wilhelm Keil verweist in seiner Rede nicht nur auf die dargestellten geschichtlichen Ereignisse und Entwicklungen, sondern er beurteilt sie auch. Im Folgenden soll daher **geprüft** werden, **inwieweit** seine **Aussagen** zur Revolution von 1848, zu den Verhältnissen im Kaiserreich und zu den Jahren 1918/19 **nachvollziehbar sind**.

Einleitung
Hinführung zur Stellungnahme

Der Auffassung Keils, dass 1848/49 die **Demokratisierung Deutschlands scheiterte**, kann man zustimmen. Schließlich gelang es den Abgeordneten der Frankfurter Paulskirche 1848 nicht, einen **demokratisch verfassten Nationalstaat durchzusetzen**. Dies lag vor allem an den **unterschiedlichen Interessen der einzelnen Revolutionsträger**, die sich nicht auf einheitliche Ziele einigen konnten. Während eine **radikale Minderheit** nach weitreichenden sozialen Umwälzungen und einer **Abschaffung der Monarchie** strebte, war die bürgerlich-liberale **Mehrheit** zur **Zusammenarbeit mit den Fürsten** bereit. Dies führte zu langwierigen Debatten in der Paulskirche, zur Entfremdung von der Volksbewegung und zu einem baldigen **Erstarken der gegenrevolutionären Kräfte**, denen die Nationalversammlung aufgrund **fehlender eigener Machtmittel** zu wenig entgegensetzen konnte. So gelang es den Fürsten, die **Erhebung niederzuschlagen** und in den deutschen Staaten Verfassungen nach ihren Vorstellungen zu oktroyieren.

zustimmende Aspekte
misslungene Etablierung einer Demokratie 1848/49

Auch ein deutscher Nationalstaat wurde erst 1871 als deutsches Kaiserreich durch die Fürsten geschaffen. Wie Keil richtig beschreibt, wurden die **Sozialdemokraten** als Vertreter der Arbeiterschaft in diesem **diskriminiert** und ab 1878 durch das **Sozialistengesetz** massiv behindert und verfolgt. Obwohl das Gesetz 1890 nicht mehr verlängert wurde und sich die **SPD** bis 1912 zur **stärksten Fraktion im Reichstag** entwickelte, blieb ihr politischer Einfluss weiterhin gering. Dies lag daran, dass die vom Kaiser ernannte Reichsregierung nicht von einer parlamentarischen Mehrheit abhängig war. Erst nach dem Ersten Weltkrieg konnte die **Sozialdemokratie politische Verantwortung** übernehmen, wie es auch Keil zutreffend erwähnt. Sie stellte mit Vertretern von MSPD und USPD den „**Rat der Volksbeauftragten**", beendete den Krieg und versuchte, die Verhältnisse im Inneren zu ordnen. Der MSPD, zu der Wilhelm Keil gehört, ging es darum, die **Revolution einzudämmen** und einen evolutionären Weg einzuschlagen. Die Wahlen zur verfassunggebenden **Nationalversammlung** und ihre Einberufung im Februar 1919 zeigen, dass die MSPD ihre Ziele von einer Befriedung und Verrechtlichung der Revolution erreicht hat.

Rolle der Sozialdemokratie im Kaiserreich und im Ersten Weltkrieg

Darüber hinaus ist Keil zuzustimmen, dass der **Erste Weltkrieg** und die deutsche **Niederlage** die zentralen **Ursachen für die Novemberrevolution** darstellten. Schon während des Kriegs hatte das monarchische Herrschaftssystem an Rückhalt verloren. So war es bereits im April 1917 nach der bürgerlichen Februarrevolution in Russland auch in Deutschland zu **mehrtägigen Streiks** mit politischen Forderungen gekommen. In den „**Januarstreiks**" 1918 protestierten dann insgesamt etwa drei Millionen Arbeiter u. a. **gegen die Fortführung des Kriegs** und setzten sich für ein demokratisches Wahlrecht ein. Dies zeigte, dass auch in Deutschland das **Potenzial für einen revolutionären Umsturz** vorhanden war. Ausgelöst wurde dieser dann durch die nicht mehr abzuwendende **Kriegsniederlage**, als sich Matrosen, Soldaten und Teile der Zivilbevölkerung trotz der Oktoberreformen 1918 gegen die Obrigkeit erhoben. Die **Novemberrevolution** führte zur **ersten deutschen Demokratie** und änderte die politischen Verhältnisse grundlegend. Insofern ist Keils Beurteilung nachvollziehbar, dass die Revolution aus dem verlorenen Krieg entstanden ist.

Erster Weltkrieg und Kriegsniederlage als Ursachen der Revolution

Trotz der zahlreichen Punkte, in denen man Keil zustimmen kann, müssen seine **Ausführungen** zum Teil auch **relativiert oder abgelehnt** werden. So war die **Revolution von 1848** zwar im Hinblick auf ihr übergeordnetes Ziel gescheitert, eine Verfassung und einen deutschen Nationalstaat zu schaffen. Doch es darf nicht vergessen werden, dass sie durchaus **auch Erfolge** vorzuweisen hatte: Der durch die Volkserhebung ausgeübte **Modernisierungsdruck** führte vielfach zu **Reformen** und Modernisierungsprozessen, zum Beispiel zum Erlass von **Verfassungen in den Einzelstaaten**. In den süddeutschen Staaten beinhalteten diese durchaus auch liberale und rechtsstaatliche Elemente. Zudem blieben Organisationsformen und Ideen von 1848/49 lebendig, so zum Beispiel die Ausbildung von **Parteien**, der **nationale Gedanke** oder der **Grundrechtskatalog** der Paulskirchenverfassung, der auch ein Vorbild für die Weimarer Verfassung war. Insofern trifft Keils Charakterisierung der Märzrevolution als „mißlunge[n]" (Z. 24 f.) nicht vollständig zu.

relativierende Aspekte

bleibende Erfolge der Revolution von 1848/49

Dass die Ideen von Nationalstaat und Demokratie nicht vollkommen beseitigt waren, zeigt sich in der kleindeutschen Reichsgründung, aber auch in der **Reichsverfassung von 1871**. So hatte der Reichstag das Recht zur **Bewilligung des Staatshaushalts** und wirkte an der **Gesetzgebung** mit. Das **allgemeine Männerwahlrecht** zum Reichstag für Bürger ab 21 Jahren war im Vergleich zum Beispiel zum Zensuswahlrecht in England fortschrittlich und demokratisch. Insofern gab es schon

demokratische Elemente der Reichsverfassung von 1871

vor dem Ende des Ersten Weltkriegs – wenn auch zaghafte – **Tendenzen zur Demokratisierung** in Deutschland. Dies wird von Keil in seiner Rede an keiner Stelle erwähnt.

Idealisierung der Rolle der SPD 1918/19

Auch in Bezug auf die Rolle der SPD in der Revolution müssen gegenüber Keils Aussagen Einschränkungen gemacht werden. Die **Haltung der MSPD** in der Novemberrevolution **repräsentierte** im Gegensatz zu Keils Behauptung **nicht die gesamte Arbeiterklasse**. Radikalere Kräfte wie der **Spartakusbund** bzw. die **KPD** sowie auch Teile der **USPD** forderten eine **Fortführung der Revolution** und eine weitreichende Umgestaltung von Wirtschaft und Gesellschaft nach dem Vorbild der russischen Oktoberrevolution. Das Bestreben der **MSPD**, für **Ruhe und Ordnung** zu sorgen und die Eliten des Kaiserreichs mit der Republik zu versöhnen, kann daher zwar sicherlich als „staatserhalten[d]" (Z. 55) bezeichnet werden, Teile der Arbeiterschaft sahen das **Vorgehen der MSPD** aber auch als **Verrat** an ihren Idealen. Somit hatte die MSPD durchaus Anteil an der **Verschärfung der bürgerkriegsähnlichen Zustände** im Winter 1918/19 und an der **Spaltung der Arbeiterbewegung**, die Teile der Arbeiterschaft von der Republik entfremdete. Auch führte die Politik der MSPD dazu, dass die **Revolution sich** im Ergebnis **auf eine Umgestaltung der politischen Verhältnisse beschränkte:** Die Monarchie wurde zwar von der Republik abgelöst, aber in Militär, Verwaltung und Justiz wurden die alten Amtsträger nicht ausgetauscht und monarchistische und antidemokratische Kräfte besetzten wichtige Positionen. Insofern wird die Novemberrevolution auch als **„unvollendete" Revolution** bezeichnet, die nicht – wie Keil es beschreibt – noch über Jahrzehnte weitergeführt wurde.

Fazit

Zusammenfassend bleibt festzuhalten, dass Wilhelm Keil in seiner Rede zu Recht die **Bedeutung der Novemberrevolution** zur Verwirklichung einer Demokratie in Deutschland herausstellt. Auch seine Einschätzung der **Revolution von 1848** und seine Charakterisierung der wirtschaftlichen, gesellschaftlichen und politischen **Verhältnisse im Kaiserreich** sind im Wesentlichen nachvollziehbar. Allerdings prägt seine Position als **Vertreter der MSPD** die Darstellung vergangener wie aktueller Ereignisse. Aus dieser Perspektive **übergeht** er zum Beispiel **positive Errungenschaften** von 1848 oder im Kaiserreich. Auch rückt er bei der Darstellung der Novemberrevolution die **Verdienste der MSPD** in den Vordergrund, ohne auf problematische Entwicklungen wie die **Kompromisse mit den alten Eliten** oder die **Spaltung der Arbeiterschaft** einzugehen.

A: Interpretation sprachlicher oder nichtsprachlicher historischer Quellen

Aufgabenstellung

Punkte

Interpretieren Sie die Quelle, indem Sie

1. sie analysieren, 26
2. sie in den Kontext der Zeit zwischen 1945 und 1948 einordnen (*12 Punkte*) sowie die Bildelemente erläutern (*16 Punkte*), 28
3. ausgehend von der Einschätzung der Situation Europas durch den Karikaturisten dessen Sichtweise beurteilen. 26

M: Ernst Maria Lang: „Atlantikpakt in Sicht“

Atlantikpakt in Sicht

Onkel Sam: „Bevor dich dieser dicke Kerl da von nebenan kriegt, heirate i c h dich mitsamt deinen schwachbrüstigen Kindern ...“

„Atlantikpakt in Sicht“, Ernst Maria Lang, SZ vom 30. Oktober 1948

Hinweise zum Autor:
Ernst Maria Lang (1916–2014) war ein deutscher Karikaturist, der von 1947 bis 2003 für die „Süddeutsche Zeitung“, München, arbeitete.

Hinweise zum Material:
Im Oktober 1948 beschlossen die Außenminister der Westeuropäischen Union (Großbritannien, Frankreich, Belgien, Niederlande, Luxemburg) in Paris, die USA um den Abschluss eines (Nord-)Atlantikpaktes (NATO) zur gegenseitigen militärischen Sicherung zu ersuchen. Dieses Bündnis wurde am 4. April 1949 geschlossen.

Zugelassene Hilfsmittel: Wörterbuch zur deutschen Rechtschreibung

Lösungsvorschläge

Die Aufgabe entspricht den folgenden aktuellen Schwerpunktthemen:

- ***Inhaltsfeld 5:** Die Zeit des Nationalsozialismus – Voraussetzungen, Herrschaftsstrukturen, Nachwirkungen und Deutungen*
  - *Vergangenheitspolitik und „Vergangenheitsbewältigung"*
- ***Inhaltsfeld 6:** Nationalismus, Nationalstaat und deutsche Identität im 19. und 20. Jahrhundert*
  - *Nationale Identität unter den Bedingungen der Zweistaatlichkeit in Deutschland*
- ***Inhaltsfeld 7:** Friedensschlüsse und Ordnungen des Friedens in der Moderne*
  - *Konflikte und Frieden nach dem Zweiten Weltkrieg*

1. *Die erste Teilaufgabe fordert Sie dazu auf, die vorliegende Quelle zu analysieren. Das bedeutet, dass Sie diese zunächst kurz vorstellen müssen, indem Sie die Quellengattung, den Titel, den Zeichner, den Erscheinungsort und -zeitpunkt, die Adressaten sowie Thema, Anlass und Intention nennen. Anschließend beschreiben Sie möglichst genau den Bildaufbau sowie die einzelnen Bildelemente. Konzentrieren Sie sich dabei auf Details, die Ihnen für die spätere Deutung der Karikatur wichtig erscheinen, wie die Anordnung der Figuren in der Karikatur, aber auch deren Kleidung, Gesichtsausdrücke und Größenverhältnisse.*

Einleitung – Quelle, Titel – Autor – Erscheinungsort und -zeit – Adressaten – Anlass – Thema

Bei der vorliegenden Bildquelle handelt es sich um eine **politische Karikatur** mit dem Titel „Atlantikpakt in Sicht" des deutschen Karikaturisten **Ernst Maria Lang**. Sie wurde am 30. Oktober 1948 in der in München erscheinenden **„Süddeutschen Zeitung"** veröffentlicht und richtet sich an deren **Leserschaft**. Lang zeichnete seine Karikatur anlässlich eines **Treffens der Außenminister der Brüsseler-Pakt-Staaten**, das **im Oktober 1948** in Paris stattfand. Dort vereinbarten Großbritannien, Frankreich und die Beneluxstaaten, **Verhandlungen mit den USA für ein gemeinsames Verteidigungsabkommen** aufzunehmen. Mit seiner Zeichnung kommentiert Lang den voraussichtlichen Abschluss dieses Bündnisses als Teil des **Ost-West-Gegensatzes** nach dem Zweiten Weltkrieg. Dabei geht es ihm darum, die **Absichten der USA ironisch infrage zu stellen**.

Intention

Aufbau der Karikatur

Die **Schwarz-Weiß-Karikatur** besteht aus **drei Textelementen** und einem **zweifachen Bildteil**. Die Textelemente umfassen eine **Bildüberschrift** mit einer Datumsangabe, eine **Bildunterschrift** mit dem Titel der Karikatur und zwei weitere Textzeilen, die eine wörtliche Rede wiedergeben. Im **Bildvordergrund** befindet sich eine **Gruppe von fünf Personen**, bestehend aus einem Mann und einer Frau sowie aus drei Kindern. Im **Bildhintergrund** beobachtet ein **Mann** hinter einem

Bretterzaun die Fünfergruppe. Die gesamte Szene wird von einer **großen schwarzen Wolke** überschattet.

strukturierte Beschreibung der Bildelemente

Erwachsene im Bildvordergrund

Der **Mann** im Vordergrund trägt einen Frack und einen **Zylinder mit Sternen und Streifen**. An seinem Gesicht fallen vor allem eine **Adlernase** und ein **Spitzbart** auf, seine Augen sind geschlossen und seinen Mund umspielt ein **zufriedenes, leicht gönnerhaftes Lächeln**. Der Mann **umarmt** eine **pummelige Frau** mit hellen Haaren und einem Dutt. Sie reicht ihm bis zu den Schultern und schmiegt ihren **Kopf an seine Brust**. Ihr Gesicht ist den Betrachtern der Karikatur zugewandt, allerdings sind ihre Augen geschlossen und **sie lächelt selig**. Ihr Rock trägt die Aufschrift „**Europa**".

Kinder im Kinderwagen

Vor diesen beiden Erwachsenen befinden sich **drei Kinder**. **Zwei** davon sitzen sich in einem niedrigen **Kinderwagen mit schiefen Rädern** gegenüber. Sie haben **ausgemergelte Gesichter** und **weit aufgerissene Augen**, die am Betrachter vorbei **ins Leere starren**. Der **Junge** in der linken Hälfte des Kinderwagens hat kurze Haare und ist mit einer **Zipfelmütze** bekleidet. Seine **Stirn ist gerunzelt** und er hat einen schmalen **Oberlippenbart**. Das **Mädchen** rechts im Wagen trägt eine **Jakobinermütze mit Kokarde** auf seinen lockigen kinnlangen Haaren. Es stützt sich mit dem linken Unterarm auf den Rand des Kinderwagens und macht einen **fast verzweifelten Eindruck**.

stehender Junge

Ein weiterer **Junge** steht mit dem Rücken zum Betrachter links vom Kinderwagen, an dem er sich mit einer Hand festhält. Im Gegensatz zu den anderen Kindern wirkt er recht **stämmig.** Er trägt einen **schwarzen Hut**, ein kurzärmeliges Hemd, eine **Hose mit** gekreuzten Hosenträgern, die am Gesäß mit einem **großen Flicken** ausgebessert ist, und knöchelhohe Stiefel.

Mann im Bildhintergrund

Von dem **Mann** im **Hintergrund** ist nur der **kräftige Oberkörper** zu sehen, da er **hinter dem Bretterzaun** steht, der die Zeichnung in zwei Bereiche gliedert. Er lehnt mit beiden Unterarmen auf dem Zaun, stützt seinen Kopf in die linke Hand und **raucht** dabei **Pfeife**. Sein Gesicht ist durch eine **große Nase** und einen auffälligen **schwarzen Schnauzbart** gekennzeichnet, er trägt eine Schiebermütze und ein offenes Hemd mit **hochgekrempelten Ärmeln**. **Gelassen** betrachtet er das sich umarmende Paar vor dem Zaun mit halb geschlossenen Augen.

Textelemente

Die Bildüberschrift gibt den **28. Oktober 1948 als Datum** der dargestellten Szene an und die Bildunterschrift nennt „**Atlantikpakt in Sicht**" als **Titel** der Karikatur. Die beiden **Textzeilen** darunter lauten: „Onkel Sam: ‚Bevor dich dieser dicke Kerl da von nebenan kriegt, heirate i c h dich mitsamt deinen schwachbrüstigen Kindern …'".

2. *In der zweiten Teilaufgabe sollen Sie die Bildquelle zunächst in den historischen Kontext der Jahre 1945 bis 1948 einordnen. Im Hinblick auf das Thema der Karikatur ist es sinnvoll, auf die Blockbildung nach dem Zweiten Weltkrieg und die Situation Europas nach 1945 einzugehen. In einem zweiten Lösungsschritt müssen Sie vor dem Hintergrund Ihrer bisherigen Ergebnisse die einzelnen Bildelemente der Karikatur erläutern. Überlegen Sie also, welche Personen in der Karikatur zu sehen sind, wofür diese jeweils stehen und wie sie vom Zeichner charakterisiert werden. Beachten Sie außerdem auch, welches Verhältnis die abgebildeten Personen laut Ernst Maria Lang zueinander haben.*

Einordnung in den historischen Kontext

Bezug der Karikatur auf Prozess der Blockbildung

Die Karikatur Ernst Maria Langs bezieht sich auf den **Prozess der Blockbildung** und den beginnenden Ost-West-Konflikt zwischen den USA und der Sowjetunion **nach dem Ende des Zweiten Weltkriegs** sowie auf die **Rolle Europas** in dieser Entwicklung. Diese für das Verständnis der Karikatur wichtigen historischen Zusammenhänge werden im Folgenden näher erläutert.

machtpolitische Lage 1945

Der Zweite Weltkrieg hatte zu einer **machtpolitischen Stärkung der USA und der UdSSR** geführt. Beide hatten einen maßgeblichen Beitrag zum **Sieg der Alliierten** über die Wehrmacht geleistet und standen nach der **Kapitulation Deutschlands** am 8. Mai 1945 mit ihren jeweiligen Streitkräften tief im besiegten Deutschland. Im Gegensatz dazu mussten die **europäischen Staaten** einen **Machtverlust** hinnehmen und waren darüber hinaus durch die Kriegsanstrengungen **wirtschaftlich erheblich geschwächt**. **Großbritannien** hatte seine **Führungsrolle** in der westlichen Welt an die USA **verloren**, **Frankreich** war erst 1944 **von** der deutschen **Besatzung befreit** und 1945 in den Kreis der Siegermächte aufgenommen worden und **Deutschland** litt als **Kriegsverlierer** unter großer wirtschaftlicher Not.

unterschiedliche Interessen von USA und UdSSR

Nach Kriegsende zeigten sich deutlich die **ideologischen Gegensätze** und **unterschiedlichen Interessen** der ehemaligen Bündnispartner USA und Sowjetunion. Die liberaldemokratischen **USA** waren an einer **Wiederherstellung freier Märkte** und an einer weltweiten gemeinsamen Sicherheitsordnung in Form der Vereinten Nationen interessiert. Die **Sowjetunion** hingegen wollte vor allem ihre immensen Verluste im Krieg durch **Reparationen und Demontagen** ausgleichen sowie einen **Sicherheitsgürtel** von ihr abhängiger **Satellitenstaaten** in Osteuropa schaffen.

Sowjetisierung in Osteuropa

Noch auf der **Konferenz von Jalta** im Februar 1945 hatten sich die Alliierten über eine **Aufteilung Deutschlands** nach der Kapitulation und auf die Unterstützung eines **selbstständigen polnischen Staats** verständigt. **Entgegen dieser Beschlüsse** begann die Sowjetunion jedoch bereits kurz nach Kriegsende damit, in den von der Roten Armee besetzten Staaten Osteuropas kommunistische und sowjethörige Regime einzurichten (**Sowjetisierung**). Auch in der sowjetischen Besatzungszone (**SBZ**) wurde die politische Führungsschicht von Mitgliedern der **KPD** gebildet.

Potsdamer Konferenz

Stalin stellte damit seine vormaligen Verbündeten vor vollendete Tatsachen, was mit dazu beitrug, dass auf der ersten **Nachkriegskonferenz**, die vom 17. Juli bis zum 2. August 1945 in **Potsdam** stattfand, eher unklare **Formelkompromisse** gefunden wurden. Diese konnten von den einzelnen Siegermächten ganz unterschiedlich ausgelegt werden, was trotz des Anspruchs, Fragen in Bezug auf Deutschland als Ganzes gemeinsam zu lösen, zu einer **stetigen Auseinanderentwicklung** der Besatzungszonen führte. Damit standen sich ein **demokratisches Politikmodell** mit einem **kapitalistischen Wirtschaftssystem** und ein **sozialistisches Politikmodell** mit Einparteienherrschaft und **Planwirtschaft** gegenüber. Beide Mächte warfen dem jeweils anderen System vor, seinen Einflussbereich ausdehnen und die eigene Weltanschauung verbreiten zu wollen. Die Beziehung der ehemals Verbündeten wurde also zunehmend von **großem Misstrauen** geprägt.

Truman-Doktrin

Als die USA 1947 eine Erweiterung des sowjetischen Einflusses auch auf Griechenland und die Türkei befürchteten, kam es mit der **Politik der Eindämmung** (**Containment**) zu einem außenpolitischen Kurswechsel der Vereinigten Staaten. Dessen Grundgedanken wurden in der **Truman-Doktrin** formuliert, die oft als **offizieller Beginn des Kalten Kriegs** angegeben wird. Eine weitere **Ausdehnung der sowjetischen Einflusssphäre** sollte **verhindert** werden, indem die USA allen vom Kommunismus bedrohten Ländern Hilfe zusagten. Zudem sollten die Staaten Westeuropas ökonomisch und militärisch in den US-amerikanischen Machtbereich integriert werden.

Marshallplan

Die erste Maßnahme im Rahmen der Containment-Politik bestand in der Verkündung des **European Recovery Programs** (**Marshallplan**). Dieser Wiederaufbauplan, der prinzipiell allen Staaten Europas offenstand, umfasste Zuschüsse, Kredite sowie die Lieferung von Rohstoffen und Fertigprodukten. Ziel der **Hilfsmaßnahmen** war es, die **europäischen Staaten** wirtschaftlich zu **stabilisieren** und damit weniger zugänglich für den Kommunismus zu machen.

Zwei-Lager-Theorie

Die Sowjetunion betrachtete den Marshallplan als **Ausdruck einer imperialistischen Politik**, die sich gegen die eigenen Interessen und das Existenzrecht der Sowjetunion richten würde. Sie **untersagte** daher den Ländern in **ihrem Einflussbe-**

reich, **am Marshallplan** teilzunehmen. Außerdem formulierte Shdanow als Parteisekretär der KPdSU die **Zwei-Lager-Theorie**, nach der sich mit den USA und der UdSSR ein **imperialistisches**, **antidemokratisches** und ein **antiimperialistisches**, **demokratisches Lager** gegenüberstünden. Diese Doktrin versinnbildlicht den zu diesem Zeitpunkt bereits unvereinbaren Gegensatz zwischen den beiden Blöcken, die jeweils für sich in Anspruch nahmen, das einzig richtige Demokratieverständnis zu haben.

Berlin-Blockade

Im Juni 1948 kam es dann mit der **Berlin-Blockade** zu einem ersten Höhepunkt des Kalten Kriegs: Als Reaktion auf die **Währungsreform** in den westlichen Besatzungszonen und in den Westsektoren Berlins sperrten die Sowjets sämtliche Verbindungswege nach Berlin, sodass der westliche Teil der Stadt bis Mai 1949 durch alliierte Flugzeuge über eine Luftbrücke mit Lebensmitteln versorgt werden musste („**Rosinenbomber**").

Planung eines Militärbündnisses auf westlicher Seite

Unter dem Eindruck der **zunehmenden Abgrenzung** der Westzonen von der SBZ beschlossen dann die Außenminister des Brüsseler Pakts (Großbritannien, Frankreich, Beneluxstaaten) im Oktober 1948, die USA **um ein Militärbündnis zu bitten**, worauf sich auch Langs Karikatur bezieht. Dieses Bündnis, die **NATO**, wurde schließlich am 4. April 1949 zwischen den USA und Kanada sowie zehn europäischen Staaten abgeschlossen. Es sah eine politische und militärische Zusammenarbeit der Bündnispartner vor und verpflichtete sie zu gegenseitiger Hilfe bei einem Angriff.

Erläuterung der Bildelemente

sich umarmendes Paar: Verhältnis von USA und Europa

Die einzelnen **Bildelemente** in Langs Zeichnung kann man vor diesem Hintergrund folgendermaßen **deuten:** Die Symbole der amerikanischen Nationalflagge auf dem Zylinder und die Gesichtszüge des Mannes links im Bildvordergrund lassen darauf schließen, dass es sich bei ihm um **Onkel Sam**, eine **Personifikation der USA**, handelt. Die Frau stellt laut der Aufschrift auf ihrem Rock eine **Verkörperung Europas** dar. Die Mimik des Mannes sowie die Größenverhältnisse zeigen die **Überlegenheit der Vereinigten Staaten** gegenüber Europa, die Umarmung versinnbildlicht den **Schutz**, **aber auch die Vereinnahmung** der Frau durch den Mann. Auf diese Weise spielt der Karikaturist auf die politische, wirtschaftliche und militärische **Dominanz der Vereinigten Staaten** gegenüber Europa an und verdeutlicht zugleich das **machtpolitische Interesse** der USA, Europa in den westlichen Block zu integrieren.

Verhalten der Frau: Hilfsgesuch Westeuropas an die USA

Die **vertrauensvolle Haltung** und der zufriedene Gesichtsausdruck der **Frau** lassen erkennen, dass sie sich **freiwillig** in die Arme des Mannes begibt. Begründet wird dies einerseits mit der **Not ihrer Kinder** und andererseits mit den **Annäherungs-**

versuchen des Mannes hinter dem Bretterzaun, die – wie die Bildunterschrift deutlich macht – dem Angebot Onkel Sams vorausgegangen sind. Diese Darstellung verweist darauf, dass die **Staaten Europas** angesichts ihrer **prekären wirtschaftlichen Lage** und angesichts des **sowjetischen Vorgehens in Osteuropa** und Berlin **um ein Verteidigungsbündnis** unter Führung der USA **gebeten** hatten.

Kinder im Kinderwagen: Nachkriegssituation in Deutschland und Frankreich

Bei den beiden Kindern im Kinderwagen handelt es sich, wie an ihren Kopfbedeckungen zu erkennen ist, um den **Deutschen Michel** und die französische **Marianne** und damit um **Personifikationen Deutschlands und Frankreichs**. Ihre abgemagerten Gesichter und ihre hoffnungslosen leeren Blicke, aber auch der klapprige Kinderwagen versinnbildlichen den **Hunger** und die **Entbehrungen der Nachkriegsjahre** in diesen beiden Ländern. An dem Jungen im Kinderwagen fällt zudem der **an Hitler erinnernde Oberlippenbart** auf, was möglicherweise eine Anspielung auf die nur **unzureichend durchgeführte Entnazifizierung** und das **Fortwirken des Nationalsozialismus** im Denken der Deutschen ist.

stehender Junge: Rolle Großbritanniens

Der Junge links vom Kinderwagen repräsentiert in Gestalt von **John Bull Großbritannien**. Er steht auf eigenen Beinen, muss sich aber am Kinderwagen festhalten. Damit wird gezeigt, dass Großbritannien eine **stärkere und selbstständigere Stellung** als die übrigen Staaten Westeuropas hat, aber dennoch **auf Hilfe angewiesen** ist. Wie an der geflickten Hose des Jungen deutlich wird, geht es auch Großbritannien **nicht gut**. Diese Darstellung findet ihre Entsprechung darin, dass Großbritannien zwar zu den **Siegermächten** des Zweiten Weltkriegs gehörte, aber durch die **zurückliegenden Kriegsanstrengungen** und die schwierige Versorgungslage **wirtschaftlich ebenfalls stark geschwächt** war. Insgesamt betont der Karikaturist die **Unselbstständigkeit und Abhängigkeit** der europäischen Staaten, indem er sie als **Kinder** zeichnet.

Mann hinter Zaun: von Westzonen getrennte Sowjetunion

Kleidung und Gesichtszüge machen deutlich, dass es sich bei dem Mann im Bildhintergrund um **Josef Stalin** als **Verkörperung der Sowjetunion** handelt. Auch er wird als Erwachsener und damit als **Vertreter einer Führungsmacht** dargestellt. Der Bretterzaun, auf den er sich stützt, versinnbildlicht die **Teilung Europas in zwei Machtblöcke**, deren Verfestigung ihm ein Eingreifen auf der anderen Seite verwehrt. Stalins gelassener Gesichtsausdruck zeigt aber, dass sich die Sowjetunion ihres **Einflusses in den Satellitenstaaten Osteuropas sicher** ist und nun – nach der Sichtweise des Karikaturisten – die Annäherung Westeuropas an die USA widerstandslos geschehen lässt.

Allerdings schwebt über der gesamten Szenerie eine **schwarze Wolke**, die auf **drohendes Unheil** vorausweist. Sie deutet an, dass sich der **Ost-West-Konflikt weiter verschärfen** wird und es zukünftig zu Konfrontationen kommen könnte.

schwarze Wolke: Verschärfung des Ost-West-Konflikts

Das Datum und der Titel der Karikatur spielen auf die **bevorstehenden Verhandlungen zum Nordatlantikpakt** zwischen Westeuropa und den USA an. Die **wörtliche Rede** am Fuß der Karikatur wird Onkel Sam, also den USA, zugeordnet. Sie **offenbart** die vom Karikaturisten unterstellten **wahren Absichten der Vereinigten Staaten**. Lang behauptet, die USA würden Westeuropa vor allem deshalb schützen, um den **Einfluss Stalins** in Europa **einzudämmen**. **Europa** dagegen wird **als Spielball der beiden Supermächte** gezeigt, das sich aufgrund seiner desolaten Lage und der wenig reizvollen kommunistischen Alternative in **Abhängigkeit von den USA** begibt.

Textelemente: Entlarvung der vermeintlich wahren Absichten der USA

Insgesamt sieht Lang die bevorstehenden Verhandlungen zum Nordatlantikpakt kritisch, da er die **vorgeblich uneigennützigen Motive der USA** infrage stellt und trotz Stalins vermeintlicher Gelassenheit eine **weitere Eskalation des Ost-West-Konflikts** befürchtet.

Fazit
zusammenfassende Deutung

3. *In der dritten Teilaufgabe sind Sie dazu aufgefordert, mithilfe Ihres historischen Kontextwissens zu beurteilen, ob der Einschätzung Langs zuzustimmen ist oder ob sie relativiert bzw. abgelehnt werden muss. Finden Sie für jede Seite klar voneinander abgegrenzte Argumente, wobei Sie darauf achten sollten, nicht nur bereits in Teilaufgabe 2 erläuterte Aspekte zu wiederholen. Runden Sie Ihre Beurteilung am Ende mit einem differenzierten Fazit ab.*

Wie in einer Karikatur üblich, stellt Lang die **historischen Ereignisse in überspitzter Form** dar. Es ist deshalb interessant zu untersuchen, inwiefern er mit seiner **Einschätzung richtigliegt**, inwiefern sein **Blick auf die Geschehnisse** aber auch **relativiert oder abgelehnt** werden muss.

Hinführung zur Beurteilung

Die **machtpolitischen Verhältnisse nach dem Zweiten Weltkrieg** gibt Lang zumindest im Großen und Ganzen zutreffend wieder. **Europa** hatte einen **Machtverlust** erlitten, während die **USA gestärkt** aus dem Krieg hervorgegangen waren. Die **UdSSR** gehörte ebenfalls zu den Siegern des Weltkriegs und hatte ihren **Einflussbereich** bis nach Mitteleuropa **ausgeweitet**. Es ist also durchaus berechtigt, die beiden Supermächte als selbstbewusste Erwachsene zu skizzieren, die Europa kontrollieren. Die unterschiedlichen Wertvorstellungen, Systeme und Interessen der beiden Hauptsiegermächte führten zu einem sich steigernden gegenseitigen **Misstrauen auf beiden Seiten** und

zustimmende Aspekte
Machtverhältnisse nach dem Zweiten Weltkrieg

verursachten spätestens seit 1946/47 den **Ost-West-Konflikt**. Es stimmt also, wenn Lang die **USA und die UdSSR als Repräsentanten von zwei Gegenpolen** darstellt, zwischen denen die europäischen Staaten aufgeteilt wurden.

machtpolitische Rolle Großbritanniens

Auch die **Differenzierung zwischen Großbritannien** auf der einen **sowie Deutschland und Frankreich** auf der anderen Seite entspricht insgesamt den Tatsachen. Schließlich galt **Churchill** als einer der „Großen Drei" auf der Potsdamer Konferenz und hatte als **Vertreter eines Siegerstaats** durchaus Gewicht bei der Besprechung einer europäischen Nachkriegsordnung. Trotzdem war seine Stellung keinesfalls mit der Position der beiden Hauptsiegermächte (USA und UdSSR) gleichzusetzen.

desolate Wirtschaftslage Europas

Nicht nur **militärisch**, sondern auch **wirtschaftlich** waren die Länder Europas infolge des Kriegs **geschwächt** und **von den USA abhängig**. In ganz Europa waren – wenn auch in unterschiedlichem Maße – Städte, Verkehrswege und Produktionsanlagen zerstört. **Frankreich** war bis zum Ende Kriegsschauplatz gewesen und ebenso wie der Rest Europas von einer **massiven Versorgungskrise** betroffen. Eine **Sonderstellung** nahm dabei **Großbritannien** ein, das politisch **gleichberechtigte Siegermacht** war, aber ökonomisch ebenfalls **unter den Kriegsfolgen zu leiden** hatte. In **Deutschland** wurde die wirtschaftliche Lage durch die **Aufteilung** in Besatzungszonen, die Durchführung von **Demontagen** und durch die **Integration von Flüchtlingen** und Heimatvertriebenen noch verschärft. Im sogenannten **Hungerwinter** 1946/47, der ganz Europa erfasste, brach aufgrund von Kälte und Lebensmittelknappheit die Versorgung vor allem in den Städten zusammen und es kam allein in Deutschland zu **Hunderttausenden von Toten**. Lang schätzt die wirtschaftlich desolate Lage des europäischen Westteils, für den der **Marshallplan** eine **willkommene Unterstützung** darstellte, also durchaus zutreffend ein.

korrekte Prognose einer Verschärfung des Ost-West-Konflikts

Darüber hinaus hat sich Langs Prognose von einer **Zuspitzung des Ost-West-Konflikts** als richtig erwiesen. Bereits im Juli 1948 hatten die westlichen Militärgouverneure die westdeutschen Ministerpräsidenten mit der **Überreichung der Frankfurter Dokumente** zur Wahl einer verfassunggebenden Versammlung und zur Gründung eines demokratischen Bundesstaats aufgefordert. Es lief also zum Zeitpunkt der Veröffentlichung der Karikatur bereits alles auf eine **separate Weststaatsgründung** hinaus. Diese erfolgte schließlich am 23. Mai 1949 mit der **Gründung der Bundesrepublik Deutschland**, auf die der Osten am 7. Oktober 1949 mit der **Gründung der Deutschen Demokratischen Republik** (DDR) reagierte. Die Folge der **Zweiteilung Deutschlands** war eine immer stärkere Einbindung der beiden Teilstaaten in zwei **unterschiedliche Machtblöcke**, die sich über Jahrzehnte in einer unversöhnlichen Frontstellung gegenüberstanden. So reagierte die Sowjetunion auf die Gründung der **NATO** 1949 sechs Jahre später mit einem eigenen Verteidigungsbündnis, dem **Warschauer Pakt**. Damit war die Blockbildung in Europa abgeschlossen. Die **Teilung der Welt** in ein kommunistisches und ein kapitalistisches Lager führte in der Folgezeit zu einer **massiven Aufrüstung** der Blöcke und zum **Kalten Krieg**, in dem sich die beiden Supermächte in **Stellvertreterkriegen** bekämpften. Insofern hat Lang also recht, wenn er eine weitere Zuspitzung des Ost-West-Konflikts für die Zukunft befürchtet.

relativierende Aspekte
Konzentration auf Westeuropa

In Bezug auf Einzelheiten von Langs Karikatur lässt sich allerdings auch **Kritik üben**. So **konzentriert** er **sich** nur **auf wenige ausgewählte Staaten Westeuropas**, die er scheinbar als besonders wichtig ansieht. Damit werden aber die **tatsächlichen Verhältnisse nicht** ganz **korrekt** dargestellt: Die westlichen Besatzungszonen Deutschlands waren 1948 an den Verhandlungen zu einem Nordatlantikpakt nicht beteiligt, da **Deutschland** zu diesem Zeitpunkt **kein** gleichberechtigter **souveräner Staat** war. Stattdessen **fehlen** in Langs Karikatur die **Beneluxstaaten**, die zu den Mitgliedern des Brüsseler Pakts gehörten. Zudem lässt der Zeichner die weiteren Gründungsmitglieder der NATO völlig außer Acht und **geht** darüber hinaus auch **nicht auf die Staaten Osteuropas** und die SBZ **ein**.

vereinfachende Gleichsetzung Deutschlands und Frankreichs

Bei der Darstellung der Staaten ist die **Gleichsetzung Deutschlands und Frankreichs** durch ihre gemeinsame Position im Kinderwagen besonders auffällig. Diese **entspricht** jedoch **nicht den historischen Tatsachen**. **Frankreich** war 1948 ein **souveräner Staat**, gehörte zu den Siegermächten des Zweiten Weltkriegs und war **Besatzungsmacht** in Deutschland, während **Deutschland** seit der bedingungslosen Kapitulation am 8. Mai 1945 **staatlich nicht mehr existent** war und politisch wie wirtschaftlich den Entscheidungen der Besatzungsmächte unterstand. Aus diesem Grund war es **Frankreich** auch möglich, nach dem Ende des Zweiten Weltkriegs einen **von den USA unabhängigen Weg in der Deutschlandpolitik** zu verfolgen. Es ist also eine grobe Vereinfachung von Lang, Deutschland und Frankreich in gleich großer Abhängigkeit von den USA zu zeichnen. Die schwierige **wirtschaftliche Lage** beider Länder ist ebenfalls **nicht ganz gleichzusetzen: Frankreichs** Situation war die **Folge des deutschen Angriffs**, wohingegen in **Deutschland** der Zusammenbruch der Wirtschaft und der Versorgungslage die Folge des **selbst verursachten Kriegs** war.

Weiterhin erscheint Stalin bzw. die **UdSSR** als eher verharmlost und daher **nicht ganz zutreffend dargestellt**. Die Sowjetunion war zwischen 1945 und 1948 bei der **Sicherung ihres Einflussbereichs in Europa** durch die schnelle Schaffung osteuropäischer **Satellitenstaaten**, die **Westverschiebung Polens** oder die **Berlin-Blockade** durchaus zielgerichtet und **rigoros** vorgegangen. Gerade die **Abriegelung Westberlins** befand sich zur Entstehungszeit der Karikatur auf ihrem Höhepunkt und war ein wesentlicher **Schritt zur Eskalation** des Ost-West-Konflikts. Auf den **sowjetischen Beitrag** dazu **geht der Zeichner nicht ein**, sondern spielt höchstens in der wörtlichen Rede Onkel Sams auf eine aktive Rolle der UdSSR an.

Verharmlosung der Rolle der Sowjetunion

Insgesamt zeigt Langs Darstellung eine **zutreffende Einschätzung** der machtpolitischen Situation in Europa. Er erkennt die **Gründung der NATO als Teil der Westintegration** der Bundesrepublik sowie des sich **verschärfenden Ost-West-Konflikts**. In den Details allerdings muss seine Einschätzung der Ereignisse relativiert werden: Der **deutsche Anteil** am Prozess der europäischen Bindung an die USA vor 1949 wird **überbetont** und auch die Stellung der übrigen Staaten Europas ist zu wenig differenziert wiedergegeben. Außerdem stellt der Karikaturist die Interessenlagen und das machtpolitische Vorgehen der beiden Weltmächte **einseitig** dar, da er zwar die **Haltung der USA kritisiert**, aber **auf den sowjetischen Anteil** an der Verschärfung des Konflikts **kaum eingeht**.

Fazit

abschließendes Urteil

Abiturprüfung 2020 NRW – Grundkurs Geschichte
Aufgabe 3

B: Analyse von Darstellungen und kritische Auseinandersetzung mit ihnen

Aufgabenstellung Punkte

1. Analysieren Sie den Text. 26
2. Erläutern Sie ausgehend vom Text Grundzüge der außenpolitischen Entwicklung des Kaiserreiches *(18 Punkte)* und beschreiben Sie die Sicht des Autors auf den Stellenwert Bismarcks *(10 Punkte)*. 28
3. Beurteilen Sie die Sichtweise des Autors im Hinblick auf die Tragfähigkeit und Folgen der Außenpolitik Bismarcks. 26

M: Tilman Mayer: Was bleibt von Bismarck?

[…] Es ist nicht einfach, Bismarck im 21. Jahrhundert zu vergegenwärtigen. Wir müssen heute eigene, anders legitimierte politische Wege gehen, als sie im 19. Jahrhundert beschritten wurden. Wir können jedoch – wie im Folgenden geschehen soll – Aspekte betrachten und Grundfragen aufwerfen, die auf uns übertragen wurden oder die wir übernommen haben, und dabei einen Rückbezug auf Bismarck zulassen. Seit Jahrzehnten wird die bereits oben angedeutete Frage bemüht, ob Bismarck am Untergang seines eigenen Reiches in den Katastrophen des 20. Jahrhunderts Anteil hatte. *Respice finem – „bedenke das Ende"* – taucht also stets als Imperativ auf, wenn wir das Erbe Bismarcks bedenken wollen, um daraus Inspirationen für die Gegenwart zu ziehen. […]

Die Herausforderung, die Deutschlands Lage in der Mitte Europas birgt, beschäftigt deutsche Führungseliten schon seit Jahrhunderten. Stets hieß es, Deutschland sei als Hegemonialmacht in Europa zu schwach, entfalte aber Wirkung als Mittelmacht. „Gleichgewicht oder Hegemonie" lautet ein Dauerthema in der Historiografie und der Politischen Wissenschaft, neuerdings lebt es unter dem Schlagwort „Kampf um Vorherrschaft" wieder auf. Der deutsche „Flickenteppich" der Vor-Bismarck-Zeit war politisch für die umliegenden Mächte ein einladendes Spielfeld. […]

In den deutschen Territorien waren die Fürsten zu stark, als dass es hätte gelingen können, über sie hinweg eine Nationalstaatsgründung auf den Weg zu bringen. Als die Demokratie- und Nationalbewegung sich 1848 *bottom up*[1] abzeichnete, war Preußen jedoch unfähig, das Heft in die Hand zu nehmen. Die ungeklärte Frage des deutschen Dualismus zwischen Wien und Berlin stand noch bis 1866 im Raum. Vor diesem Hintergrund blieben die bestehenden Mächte 1871 angesichts der Gründung eines Reiches in der Mitte Europas skeptisch. Hinzu kam der Geburtsfehler der Reichsgründung, dass die nationale Einheit im Dissens mit Frankreich erreicht wurde. Anders als das wiedervereinigte Deutschland 1990 sah sich das neu gegründete Kaiserreich nicht „von Freunden umgeben“. Die souveränen Nationalstaaten der zweiten Hälfte des 19. Jahrhunderts waren bereit, Bündnisse zu Lasten Dritter einzugehen, die zur Not auch durch Kriege verteidigt wurden. Die geopolitische Lage in dieser potenziell anarchischen Situation der Nationalstaaten untereinander – in der realistischen Theorie der internationalen Beziehungen noch immer elementare Grundlage aller Analysen – war fragil, weil sie aus Bündniskonstellationen bestand. Bismarcks Albtraum war der *cauchemar des coalitions,* also ein Bündnis gegen das Deutsche Reich, das es isoliert – eine Konstellation, die knapp 25 Jahre nach Bismarcks Abgang tatsächlich durch die russisch-französische Entente und die Weltkriegskonstellation von 1914 zustande kam. Der außenpolitischen Philosophie Bismarcks entsprach es, Optionen offen zu halten, um die Lage des Deutschen Reiches zu stabilisieren – auch mit geheimen Rückversicherungsverträgen wie mit Russland 1887. Die der diplomatischen Kunst Bismarcks entspringende Bündniskonstellation wurde und wird allgemein noch immer bewundert. Die Kehrseite war jedoch die typische bündnisstrategische Volatilität. Nur wer diese Staatskunst beherrschte, konnte reüssieren.

Als „Staatskunst“ qualifizierte der Historiker Gerhard Ritter ein auf eine dauerhafte Friedensordnung gerichtetes politisches Handeln. Bismarck beherrschte diese Kunst in bewundernswerter Weise. Seinen Epigonen in der wilhelminischen Ära, in der es zum Beispiel um den „Platz an der Sonne“ im Machtpoker imperialer Mächte gehen sollte, fehlte wiederum die Sensibilität für diese Herausforderung. […]

Das Denken in Weltordnungskategorien hat sich jedenfalls nicht erledigt. Daher ist Bismarcks diplomatische Kunst ein Erbe, das bei aller Abwandlung und Distanz gegenüber der damaligen Zeit dennoch eine Studiervorlage darstellt. Das Schicksal des Bismarck-Reiches, das als so aufstrebende Macht in Europa zunächst geduldet, nach Bismarck jedoch aufgrund seines Bramarbasierens zunehmend isoliert wurde, ist von großer Bedeutung für Staaten in einer vergleichbaren Ausgangssituation. Nach wie vor spielt das Gleichgewicht der Kräfte eine wichtige Rolle. […]

Die Frage, warum das zweite deutsche Reich gescheitert ist und ob es nicht durch die diplomatische Kunst Bismarcks hätte erhalten werden können, ist im Rückblick auf die Katastrophen des 20. Jahrhunderts keine nebensächliche Angelegenheit und keinesfalls eine Frage, die nur Historikerinnen und Historiker interessieren sollte. Wir müssen die alte Frage immer wieder neu aufwerfen. Nur weil die öffentliche Meinung in Deutschland stark friedensorientiert ist, ist damit der Frieden keinesfalls gesichert.[…]

Tilman Mayer: Was bleibt von Bismarck? In: Aus Politik und Zeitgeschichte 13, 23. 03. 2015, S. 28–30. (Rechtschreibung und Hervorhebungen wie im Original)

Hinweise zum Autor:
Tilman Mayer (geb. 1953): deutscher Politologe und Professor für politische Theorie, Ideen- und Zeitgeschichte an der Universität Bonn.

Anmerkungen:
1 bottom up (engl.): von unten nach oben

Zugelassene Hilfsmittel: Wörterbuch zur deutschen Rechtschreibung

Lösungsvorschläge

Diese Aufgabe entspricht den folgenden aktuellen Schwerpunktthemen:

- ***Inhaltsfeld 4:** Die moderne Industriegesellschaft zwischen Fortschritt und Krise*
  - *Vom Hochimperialismus zum ersten „modernen" Krieg der Industriegesellschaft*
- ***Inhaltsfeld 6:** Nationalismus, Nationalstaat und deutsche Identität im 19. und 20. Jahrhundert*
  - *Die „Deutsche Frage" im 19. Jahrhundert*
  - *„Volk" und „Nation" im Kaiserreich und im Nationalsozialismus*
  - *Die Überwindung der deutschen Teilung in der friedlichen Revolution von 1989*

1. *Die erste Teilaufgabe fordert Sie dazu auf, einen Darstellungstext zu analysieren. Das bedeutet, dass Sie diesen zunächst kurz vorstellen müssen, indem Sie den Autor, die Adressaten, den Titel, die Textsorte, das Erscheinungsjahr sowie Thema und Intention des Textes nennen. Daran schließt sich die inhaltliche Analyse an, bei der Sie die zentralen Aspekte und den Gedankengang des Auszugs strukturiert und in eigenen Worten wiedergeben. An passenden Stellen sollten Sie Ihre Ausführungen mit direkten und indirekten Textbelegen stützen.*

Einleitung
Autor
Titel
Erscheinungszeitpunkt
Textsorte
Thema
Adressaten
Intention

Bei dem vorliegenden Text handelt es sich um einen Auszug aus einem **Artikel** des Bonner **Politikwissenschaftlers Tilman Mayer** mit dem Titel **„Was bleibt von Bismarck?"**, der am 23. März 2015 in der Zeitschrift „Aus Politik und Zeitgeschichte" erschienen ist. Mayer richtet sich mit seiner **historischen Darstellung**, in der er die **Bedeutung Bismarcks** für die deutsche Geschichte und für die Gegenwart betont, an die **historisch und politisch interessierte Leserschaft** der wissenschaftlichen Publikation. Dabei möchte er nachweisen, dass eine kritische **Beschäftigung mit der Außenpolitik und der Diplomatie Bismarcks** auch Anregungen und Hinweise für die Lösung heutiger politischer Probleme geben kann.

strukturierte Textwiedergabe
Darlegung der Problemstellung

Der **erste Absatz** von Mayers Ausführungen (vgl. Z. 1–10) dient dazu, die im Titel gestellte **Ausgangsfrage nach der Bedeutung der Politik Bismarcks** für das 21. Jahrhundert zu erläutern. Nach Meinung des Politikwissenschaftlers kann sich eine Antwort darauf nur auf Gesichtspunkte und Probleme beziehen, die entweder **auf heute übertragbar** seien oder heute noch bestünden. Dazu gehöre unter anderem die vieldiskutierte **Frage, inwieweit die Politik Bismarcks zum Ende des** unter seiner Führung gegründeten **Deutschen Reichs** in den Weltkriegen des 20. Jahrhunderts **beigetragen** habe (vgl. Z. 6 ff.).

Situation vor 1871

Im anschließenden **Hauptteil** des vorliegenden Textauszugs widmet sich Mayer der Beantwortung seiner Ausgangsfrage in

Form eines **historischen Rückblicks** (vgl. Z. 11–47). Dazu bezieht er sich zunächst auf die **Zeit vor 1871** (vgl. Z. 11–22). Eines der **zentralen Themen** der deutschen Geschichte sei schon immer die machtpolitische **Stellung Deutschlands in der Mitte Europas** gewesen: Dabei sei es stets um die Frage gegangen, ob Deutschland die **Position** einer „Hegemonialmacht" (Z. 13) oder einer „Mittelmacht" (Z. 13) **im Machtgefüge** der europäischen Staaten einnehme. In der Zeit vor 1871 sei es noch nicht zur Verwirklichung eines **deutschen Nationalstaats** gekommen, weil die **deutschen Fürsten** dies aufgrund ihrer Stärke **verhindert** hätten (vgl. Z. 18 f.). Außerdem habe es **Preußen** in der Revolution von 1848 **versäumt, sich an die Spitze** der Volks- und Nationalbewegung **zu setzen** (vgl. Z. 19 ff.). Zudem sei bis 1866 erst noch die **Frage der Vorherrschaft** im Deutschen Bund **zwischen Preußen und Österreich** zu klären gewesen (vgl. Z. 21 f.).

Herausforderungen nach der Reichsgründung

Im Folgenden beschäftigt sich Mayer mit den **außenpolitischen Problemen der Reichsgründung** von 1871 (vgl. Z. 22–36). Aufgrund der machtpolitischen Konstellation in Europa hätten die anderen Großmächte **Vorbehalte** gegenüber der Reichsgründung 1871 gehabt, die deshalb nur **gegen den Willen Frankreichs** habe **durchgesetzt** werden können (vgl. Z. 22 ff.). Darin sieht Mayer den entscheidenden Unterschied zwischen der Reichsgründung 1871 und der deutschen **Wiedervereinigung** 1990, weil letztere **im Konsens mit dem Ausland** stattgefunden habe (vgl. Z. 26 f.). Da es für die europäischen Mächte im 19. Jahrhundert üblich gewesen sei, **Bündnisse gegen Dritte zu schließen** und **Krieg** zu führen, habe **Bismarck** nach der Reichsgründung stets eine **bündnispolitische Isolierung Deutschlands befürchtet** (vgl. Z. 33 f.).

Bismarcks außenpolitische Strategie vs. Außenpolitik Wilhelms II.

Mayer thematisiert deshalb im Folgenden die **Lösungsansätze** in der Politik **Bismarcks**, die er der Vorgehensweise von dessen Nachfolgern gegenüberstellt (vgl. Z. 36–47). Bismarck habe die **Strategie** verfolgt, das Deutsche Reich durch eine eigene aktive und flexible **Bündnispolitik** zu stabilisieren (vgl. Z. 36 ff.). Auf diese Weise sei es ihm gelungen, den **Frieden** über einen längeren Zeitraum zu **erhalten** (vgl. Z. 43 f.). Allerdings sei für diese Art von Bündnispolitik **großes diplomatisches Geschick notwendig** gewesen, das Bismarcks Nachfolgern **in der Regierungszeit Wilhelms II. gefehlt** habe (vgl. Z. 45 ff.). Ihre großmannssüchtige **imperialistische Weltmachtpolitik** habe schließlich genau zu der außenpolitischen **Isolierung Deutschlands** geführt, die Bismarck immer habe verhindern wollen.

Die letzten beiden Abschnitte (vgl. Z. 48–61) von Mayers Ausführungen dienen einerseits der **Zusammenfassung** seines Rückblicks, andererseits aber auch der **Begründung von Bismarcks bleibender Rolle als Vorbild** für die Politik des 21. Jahrhunderts. Gerade für Staaten, die sich in einer dem Deutschen Reich des 19. Jahrhunderts vergleichbaren geopolitischen Lage befänden, sei es **wichtig**, **sich mit der Politik Bismarcks** und der seiner Nachfolger **auseinanderzusetzen**. Schließlich sei das **Kaiserreich** mit Bismarck **zunächst** von den anderen Mächten **akzeptiert**, dann aber unter Wilhelm II. **zunehmend abgelehnt und isoliert** worden (vgl. Z. 51 f.). Insofern könne die Diplomatie Bismarcks unter **Anpassung an heutige Verhältnisse** immer noch als „Studiervorlage" (Z. 50) dienen. Sie gebe Hinweise darauf, mithilfe welcher Maßnahmen ein **Mächtegleichgewicht** gewährleistet werden könne (vgl. Z. 54). Dies sei auch heute noch eine Möglichkeit, zur **aktiven Friedenssicherung** beizutragen.

Wirkung der Außenpolitik Bismarcks bis in die Gegenwart

2. *In der zweiten Teilaufgabe sollen Sie zunächst unter Bezugnahme auf Mayers Text die außenpolitische Entwicklung des Kaiserreichs erläutern. Da sich die deutsche Außenpolitik vor und nach 1890 grundlegend voneinander unterscheidet, ist es sinnvoll, diese beiden Perioden getrennt zu charakterisieren. Greifen Sie für beide Zeitspannen auf Ihr im Unterricht erworbenes Hintergrundwissen zurück und verknüpfen Sie Ihre Ausführungen an geeigneter Stelle mit Mayers Artikel. In einem zweiten Schritt sollen Sie darlegen, worin der Autor die Bedeutung der Person Bismarcks in diesem Zusammenhang sieht. Stellen Sie auch hier immer wieder direkte und indirekte Bezüge zum Ausgangstext her.*

außenpolitische Entwicklungen im Kaiserreich

Tilman Mayer bezieht sich in seinen Ausführungen mehrfach auf die **außenpolitische Entwicklung im Kaiserreich** und thematisiert dabei vor allem die **Reichsgründung**, die **Bündnispolitik Bismarcks** und den **Wandel der Außenpolitik** in der Wilhelminischen Zeit.

Reichsgründung

Die **Reichsgründung 1871** war das Ergebnis der deutschen Einigung **unter preußischer Führung**. In den drei **Reichseinigungskriegen** – 1864 gegen Dänemark, 1866 gegen Österreich und 1871 gegen Frankreich – war es Preußen gelungen, sich zunächst innerhalb des Deutschen Bundes gegenüber Österreich und dann nach außen gegenüber Frankreich durchzusetzen, was auch Mayer in seinem Aufsatz erwähnt (vgl. Z. 25 f.). Nach Verhandlungen mit den deutschen Fürsten konnte Bismarck schließlich die **Gründung eines kleindeutschen Nationalstaats** durch die **Proklamation des Kaiserreichs** am 18. Januar 1871 im Spiegelsaal von Versailles erreichen.

Zur außenpolitischen Absicherung der Reichsgründung, die das **Mächtegleichgewicht in Europa massiv verändert** hatte (auch Mayer schreibt, dass die anderen Mächte mit großer Skepsis auf das neu entstandene Reich blickten, vgl. Z. 22 ff.), verkündete Bismarck wiederholt, **Deutschland** sei **„saturiert"**, erhebe also keinen Anspruch auf zusätzliche Gebiete. Außerdem wolle es den **Status quo** in Europa **bewahren**. Zu Bismarcks **Strategie der Konfliktvermeidung** gehörte auch, dass er **Kolonien** für das Deutsche Reich **ablehnte**, deren Erwerb durch andere Mächte aber durchaus unterstützte („Kissinger Diktat").

außenpolitische Strategie Bismarcks

So konnte er in europäischen Auseinandersetzungen die **Rolle des Vermittlers** übernehmen. Beispielsweise gelang es ihm 1878 nach dem Russisch-Türkischen Krieg, auf dem **Berliner Kongress** einen **Interessenausgleich** der beteiligten Großmächte herbeizuführen. Wenngleich Russland sich von Bismarck um die Früchte seines Siegs gebracht sah, konnte sich der Reichskanzler durch seine Regelungen international als **„ehrlicher Makler"** profilieren.

Bismarck als „ehrlicher Makler"

Auch **Bismarcks Bündnispolitik** diente der Absicherung der Reichsgründung und hatte die **Verhinderung von Allianzen gegen Deutschland** („cauchemar des coalitions", Z. 33) sowie die **Isolierung Frankreichs** zum Ziel. Zu diesem Zweck wurde 1873 das **Dreikaiserabkommen** zwischen Deutschland, Österreich-Ungarn und Russland geschlossen, das im Falle eines Angriffs durch einen anderen Staat Verständigungen zwischen den drei beteiligten Mächten vorsah. Diese Allianz wurde 1881 als **Dreikaiserbund** erneuert und man garantierte einander Neutralität im Falle eines Kriegs mit einer weiteren Macht. 1879 handelte Bismarck außerdem ein geheimes Bündnis mit Österreich aus (**Zweibund**), in dem sich die Bündnispartner militärische Hilfe im Fall eines Angriffs durch Russland und Neutralität beim Angriff durch andere Staaten zusicherten. Dieses Bündnis wurde 1882 durch den Beitritt Italiens zum **Dreibund** erweitert und richtete sich nun auch gegen Frankreich. Nach dem Zerfall des Dreikaiserbunds 1885/86 schloss Bismarck 1887 den **Rückversicherungsvertrag** mit Russland, in dem gegenseitige Neutralität im Falle eines französischen bzw. österreichischen Angriffs festgelegt wurde. In einem **„ganz geheimen Zusatzprotokoll"** erkannte Bismarck zudem die russischen Bestrebungen auf dem Balkan an, auch wenn diese den dortigen Interessen Österreichs zuwiderliefen.

Bismarcks Bündnissystem

Mit dem Regierungsantritt Wilhelms II. kündigte sich ein **Richtungswechsel in der deutschen Außenpolitik** an. Unterstützt von breiten Teilen der deutschen Öffentlichkeit forderte der Kaiser für das Deutsche Reich den **Status einer Weltmacht**

„Neuer Kurs" unter Wilhelm II.

und wollte in der Gestaltung der Außenpolitik selbst eine aktive Rolle spielen („persönliches Regiment"). Diese Haltung führte zum **Konflikt mit Bismarck** und schließlich 1890 zu dessen erzwungenem **Rücktritt** als Reichskanzler.

imperialistische Großmachtpolitik

Im Rahmen des „Neuen Kurses" der deutschen Außenpolitik betrieb das Kaiserreich in der Folge eine **offensive und teils aggressive Großmacht- und Kolonialpolitik**, um wie Frankreich oder Großbritannien einen „**Platz an der Sonne**" (Reichskanzler Bülow) und „Weltgeltung" zu erlangen. Dieses Bestreben bewertet Mayer als fehlende „Sensibilität für [die] Herausforderung" (Z. 47) der Außenpolitik. Das Wilhelminische Reich forderte einen **Anteil bei der „Aufteilung" der Welt** zwischen den imperialistischen Großmächten (Mayer spricht hier vom „Machtpoker imperialer Mächte", Z. 46) und begann eine ehrgeizige **Flotten- und Kolonialpolitik**.

Aufrüstung

Vor allem die deutsche **Kriegsflotte** wurde als Ausdruck der angestrebten Weltmachtstellung betrachtet. Das **Flottenprogramm** sah ab 1897 einen forcierten Aufbau der Schlachtflotte vor und führte das Kaiserreich in einen enorm kostspieligen und letztlich aussichtslosen **Rüstungswettlauf** mit Großbritannien. Bemühungen um Rüstungsbegrenzungen scheiterten immer wieder am unnachgiebigen Festhalten der deutschen Seite an diesem **Prestigeprojekt**.

Provokationen

Weiterhin trat das Deutsche Reich, insbesondere der Kaiser selbst, zunehmend aggressiver auf, wie an zahlreichen **internationalen Affären und Konflikten** deutlich wird, z. B. an der „**Krüger-Depesche**" 1896, der „Hunnenrede" des Kaisers zum Boxeraufstand 1900, der „**Daily-Telegraph-Affäre**" 1908 oder an den beiden **Marokko-Krisen** 1905/06 und 1911. Besonders die Zweite Marokkokrise 1911 zeigte durch die Entsendung eines Kanonenbootes vor die Küste Marokkos, dass Deutschland zur Durchsetzung seiner **kolonialen Ansprüche** auch bereit war, einen Krieg zu riskieren.

Folgen der Weltmachtpolitik Wilhelms II.

Diese Weltmachtpolitik des Deutschen Reichs führte zum **Zerfall des bismarckschen Bündnissystems** sowie zu einer **zunehmenden Isolation des Kaiserreichs**. Bereits 1890 verzichtete Kaiser Wilhelm II. auf eine Verlängerung des Rückversicherungsvertrags mit Russland. Aufgrund dessen kam es zu einer **Annäherung von Russland und Frankreich**, die 1894 ein Militärbündnis schlossen, in dem sie sich gegenseitigen Beistand im Falle eines Angriffs durch den Dreibund zusicherten. 1904 schließlich verständigten sich Großbritannien und Frankreich in der **Entente cordiale** über eine Beilegung ihrer Kolonialkonflikte in Afrika. Drei Jahre später wurde dieses Abkommen um Russland zur **Triple-Entente** erweitert. Im Ergebnis war zu Beginn des 20. Jahrhunderts das eingetreten, was Bismarck immer befürchtet hatte – die **Befreiung Frankreichs aus der Isolation** und die Realisierung einer **Zwei-Fronten-Konstellation**. Dies führte zu einem **Gefühl der Einkreisung** beim Deutschen Reich, das sich in der Folge umso enger Österreich-Ungarn, seinem einzig verbliebenen Bündnispartner, anschloss („**Nibelungentreue**").

Stellenwert Bismarcks

Bismarcks Rolle in der Außenpolitik des Kaiserreichs bewertet Tilman Mayer im vorliegenden Artikel positiv. Er hält den Reichskanzler für einen **begabten und geschickten Diplomaten** und bezeichnet seine Politik dreimal als „diplomatische Kunst" (Z. 39, 49, 56) sowie – der Definition des Historikers Gerhard Ritter folgend – zweimal als „Staatskunst" (Z. 41, 43). Bismarck war nach Meinung Mayers **weitsichtig**, weil er das Problem möglicher Bündnisse gegen das Kaiserreich voraussah (vgl. Z. 27 ff.). Zudem hält Mayer ihn für **taktisch geschickt**, weil er die bestehende Machtkonstellation in Europa auch durch Geheimdiplomatie zur **Stabilisierung des Deutschen Reichs** nutzen und sich dabei verschiedene Alternativen offenhalten konnte (vgl. Z. 36 ff.). Außerdem schätzt er Bismarck als **friedensstiftend** ein, weil es ihm gelungen sei, eine „dauerhafte Friedensordnung" (Z. 43 f.) zu errichten. Man habe seine **diplomatische Leistung** daher nicht nur in der Vergangenheit geschätzt, sondern sie werde **bis heute** „noch immer **bewundert**" (Z. 40). Bismarck stellt Mayers Ansicht nach also für Gegenwart und Zukunft ein **außenpolitisches Vorbild** dar.

3. *In der dritten Teilaufgabe geht es darum, sich in Form eines Sachurteils kritisch mit den Einschätzungen Tilman Mayers zur Außenpolitik Bismarcks auseinanderzusetzen. Dabei gibt die Aufgabenstellung als Fokus der Beurteilung „Tragfähigkeit" und „Folgen" der Außenpolitik Bismarcks vor. Darüber hinaus können Sie aber auch weitere von Mayer erwähnte Aspekte berücksichtigen. Unterscheiden Sie bei Ihrer Stellungnahme zwischen zustimmenden sowie relativierenden bzw. ablehnenden Gesichtspunkten und schließen Sie sie mit einem zusammenfassenden Fazit ab.*

Hinführung zur Beurteilung

Wie bereits dargelegt, wirft Tilman Mayer einen **überwiegend positiven Blick auf Bismarck** und seine Außenpolitik. Es ist deshalb interessant, zu untersuchen, inwiefern seinen **Einschätzungen zuzustimmen** ist, inwiefern sie aber auch **relativiert oder abgelehnt** werden müssen.

zustimmende Aspekte

Bismarck als Friedenswahrer

Zunächst einmal ist Mayers Ansicht von **Bismarck als Friedenswahrer** (vgl. Z. 43 ff.) nicht von der Hand zu weisen. Schließlich stellte die Zeit von der Reichsgründung bis zur Entlassung Bismarcks eine **fast 20-jährige Friedensperiode in der Mitte Europas** dar, in der keine Bedrohung von Deutschland ausging und das Kaiserreich in keinerlei kriegerische Auseinandersetzungen verwickelt war. Dies ist – in Anlehnung an Mayer – vor allem im Vergleich mit der **Wilhelminischen Weltmachtpolitik** hervorzuheben, die in den **Ersten Weltkrieg** mündete, aber auch im Hinblick auf die insgesamt kriegerische erste Hälfte des 20. Jahrhunderts.

korrekte Einschätzung der Lage durch Bismarck

Die friedenswahrende Außenpolitik des Reichskanzlers beruhte dabei auf einer **zutreffenden Einschätzung der Lage in Europa** nach 1871: Die kriegerische **Reichseinigung** und ein in Bezug auf Wirtschaftskraft, Bevölkerungszahl und militärische Schlagkraft starkes Deutsches Reich in der Mitte Europas hatten zu einer empfindlichen **Störung des europäischen Gleichgewichts** geführt. Bismarck sah sich mit der **Befürchtung** konfrontiert, das neue Reich strebe eine **hegemoniale Stellung** auf dem Kontinent an. In dieser Situation trug der **Leitgedanke der Saturierung** dazu bei, das **Misstrauen** der europäischen Großmächte gegenüber dem Deutschen Reich **abzubauen**. Als **Vermittler** bei Konflikten zwischen den anderen Mächten konnte Bismarck dieses Prinzip seiner Außenpolitik glaubhaft machen. Auch der **Verzicht auf** eine aktive **Kolonialpolitik** sowie seine wiederholte **Ablehnung eines Präventivkriegs** gegen Frankreich nach der „Krieg-in-Sicht-Krise" von 1875 leisteten einen wichtigen Beitrag zur Stabilität des europäischen Mächtesystems.

Bismarck als geschickter Taktierer

In dieses griff Bismarck in Form seiner **Bündnispolitik** aktiv ein, weshalb man Mayer recht geben muss, wenn er den deutschen Reichskanzler als **geschickten Taktierer** bezeichnet. Bismarck verfolgte das Ziel, ein **Zusammengehen Russlands oder Österreichs mit Frankreich zu verhindern**, und setzte alles daran, im Falle eines französischen Angriffs der Neutralität oder des Beistands der anderen Großmächte sicher sein zu können. Auf diese Weise trug seine Bündnispolitik erfolgreich dazu bei, die **Reichsgründung abzusichern** und im Ergebnis auch den **Frieden** in Europa zu **erhalten**. Sein Bündnissystem verweist in besonderem Maße auf Bismarcks **diplomatisches Können** und auf seinen **Überblick über die verwickelte außenpolitische Lage** in Europa. Dabei nutzte er neben offiziellen Verhandlungen auch das Mittel der **Geheimdiplomatie** und verfolgte stets **mehrere Optionen**, wie z. B. 1887 den Abschluss des Rückversicherungsvertrags als Alternative zum nicht erneuerten Dreikaiserbund.

Gegenüber diesen zustimmenden Aspekten muss man aber im Hinblick auf die **friedensstiftende Qualität**, die **Weitsichtigkeit** und die **Folgen der Außenpolitik** Bismarcks auch **Einschränkungen** machen.

relativierende bzw. ablehnende Aspekte

So macht bereits sein Vorgehen bei der Reichseinigung deutlich, dass für Bismarck bei der Verfolgung seiner Ziele **Krieg** durchaus ein **Mittel der Politik** war. Ihn als Verfechter einer auf Frieden ausgerichteten Politik darzustellen, wird also den Tatsachen nicht vollkommen gerecht. Schließlich hatte die von Bismarck in drei Kriegen betriebene **Reichsgründung „durch Blut und Eisen"** überhaupt erst zu einer **Verschiebung des Mächtegleichgewichts** in Europa geführt. Erst in deren Folge musste man Bündnisse gegen Deutschland oder einen militärischen Konflikt befürchten. Außerdem weckten die **Demütigung Frankreichs** durch die Kaiserproklamation in Versailles, die erzwungene Abtretung Elsass-Lothringens und hohe Kriegsentschädigungen **Revanchegedanken** beim westlichen Nachbarn und machten einen weiteren Krieg gegen das Deutsche Reich wahrscheinlich. In dieser Situation ging es Bismarck weniger um den Abbau von Spannungen und Misstrauen als vielmehr um die **Bewahrung der neuen Machtverhältnisse**.

Herbeiführung der Reichseinigung durch Krieg

Auch später noch war Bismarcks **Außenpolitik** trotz ihrer augenscheinlichen Friedfertigkeit in erster Linie **machtpolitisch motiviert**. Eine **Politik des Ausgleichs** mit Frankreich oder **internationale Abkommen** zur Abrüstung oder Friedenssicherung wie die späteren Haager Friedenskonferenzen lagen **außerhalb seines Vorstellungsvermögens**. Vielmehr dienten seine Friedensbemühungen im Großen und Ganzen dem **Machterhalt des Kaiserreichs**. So beinhaltete seine Rolle als „ehrlicher Makler" auf dem Berliner Kongress 1878 zwar einerseits eine Zurückstellung deutscher Interessen, andererseits aber auch die gezielte **Ablenkung von Spannungen auf andere europäische Konfliktherde**, die letztendlich den Ersten Weltkrieg mit verursachten.

Machterhalt des Kaiserreichs als Ziel von Bismarcks Politik

Schon zu Zeiten von Bismarcks Reichskanzlerschaft zeigte sich auch, dass das von ihm etablierte **Bündnissystem** an seine **Grenzen** stieß. Die immer stärker zunehmenden **Gegensätze zwischen Russland und Österreich auf dem Balkan** führten 1885/86 zum **Bruch des Dreikaiserbunds** und zu einer **Annäherung Russlands an Frankreich**. Der danach ausgehandelte Rückversicherungsvertrag mit Russland stellte für Bismarck nur die zweitbeste Lösung dar. Das „ganz geheime **Zusatzprotokoll**" des Vertrags **widersprach** zudem den **Interessen Österreichs** auf dem Balkan sowie den Vereinbarungen der 1887 von Bismarck vermittelten **Mittelmeer-Entente**, in der

Schwächen von Bismarcks Bündnissystem

Italien, Großbritannien, Österreich und Spanien gegen russische Interessen die Bewahrung des Status quo im Mittelmeerraum zusicherten. Das ausgeklügelte kriegsverhindernde **Bündnissystem** Bismarcks war also auch ein **instabiles Gebilde**, das von **Widersprüchen** gekennzeichnet war und ständig neu an veränderte machtpolitische Verhältnisse angepasst werden musste. Zudem war es in hohem Maße **auf** den Machtpolitiker **Bismarck zugeschnitten**. Dies führte dazu, dass **unter seinen Nachfolgern**, denen Bismarcks diplomatisches Geschick fehlte und denen der Reichskanzler kein angepasstes außenpolitisches Konzept hinterließ, sein **System von Bündnissen schnell zerfiel** und seine außenpolitischen Leitlinien nicht mehr galten.

Fazit

Zusammenfassend lässt sich daher festhalten, dass die **Außenpolitik Bismarcks** seit 1871 den **Machtverhältnissen in Europa Rechnung trug** und einen wichtigen Beitrag dazu leistete, **Krieg** im Zentrum Europas zu **verhindern**. Allerdings war dies vor allem ein Mittel zum Zweck, da er damit sein Werk der **Reichseinigung** unter preußischer Führung **absichern** wollte. Auch stellte sich schon am Ende seiner Amtszeit die **Frage, wie zukunftsfähig Bismarcks Konzept**, dessen Erfolg eng mit seiner Person verknüpft war, unter sich verändernden innenpolitischen und internationalen Bedingungen sein würde. Es erscheint also fraglich, ob sich, wie Tilman Mayer es vorschlägt, aus Bismarcks Erbe positive Inspirationen für die Gegenwart ziehen lassen.

A: Interpretation sprachlicher oder nichtsprachlicher historischer Quellen

Aufgabenstellung Punkte

Interpretieren Sie die Quelle, indem Sie

1. sie analysieren, 26
2. ausgehend vom Text die relevanten historischen Hintergründe erläutern *(14 Punkte)* und die Sicht des Autors auf die historische Bedeutung der Revolution von 1848 charakterisieren *(14 Punkte),* 28
3. die Sicht des Autors auf die Revolution beurteilen. 26

Ein Gedenktag.

Am 18. März dieses Jahres vollenden sich einundvierzig Jahre, seitdem der preußische Staat in die Reihe der modernen Kulturstaaten getreten ist. Dieser Tag ist der wichtigste Gedenktag unserer neueren Geschichte, der wichtigste und – der am wenigsten gefeierte. Die Todten des 18. März schlummern vergessen in einem verborgenen Winkel des Friedrichshains[1]: auf ihren Gräbern wuchert Unkraut und nur an ihrem Todestage pflegen die Pickelhauben in schwerer Menge aus den Hecken aufzutauchen, um die kleine Schaar der allezeit Getreuen zu überwachen, die denn doch noch am 18. März den Weg der Pietät zu finden weiß.

Es wäre eine sehr oberflächliche Auffassung der Geschichte, wenn man den Kämpfern des 18. März das Verdienst, Preußen in die Reihe der modernen Kulturstaaten geführt zu haben, in dem Sinne zubilligen wollte, als hätten sie diesen Entschluss aus freiem Antriebe gefasst, als seien sie eines beliebigen Tages mit den Waffen in der Hand auf die Straße hinabgestiegen, um eine Verfassung zu erkämpfen. Diese Auffassung wäre nur der Gegenpol jener kindlichen Vorstellung, nach welcher Fürsten, Diplomaten und Generale die Geschichte machen. Nein, Preußen musste erst innerlich reif sein für die Erfüllung seiner Geschicke; es musste die politisch-sozialen Voraussetzungen eines Verfassungsstaates besitzen, ehe es ein solcher Staat werden konnte. Erst dann konnte das Volk verlangen, daß ihm sein Recht werde, erst dann musste es pflichtgemäß das Recht, das ihm hartnäckig verweigert wurde, mit eigener Hand nehmen.

Jene Voraussetzungen waren nun freilich schon seit dem Anfange dieses Jahrhunderts erfüllt und die großen Staatsmänner der nach-jenaischen Epoche[2], ein Stein, ein Hardenberg, ein Schön[3], hatten gebieterisch verfassungsmäßiges Recht für das Volk verlangt. Auch hatte König Friedrich Wilhelm III., als ihm das Volk unter unermesslichen Opfern von Gut und Blut Krone und Thron rettete, den Erlass einer Verfassung versprochen. Allein nach der Beseitigung der Gefahr wurde das Königswort vergessen, wurden die furchtbarsten Verfolgungen über die deutsche Jugend verhängt, welche das Idealbild der Freiheit in ihrem Herzen bewahrte. Das Volk ist immer geduldig und großmütig, ja geduldig und großmütig bis zur sentimentalen Schwäche. Es wartete schweigend, so lange der alte König lebte; es hoffte, daß der Thronfolger die gebieterische Notwendigkeit der Zeit, die gerechten Forderungen der Nation erfüllen werde. Groß war die Enttäuschung, als Friedrich Wilhelm IV. den Thron bestieg, und, statt sein Gesicht voll der Zukunft zuzuwenden, völlig in mittelalterliche Schatten und Schemen versank. Aber wieder erwies sich das Volk als geduldig und großmütig; es wartete noch volle acht Jahre und trug schweigend ein Joch, das ihm jede Stunde die Schultern wunder rieb. Erst als jede Hoffnung geschwunden war und als ringsum in Europa die faulen Gase einer dreißigjährigen Reaktionszeit explodirten, da brachen die Kämpfer des 18. März entschlossen und schnell den eigensinnigen Menschenwillen, der sich der gebieterischen Notwendigkeit der geschichtlichen Entwickelung widersetzte.

Diese geschichtliche Notwendigkeit erkannt und für ihre Erfüllung bereitwillig das Leben daran gesetzt zu haben, ist der wahre Ruhm der Märzkämpfer, und es ist der höchste Ruhm, den staubgeborene Menschen erreichen können. Als das Volk seine gefallenen Brüder nach dem Schlosshofe trug, und der gebrochene König auf dem Balkon erschien, um die Leichen zu grüßen, deren klaffende Wunden eine stumme und doch so beredte Klage gegen ihn führten, da schlug die letzte Stunde der absoluten Monarchie und fortan war Preußen ein moderner Staat. Dies ist die geschichtliche Bedeutung der Märztage von 1848, und mit welcher Gewalt und List immer die Feinde des Volks die Bedeutung dieser Tage wegzufälschen, wegzuleugnen, wegzuschweigen und wegzuvernichten gesucht haben, es wird ihnen nimmermehr gelingen. Der 18. März wächst um so mächtiger in die Zukunft hinein, je mehr von dem reichen Erbe, das er der Nation hinterließ, im Laufe der Jahrzehnte durch Lug und Trug und nicht zuletzt auch durch die großmütige Vertrauensseligkeit des Volkes selbst verlottert und verloren worden ist.

Und wie an dem Tage selbst, so hat auch an dem Andenken seiner Kämpfer der Zahn der Verläumdung genagt. […] Weder unter den rekognoszirten[4] 200 Todten, noch unter den 700 Gefangenen befand sich auch nur eine kriminell bestrafte Persönlichkeit […]; so ist es sonnenklar, daß der 18. März von 1848 dem ehrlichen und treuen Volke gehört und ihm allein. Auch nicht der leiseste Makel haftet an seinen Kämpfern. Hofprediger, Professoren, Kommerzienräte waren freilich nicht unter ihnen vertreten, aber umso reichlicher alle arbeitenden Schichten der Nation.

Ständen sie heute auf, die Todten des Friedrichshains, bitterste Empfindung würde sich in ihren Herzen regen, wenn sie sähen, wie wenig von dem, was sie in die Hand des Volkes legten, in dieser Hand geblieben ist. Sie schlafen aber den traumlosen Schlaf des Todes, und das Gefühl der tiefsten Beschämung bleibt allein den Lebenden. Wie viele es empfinden, wir wissen es nicht, aber das wissen wir: es ist eine von Tage zu Tage wachsende Schaar. Und im Namen dieser Tapferen und Treuen grüßen wir heute die Kämpfer des 18. März, die lebenden, wie die todten, mit dankbarem Gruße.

Unbekannter Autor: Ein Gedenktag. In: Volks-Zeitung, Organ für Jedermann aus dem Volke, Nr. 65, Berlin. 18. März 1890, S. 1. (Rechtschreibung und Hervorhebungen wie im Original)

Hinweise zum Autor und zum Material:
Die Volks-Zeitung – Organ für Jedermann aus dem Volke: eine sozialdemokratische Tageszeitung im Kaiserreich.
Der Artikel erschien zum ersten Mal am 18. März 1889 zum 41. Jahrestag der Märzereignisse. Daraufhin wurde die Zeitung für mehrere Wochen auf Grundlage der Sozialistengesetze verboten. Genau ein Jahr später druckte die Volks-Zeitung den Artikel erneut ab.

Zugelassene Hilfsmittel: Wörterbuch zur deutschen Rechtschreibung

Anmerkungen:
1 Friedrichshain: gemeint ist hier der Friedhof für die Gefallenen der Revolution von 1848.
2 nach-jenaisch: die Zeit nach den Niederlagen der preußischen Armee gegen die napoleonischen Heere bei Jena und Auerstedt 1806.
3 Theodor von Schön (1773–1856) war wie Stein und Hardenberg ein preußischer Reformer und arbeitete insbesondere mit Stein zusammen.
4 rekognoszirt (rekognoszieren), *hier*: identifiziert, namentlich bekannt

---

Lösungsvorschläge

Diese Aufgabe entspricht den folgenden aktuellen Schwerpunktthemen:
- ***Inhaltsfeld 4:** Die moderne Industriegesellschaft zwischen Fortschritt und Krise*
  - *Die „Zweite Industrielle Revolution" und die Entstehung der modernen Massengesellschaft*
- ***Inhaltsfeld 6:** Nationalismus, Nationalstaat und deutsche Identität im 19. und 20. Jahrhundert*
  - *Die „Deutsche Frage" im 19. Jahrhundert*
  - *„Volk" und „Nation" im Kaiserreich und im Nationalsozialismus*

1. *Die erste Teilaufgabe verlangt von Ihnen eine Analyse der vorliegenden Textquelle. Das bedeutet, dass Sie diese zunächst kurz vorstellen müssen, indem Sie auf den Autor, die Adressaten, die Quellengattung, die Datierung, das Thema sowie Anlass und Intention eingehen. Anschließend sollen Sie ihren Inhalt und ihren Gedankengang strukturiert und komprimiert wiedergeben. Achten Sie dabei darauf, Ihre Ausführungen mithilfe direkter und indirekter Zitate am Text zu belegen sowie durch die Verwendung des Konjunktivs I die Distanz zur Meinung des Verfassers zu wahren.*

Bei der vorliegenden **schriftlichen Quelle** handelt es sich um einen programmatischen **Zeitungsartikel** eines unbekannten Verfassers, der am 18. März 1890 in der sozialdemokratischen Zeitung „Volks-Zeitung – Organ für Jedermann aus dem Volke" unter dem Titel „Ein Gedenktag." veröffentlicht wurde. Der Artikel war bereits 1889 in **Erinnerung an die Berliner Märzereignisse** von 1848 erschienen und wurde nach dem daraufhin erfolgten Verbot der Zeitung ein Jahr später erneut abgedruckt. In dem Artikel, der sich an die **sozialdemokratische Leserschaft** der Volks-Zeitung richtet, bewertet der Verfasser die historische **Bedeutung der Revolution** von 1848.

Einleitung
Textsorte
Autor, Datierung
Titel
Anlass
Adressaten
Thema

Ihm geht es darum, die Rolle der Arbeiter während der Märzereignisse zu würdigen, den **18. März als zentralen Gedenktag** zu etablieren und zur **Fortsetzung des Kampfs** für die Ziele von 1848 aufzurufen.

Intention

Die Ausführungen des Zeitungsredakteurs beginnen mit einer zusammenfassenden **Würdigung des 18. März 1848** (Z. 1–8). Aus Sicht des Journalisten hat **Preußen** mit dem 18. März 1848 den **Anschluss an** die übrigen **modernen Staaten** gefunden (vgl. Z. 1 f.). Allerdings werde die zentrale Bedeutung dieses Tages in der Gegenwart nicht anerkannt: Die Toten und der Tag selbst seien weitgehend **in Vergessenheit geraten** und diejenigen, die daran erinnern wollten, würden vom preußischen Staat überwacht und verfolgt (vgl. Z. 4 ff.).

strukturierte Textwiedergabe

Einordnung des 18. März 1848

Im Hauptteil seines Artikels (Z. 9–47) geht der Verfasser auf die **Vorgeschichte und den Ausbruch der Revolution** ein. Er betont, dass die politische und gesellschaftliche Entwicklung Preußens vor 1848 einen **Kampf des Volks um eine Verfassung** ermöglicht habe. Insofern sei die Revolution nicht zufällig aus einer Laune des Volks heraus entstanden, sondern aus einer **historischen Notwendigkeit** (vgl. Z. 9 ff.). Forderungen nach einer Verfassung seien bereits im Zuge der **preußischen Reformen** laut geworden (vgl. Z. 21 ff.). Während der **Befreiungskriege** habe König Friedrich Wilhelm III. dem kämpfenden Volk **Verfassungsversprechen** gemacht, diese jedoch nach Beendigung der Kampfhandlungen **nie eingelöst** (vgl. Z. 24 ff.). Vielmehr habe er die weiter auf Freiheitsrechte hoffende deutsche Jugend grausam unterdrückt (vgl. Z. 27 f.). Dies habe das Volk „geduldig und großmütig" (Z. 29) ertragen, genauso wie seine Enttäuschung über das **reaktionäre Herrschaftsverständnis** des nachfolgenden Preußenkönigs **Friedrich Wilhelm IV**. (vgl. Z. 30 ff.).

Vorgeschichte der Revolution von 1848

Doch als 1848 in ganz Europa die **Revolution** ausgebrochen sei, hätten die „Kämpfer des 18. März" (Z. 38) die „geschichtliche Notwendigkeit" (Z. 41) zur Veränderung erkannt und unter Einsatz ihres Lebens ihre **Rechte eingefordert** (vgl. Z. 41 f.). In dieser Leistung sieht der Zeitungsredakteur die wichtigste Bedeutung des 18. März 1848 (vgl. Z. 41 ff., 47 f.). Als der preußische König nach den Kämpfen in Berlin zum Einlenken gezwungen gewesen sei und den „Märzgefallenen" auf dem Berliner Schlossplatz seine Reverenz habe erweisen müssen (vgl. Z. 43 ff.), sei das **Ende der „absoluten Monarchie"** (Z. 47) besiegelt gewesen. **Preußen** sei dadurch ein **„moderner Staat"** (Z. 47) geworden.

Ausbruch und anfänglicher Verlauf der Revolution

Im Folgenden unterzieht der Verfasser den **Umgang mit den revolutionären Ereignissen** einer Bewertung (Z. 47–61). So macht er den **gegenrevolutionären Kräften** zum Vorwurf, dass sie in der Folgezeit versucht hätten, die Revolutionäre herabzusetzen sowie deren **Erfolge zu leugnen** und zu **beseitigen** (vgl. Z. 48 ff.). Nicht nur die Ereignisse von 1848 selbst würden verzerrt dargestellt, sondern auch die **Kämpfer** des 18. März, mehrheitlich **unbescholtene Arbeiter**, würden verleumdet (vgl. Z. 55 ff.). Je stärker jedoch diese Bemühungen seien und je mehr Menschen dieser Darstellung glauben würden, desto deutlicher werde nur die **Verpflichtung zur Fortsetzung des revolutionären Engagements**, die sich aus den tatsächlichen Erfolgen der Freiheitskämpfer ergebe (vgl. Z. 51 ff.).

Umgang mit der Revolution

Der Journalist schließt seinen Artikel demzufolge mit einem Blick in die Zukunft (Z. 62–69). Die **Scham** darüber, dass der **Kampf der Arbeiter** von 1848 **in Vergessenheit geraten** sei, erfasse immer mehr Menschen (vgl. Z. 65 ff.). Daher beendet der Redakteur der Volks-Zeitung seine Ausführungen mit einem pathetischen Dank und Gruß an die „lebenden, wie die todten" (Z. 68) Kämpfer des 18. März und erinnert so seine Zeitgenossen daran, weiter **für die Ziele der Revolution einzustehen**.

Zukunftsperspektive

2. *Die zweite Teilaufgabe besteht aus zwei unterschiedlichen Anforderungen. In einem ersten Schritt geht es darum, die historischen Zusammenhänge, auf die sich der Verfasser des Artikels bezieht, näher auszuführen und zu verdeutlichen. Sie sollten also sowohl die Zeit des Vormärz und die Revolution von 1848/49 als auch den Wandel des Nationalismus im Kaiserreich thematisieren. In einem zweiten Schritt beschreiben Sie die Sicht des Autors auf die historische Bedeutung der Revolution und fassen sie unter übergreifenden Aspekten zusammen. In beiden Aufgabenteilen sollten Sie, wo es sich anbietet, Textbezüge herstellen.*

Der Verfasser des Artikels thematisiert bei seinem Rückblick auf die Revolution von 1848 die **preußischen Reformen** (vgl. Z. 21 ff.), die **Befreiungskriege** (vgl. Z. 24 ff.), die **Restaurationszeit** (vgl. Z. 26 ff.) und die Berliner **Märzrevolution** (vgl. Z. 43 ff.). Weiterhin geht er in der Einleitung und im Schlussteil seiner Ausführungen auf den **Umgang mit der Revolution** und den Revolutionären nach 1848 ein (vgl. Z. 4 ff., 48 ff., 62 ff.).

historischer Kontext

Zu Beginn des 19. Jahrhunderts entwickelte sich in den deutschen Staaten eine **Nationalbewegung**, deren **Ziel** – die Etablierung eines **Verfassungs- und Nationalstaats** – unter dem Eindruck der napoleonischen Besetzung einen zweifachen Auftrieb erhielt. Zum einen löste die französische Fremdherrschaft

Anfänge der liberal-nationalen Bewegung

einen **Modernisierungsschub** aus. So leitete beispielsweise der preußische König nach der Niederlage Preußens 1806 in der Schlacht bei Jena und Auerstedt mit dem Oktoberedikt von 1807 **umfassende Reformen** von Verwaltung, Militär und Gesellschaft ein. Seit 1810 stellte er auch, wie vom Verfasser des Leitartikels erwähnt (vgl. Z. 24 ff.), mehrmals eine Verfassung in Aussicht. Zum anderen stärkte der gemeinsame Abwehrkampf in den **Befreiungskriegen** (1813–1815) die **nationale Begeisterung** vieler junger Männer, die sich der preußische König zur Abwehr der Franzosen zunutze machte.

Deutscher Bund

Die **Gründung des Deutschen Bunds** 1815 auf dem Wiener Kongress bedeutete jedoch eine herbe **Enttäuschung** für die Anhänger der Nationalbewegung. Anstelle des erhofften Nationalstaats und einer Bundesverfassung entstand ein lockerer Staatenbund souveräner Fürsten als **Bollwerk gegen** die Ideen von **Liberalismus, Demokratie und nationaler Einheit**.

Unterdrückung der liberal-nationalen Bewegung

Vor allem unter den Studenten und ehemaligen Befreiungskämpfern blieb das **freiheitliche Gedankengut** jedoch auch nach 1815 **lebendig**. Der Verfasser des Leitartikels spricht davon, dass die Jugend „das Idealbild der Freiheit in ihrem Herzen bewahrte" (Z. 28). Im Oktober 1817 feierten Studenten mit dem **Wartburgfest** das erste deutsche Nationalfest, auf dem Forderungen nach einem Nationalstaat und politischer Mitbestimmung artikuliert wurden. Die konservativen Kräfte reagierten auf das Anwachsen der liberal-nationalen Bewegung mit **Repressionen** (in der Volks-Zeitung ist die Rede von „furchtbarsten Verfolgungen", Z. 27): Die **Karlsbader Beschlüsse** des Jahres 1819 verboten die Burschenschaften, führten eine staatliche Überwachung der Universitäten sowie die Pressezensur ein und riefen eine Behörde ins Leben, die revolutionäre Umtriebe aufdecken und verfolgen sollte. Ein **großer Teil** der Nationalbewegung, insbesondere das Bürgertum, zog sich angesichts dessen ins Private zurück und wurde **unpolitisch** (vgl. Z. 30), während eine Minderheit die oppositionellen Ideen im Untergrund oder aus dem Exil weiterverbreitete.

Märzrevolution 1848

Zu Beginn des Jahres 1848 löste die französische **Februar-Revolution** eine Welle **revolutionärer Ereignisse in Europa** aus, die im März auch den Deutschen Bund erfasste. Es kam zu spontanen Volksversammlungen, Unruhen und Kämpfen, in deren Verlauf bürgerliche Freiheiten, Verfassungen sowie die Einberufung eines gesamtdeutschen Parlaments gefordert wurden („**Märzforderungen**"). Am 18./19. März fanden in **Berlin Barrikadenkämpfe** statt, denen ungefähr zweihundert Menschen zum Opfer fielen. **Friedrich Wilhelm IV.** sah sich gezwungen, **einzulenken**, versprach eine verfassunggebende

Versammlung für Preußen und bekannte sich zur Idee des Nationalstaats. Die „**Märzgefallenen**“, denen auch der Verfasser des Leitartikels an mehreren Stellen Respekt zollt (vgl. Z. 41 ff., 59 f., 67 ff.), wurden dadurch zum Symbol für den **Freiheitskampf gegen die restaurativen Kräfte** in Preußen.

Frankfurter Nationalversammlung und ihr Scheitern

Während die erste gesamtdeutsche **Nationalversammlung** am 18. Mai 1848 in der **Frankfurter Paulskirche** zusammentrat und in langen Verhandlungen versuchte, die staatliche Einheit Deutschlands zu organisieren und eine Verfassung zu erarbeiten, erstarkten seit dem Spätsommer 1848 die **gegenrevolutionären Kräfte**. Im Dezember 1848 löste Friedrich Wilhelm IV. die preußische Nationalversammlung auf und **oktroyierte eine Verfassung**, die die Macht des Königs gegenüber den beiden Kammern des Parlaments deutlich stärkte. Unter dem Eindruck der neuen Machtverhältnisse **lehnte** er im April 1849 die ihm von den Parlamentariern **angebotene Kaiserkrone ab**. Letzte **Aufstände** radikaldemokratischer Kräfte wurden von der preußischen Armee **niedergeworfen** und das verbliebene „**Rumpfparlament**“, das sich nach dem Scheitern der Verfassung nach Stuttgart zurückgezogen hatte, wurde im Juni 1849 gewaltsam **aufgelöst**.

Weg zur Reichsgründung

Die Erfahrungen der Revolution hatten dazu geführt, dass **große Teile des nationalliberalen Bürgertums** sich in den kommenden Jahren aus der Politik zurückzogen und die Verwirklichung der nationalen Einheit der **Führung Preußens** überließen. Dessen Ministerpräsident Otto von **Bismarck** bekämpfte zwar vehement die verfassungspolitischen Forderungen der Liberalen, sah aber in der nationalen Einigung die Möglichkeit, Preußen als Großmacht in der Mitte Europas zu etablieren. Zu diesem Zweck führte er insgesamt drei **Reichseinigungskriege**, an deren Ende die **Proklamation des Kaiserreichs** am 18. Januar 1871 in Versailles stand.

Reichsgründung „von oben“

Der so entstandene Nationalstaat war nicht das Ergebnis einer Volksbewegung, sondern eine Gründung durch die Fürsten (**Reichsgründung „von oben**“), weshalb die Freiheitsfrage dabei hintangestellt wurde. So blieb die **politische Ordnung des Kaiserreichs** in Bezug auf ihre Fortschrittlichkeit hinter der Paulskirchenverfassung zurück: Zwar wurde der **Reichstag** nach allgemeinem Wahlrecht für Männer gewählt, hatte jedoch im Wesentlichen nur das Recht zur **Haushaltsbewilligung**. Der Reichskanzler wurde vom Kaiser ernannt und war dem Reichstag gegenüber nicht verantwortlich. Auch sah die Verfassung **keine Grundrechte** vor.

Nationalismus im Kaiserreich

Unter dem Eindruck der erfolgreichen nationalen Einigung **arrangierte** sich die Mehrheit der **bürgerlichen Liberalen mit** den bestehenden **Machtverhältnissen**. Zugleich wurde nach 1871 die **Idee der Nation** immer mehr **von konservativen Kräften vereinnahmt**. Dadurch wurde sie zur Integrationsideologie des neuen Kaiserreichs, das nach außen machtstaatlich und hegemonial ausgerichtet war. Diese **chauvinistische Außenpolitik** fand **nach innen** ihr Gegenstück in der **Ausgrenzung** von konfessionellen und ethnischen Minderheiten, aber auch von sogenannten **inneren Reichsfeinden**, zu denen unter anderem die Sozialdemokratie zählte. 1878 verabschiedete der Reichstag das „Gesetz gegen die gemeingefährlichen Bestrebungen der Sozialdemokratie" (**Sozialistengesetz**), das die Sozialistische Arbeiterpartei (SAP) sowie sämtliche sozialistische Versammlungen und Druckschriften verbot. Diese Maßnahmen lassen sich auch am vorliegenden Artikel ablesen, der 1890, nach seinem Verbot im Jahr zuvor, erneut erschien, dessen Redakteur aber unbekannt bleiben wollte.

Sicht des Verfassers

Märzrevolution als Preußens Weg in die Moderne

All diese Entwicklungen des 19. Jahrhunderts stellt der anonyme **Verfasser des Artikels** in der Volks-Zeitung nicht nur dar, sondern er beschreibt und bewertet sie aus **sozialdemokratischer Perspektive**. Wie bereits erwähnt, bilden für ihn die revolutionären Ereignisse und insbesondere die **Berliner Kämpfe** des 18. März 1848 den **entscheidenden Schritt** Preußens hin **zur Moderne** (vgl. Z. 1 f., 41 ff.). Die **Voraussetzungen** dafür waren aus seiner Sicht zweifach gegeben: Zum einen durch die **Modernisierungsprozesse**, die Anfang des 19. Jahrhunderts mit der Niederlage gegen Frankreich angestoßen worden seien (vgl. Z. 21 ff.). Zum anderen, weil nach 1815 der **Widerspruch zwischen den Freiheitsbestrebungen** in der Bevölkerung und der „eigensinnigen" (Z. 39) **reaktionären Politik** des preußischen Königs zu einem immer höheren Veränderungsdruck geführt habe. Dieser habe schließlich zur Folge gehabt, dass das Volk 1848 – ausgelöst durch die europäischen Revolutionen – für seine Rechte eingetreten sei (vgl. Z. 36 ff.).

Betonung der Rolle der Arbeiterschaft

Die **Märzkämpfer** hätten die „gebieterisch[e] **Notwendigkeit** der geschichtlichen Entwickelung" (Z. 39 f.) **erkannt** und für deren Erfüllung ihr Leben aufs Spiel gesetzt. In ihrer überwiegenden Zahl hätten sie den **„arbeitenden Schichten**" (Z. 61) angehört. Insofern ist aus Sicht des Verfassers der entscheidende Schritt zur Modernisierung Preußens durch die Arbeiter getan worden, an denen „nicht der leiseste Makel haft[e]" (Z. 59). Im Gegensatz dazu hätten sich die Vertreter des **Bürgertums nicht** an den Kämpfen **beteiligt** (vgl. Z. 60 f.).

Die **gegenrevolutionären Kräfte**, die sich nach 1848 durchsetzen konnten, bezeichnet der Verfasser als „Feinde des Volks" (Z. 49). Er wirft ihnen **Geschichtsfälschung** (vgl. Z. 48 ff.) und eine **rückwärtsgewandte Politik** vor (vgl. Z. 63 f.), die schuld daran sei, dass man sich kaum noch an die Errungenschaften der Revolution erinnere (vgl. Z. 4 ff.). Doch übt er auch **Kritik an** der breiten Masse der **Bevölkerung**, die nicht genügend für die revolutionären Ziele eingetreten sei: Sie sei **zu passiv und naiv**, denn mit Blick auf die Restaurationszeit bezeichnet er sie als „geduldig und großmütig bis zur sentimentalen Schwäche" (Z. 29 f.) und wirft ihr im Bezug auf die Kräfte der Reaktion „**Vertrauensseligkeit**" (Z. 53) vor.

Kritik an gegenrevolutionären Kräften und Bürgertum

Aus diesen Gründen stellt es für den Redakteur der Volks-Zeitung eine Notwendigkeit dar, die **Leistungen der Revolutionäre** zu betonen und auf diesem Weg dazu aufzurufen, **weiter für die Ziele der Revolution zu kämpfen** (vgl. Z. 62 ff.). Folglich sieht er im 18. März den „wichtigste[n] Gedenktag unserer neueren Geschichte" (Z. 3).

Appell zur Rückbesinnung auf Ziele der Revolution

3. *In der dritten Teilaufgabe sind Sie dazu aufgefordert, ein Sachurteil zur Sicht des Autors auf die Revolution abzugeben. Ein mögliches Vorgehen besteht darin, auf der Grundlage von Teilaufgabe 2 und Ihres weiteren Kontextwissens zu überprüfen, inwieweit man die Position des Redakteurs bestätigen kann, inwiefern diese aber auch eingeschränkt oder entkräftet werden muss.*

Der sozialdemokratische Verfasser des Leitartikels würdigt die **Revolution** von 1848/49 **als Meilenstein auf dem Weg Preußens in die Moderne** und zollt ihren Trägern höchsten Respekt. Im Folgenden soll deshalb beurteilt werden, inwiefern einer solchen **Sicht auf die Revolution zuzustimmen** ist, inwiefern sie aber auch **relativiert** werden muss.

Hinführung zur Beurteilung

Zunächst einmal stellt es der Redakteur korrekt dar, dass die **liberal-nationalen Ideen** trotz ständiger Verschärfung von Repression und Verfolgung durch die Kräfte der Restauration **im Vormärz nicht** vollständig **unterdrückt** werden konnten. Vielmehr entwickelte sich die demokratische Opposition seit den 1830er-Jahren zu einer **Protestbewegung**, die alle Bevölkerungsschichten umfasste. Ende der 1840er-Jahre hatten sich politische Unzufriedenheit, **soziale Not und wirtschaftliche Krisen** zu einer ganz Europa erfassenden **revolutionären Stimmung** zugespitzt. Man kann in Anlehnung an den Verfasser also sagen, dass die Zeit für das Ende der restaurativen Monarchien reif gewesen ist. Entsprechend wurde die Revolution nicht nur von liberalen Bürgern getragen, die Einheit und

zustimmende Aspekte

Darstellung der Vorgeschichte der Revolution und ihrer Träger

Freiheit forderten, sondern auch vom **Kleinbürgertum sowie von Arbeitern und Bauern**, die **sozialrevolutionäre Ziele** verfolgten. Insofern hat der Verfasser des Artikels recht, wenn er auf die besondere Rolle der „arbeitenden Schichten der Nation" (Z. 61) hinweist.

Bedeutung der Märzrevolution für die Modernisierung Preußens

Zudem bildeten die **Märzereignisse** wie in den meisten anderen deutschen Staaten auch in Preußen den **entscheidenden Schritt zum Durchbruch** der Revolution. Der König berief eine liberale Regierung („**Märzminister**"), leitete verfassungspolitische Reformen ein und stellte sich an die Spitze der Einheitsbewegung, die mit der **Wahl zur Frankfurter Nationalversammlung** weiteren Auftrieb erhielt. Insofern kann man in Übereinstimmung mit dem Verfasser feststellen, dass im Frühjahr und Sommer 1848 in Preußen und ganz Deutschland ein wesentlicher Schritt zur **politischen Modernisierung** getan wurde.

Restauration nach gescheiterter Revolution

Zutreffend ist auch, dass die **Revolution** nach dem militärischen Sieg der Gegenrevolution 1849 **weitgehend rückgängig gemacht** wurde. Die kurze Phase des gesamtdeutschen Aufbruchs war beendet und führende **Revolutionäre wurden verfolgt**. In vielen Einzelstaaten wurden zwar **Verfassungen** erlassen, die aber **nicht an Grundrechte gebunden** waren und die Position der Monarchen stärkten. 1851 beendete die **Wiederherstellung des Deutschen Bunds** zunächst alle weiteren Hoffnungen auf einen deutschen Nationalstaat. Die **Reichseinigung** erfolgte erst unter preußischer Führung „**von oben**" und führte dazu, dass sich weite **Teile des Bürgertums mit dem Kaiserreich identifizierten** und die politische Rückständigkeit des neuen Nationalstaats aus dem Blick verloren oder in Kauf nahmen. Der Verfasser des Leitartikels hat mit seiner Kritik an der „großmütige[n] Vertrauensseligkeit des Volkes" (Z. 53 f.) also nicht ganz unrecht.

relativierende Aspekte

Verkennung der Rolle des Bürgertums

Allerdings müssen gegenüber der Bewertung der Revolution durch den Redakteur der Volks-Zeitung auch **Einschränkungen** gemacht werden. So **vernachlässigt** er die **Bedeutung des Bürgertums** für die Revolution. Denn auch wenn die revolutionäre Bewegung in weiten Teilen und die Barrikadenkämpfe in Berlin maßgeblich von städtischen Unterschichten getragen wurden, bildeten die **Forderungen liberaler Bürger nach Grundrechten und einer Verfassung** den zentralen Auslöser der Volkserhebung. Zudem stellte das Bürgertum die liberalen „**Märzminister**" und die Mehrheit der Abgeordneten der Paulskirche. Damit war es ein wesentlicher Teil der **Verfassungsrevolution** von 1848. Auch darf man den **Grund für das Scheitern** der Revolution nicht allein darin sehen, dass die Kräfte des

Bürgertums sich von radikaldemokratischen Forderungen distanzierten. Vielmehr lagen diesem mehrere Faktoren zugrunde wie die **Komplexität der Aufgabe**, Demokratie und Nationalstaat zugleich zu realisieren. Aber auch das **Erstarken der Gegenrevolution** sowie die **fehlenden militärischen Machtmittel** der Revolutionäre ließen die Volkserhebung am Ende misslingen.

bleibende Errungenschaften der Revolution

Darüber hinaus ist zu beachten, dass trotz ihres Scheiterns die **Errungenschaften** der Revolution **nicht vollkommen rückgängig** gemacht wurden. So wurde die Feudalordnung nicht wieder etabliert und in zahlreichen deutschen Einzelstaaten setzte sich die **konstitutionelle Monarchie** durch – wenn auch weniger umfassend, als von den Revolutionären erhofft. Aus den Fraktionen der Frankfurter Paulskirche entwickelten sich **Parteien**, die in den Parlamenten zu Organen der politischen Meinungsbildung wurden und eine **politische Diskussionskultur** entstehen ließen.

Nachwirkungen im Kaiserreich

Weiterhin zeigte die Revolution auch **Nachwirkungen im Kaiserreich**. Die Gedanken von Partizipation, Volkssouveränität oder Grundrechten konnten nicht beseitigt werden, sondern blieben als zu erreichendes **Ideal in den Köpfen** Einzelner bestehen. Das **allgemeine Wahlrecht für Männer**, das 1871 auf Reichsebene eingeführt wurde, hatte schon die Paulskirchenverfassung vorgesehen. Es war, z. B. im Vergleich zum Dreiklassenwahlrecht in Preußen, deutlich fortschrittlicher und **demokratischer**. Von diesem profitierte nach Aufhebung des Sozialistengesetzes auch die SPD, die bis 1912 zur stärksten Fraktion im Reichstag wurde.

Fazit

Zusammenfassend lässt sich festhalten, dass der anonyme Verfasser des Artikels in der Volks-Zeitung aufgrund seines **sozialistisch-klassenkämpferischen Standpunkts** die Rolle der Arbeiterschaft in der Revolution überbetont und die **Rolle des Bürgertums vernachlässigt**. Sicherlich auch wegen seiner Erfahrungen mit der Verfolgung der Sozialdemokratie unter Bismarck hat er **keinen Blick für** das Fortwirken einzelner **Errungenschaften der Revolution im Kaiserreich**. Stattdessen ist es ihm wichtig, den **historischen Stellenwert der Revolution** für die Modernisierung Preußens und Deutschlands herauszustellen. Aus diesem Grund hebt er den **18. März als wichtigen Gedenktag** der deutschen Geschichte hervor, was bis heute – z. B. im Plädoyer von Bundespräsident Steinmeier für den 18. März als Gedenktag zu Ehren von Freiheit und Demokratie im Jahre 2019 – immer wieder aufgegriffen wird.

Abiturprüfung 2021 NRW – Grundkurs Geschichte
Aufgabe 2

A: Interpretation sprachlicher oder nichtsprachlicher historischer Quellen

Aufgabenstellung Punkte

Interpretieren Sie die Quelle, indem Sie

1. sie analysieren, 26
2. die von Pieck vorgenommenen historischen Bezüge erläutern *(14 Punkte)* und seine jeweilige Sicht auf die beiden deutschen Teilstaaten herausarbeiten *(14 Punkte),* 28
3. Piecks Position beurteilen. 26

Wilhelm Pieck: Verteidigen wir unsere Errungenschaften!

Liebe deutsche Landsleute!
Männer, Frauen und Jugendliche in der Deutschen Demokratischen Republik!

Morgen sind zehn Jahre vergangen, seitdem das faschistische Oberkommando der Wehrmacht mit der Unterzeichnung der bedingungslosen Kapitulation seine totale Niederlage eingestehen mußte. Das war der völlige Bankrott des deutschen Militarismus, der zum zweiten Male ausgezogen war, um die Völker Europas grausam zu unterwerfen. Dieser Krieg für die Weltherrschaft der deutschen Imperialisten schlug mit ungeheurer Gewalt gegen das deutsche Volk zurück. […] So brachte der 8. Mai unserem deutschen Volke die Erlösung aus endlosem Krieg und maßloser Zerstörung.

In den Trümmern und Ruinen bedrohten jedoch Hunger, Seuchen und Krankheiten das Leben des Volkes. Der Verkehr stand still, die Versorgungsbetriebe lieferten weder Wasser noch Gas, noch Strom. Hier packten die Kommandostellen der Sowjetarmee zu. Gemeinsam mit den deutschen Antifaschisten, die in dieser Zeit tödlicher Gefahr treu zu ihrem Volke standen, trafen sie die ersten Maßnahmen zur Wiederherstellung eines normalen Lebens. So wurde der 8. Mai auch zur Rettung des Lebens der Nation.

In den unerhört kritischen Wochen und Monaten des Jahres 1945 begriffen die Werktätigen, daß Schluß gemacht werden muß mit den Kräften, die Deutschland in zwei Kriegskatastrophen gestürzt hatten. In unserem Teile Deutschlands halfen die Vertreter der Sowjetunion den sozialistischen und demokratischen Kräften, den kriegsschuldigen Imperialismus und Militarismus auszurotten und eine neue, antifaschistisch-demokratische Ordnung zu errichten. So wurde der 8. Mai zum Tag der Befreiung des deutschen Volkes von Faschismus und Militarismus.

Seit dem Siege über den Hitlerfaschismus ist die Sowjetunion unbeirrbar für das nationale Selbstbestimmungsrecht der Deutschen, für den Abschluß eines Friedensvertrages mit einem einheitlichen und unabhängigen, demokratischen und friedliebenden Deutschland eingetreten. Die Sowjetunion hat der Deutschen Demokratischen Republik die Souveränität gewährt, sie von allen Kriegslasten befreit und ihr große Hilfe beim Neuaufbau erwiesen. Darum ist der Tag der Befreiung für jeden friedliebenden Deutschen auch ein Tag des Dankes an die Sowjetvölker und ihre Regierung.

Nach zehn Jahren angestrengter Aufbauarbeit erzeugt die volkseigene Industrie unserer Republik doppelt soviel wie die kapitalistische Industrie vor dem zweiten Weltkrieg. [...] Noch keine deutsche Regierung hat so wie die Regierung der Deutschen Demokratischen Republik ihre gesamte Politik und Arbeit in den Dienst des Friedens, des Aufbaus und des Wohlstands für das Volk gestellt. Unsere Werktätigen blicken am 8. Mai auf diese zehn Jahre der Arbeit und des Aufstiegs zurück in dem Bewußtsein, daß sie ihre Erfolge nicht nur zu bewahren, sondern auch zu vermehren, nicht nur zu schätzen, sondern auch zu schützen wissen. [...]

Liebe deutsche Landsleute!

In Westdeutschland weist die Bilanz der zehn Jahre seit der Befreiung vom Faschismus jedoch ein völlig anderes Ergebnis aus. Dort sind die alten Kräfte des deutschen Imperialismus und Militarismus wieder an der Herrschaft. Ihre wirtschaftliche und politische Macht erkauften sie sich mit dem Verrat an der Nation. Sie unterstützen die imperialistische Politik der Spaltung Deutschlands, die 1946 mit der Bildung der Bi-Zone begann[1] und 1949 zur Errichtung der separaten Bundesrepublik führte. Mit tiefer Sorge sieht die werktätige und friedliebende Bevölkerung Westdeutschlands, daß ihre Heimat durch die Pariser Verträge nun auf ein halbes Jahrhundert zu einem amerikanischen Protektorat gemacht wird. Das Gerede von der Souveränität ist also ein glatter Betrug. Die Mehrheit der westdeutschen Bevölkerung wendet sich entschieden gegen einen militaristischen Obrigkeitsstaat, in dem bankrotte Hitlergenerale eine neue Wehrmacht kommandieren. Jeder vaterlandsliebende Deutsche versteht, daß die Verteidigung einer remilitarisierten Bundesrepublik unter amerikanischer Botmäßigkeit mit der souveränen Deutschen Demokratischen Republik unmöglich ist.

Zehn Jahre nach der Beendigung des Hitlerkrieges kann sich das deutsche Volk mit dieser Lage jedoch nicht abfinden. Es verlangt die friedliche Wiedervereinigung in einem demokratischen und unabhängigen Deutschland. [...] Durch den einheitlichen Kampf der Arbeiterklasse, durch den Zusammenschluß aller friedliebenden Deutschen kann erreicht werden, daß die USA und Großbritannien auf ihre Pläne verzichten müssen, Westdeutschland zur Militärbasis und zum Aufmarschgebiet für neue Kriegsabenteuer zu machen. Ein solcher Volkskampf schafft die Voraussetzungen, damit neue Verhandlungen über einen Friedensvertrag mit einem demokratisch geeinten Deutschland möglich werden.

Darum ist der Tag der Befreiung auch ein Tag der Mahnung an alle vaterlandsliebenden Deutschen, sich fest zusammenzuschließen, um durch gemeinsamen Kampf die Annullierung der Pariser Verträge zu erzwingen und damit das Haupthindernis für die deutsche Wiedervereinigung zu beseitigen. [...]

Wilhelm Pieck: Verteidigen wir unsere Errungenschaften! Rundfunkansprache des Präsidenten an alle Deutschen zum 10. Jahrestag der Befreiung. Zitiert nach: Neues Deutschland, Organ des Zentralkomitees der Sozialistischen Einheitspartei Deutschlands, Nr. 107, 8. Mai 1955, S. 1. (Rechtschreibung wie im Original)

Hinweise zum Autor und zum Material:
Wilhelm Pieck (1876–1960): von 1949 bis 1960 erster und einziger Präsident der Deutschen Demokratischen Republik.
Die Rundfunkansprache hielt Pieck am Abend des 7. Mai 1955. Sie wurde am nächsten Tag in mehreren großen Zeitungen der DDR abgedruckt.

Zugelassene Hilfsmittel: Wörterbuch zur deutschen Rechtschreibung

Anmerkung:
1 Der amerikanisch-britische Vertrag über die Bildung des Vereinigten Wirtschaftsgebietes der Bizone trat am 1. Januar 1947 in Kraft.

Lösungsvorschläge

Diese Aufgabe entspricht den folgenden aktuellen Schwerpunktthemen:

- ***Inhaltsfeld 6:** Nationalismus, Nationalstaat und deutsche Identität im 19. und 20. Jahrhundert*
  - *Nationale Identität unter den Bedingungen der Zweistaatlichkeit in Deutschland*
- ***Inhaltsfeld 7:** Friedensschlüsse und Ordnungen des Friedens in der Moderne*
  - *Konflikte und Frieden nach dem Zweiten Weltkrieg*

1. *Die erste Teilaufgabe verlangt von Ihnen, die vorliegende Quelle zu analysieren. Dazu gehört es, dass Sie diese zunächst kurz vorstellen, indem Sie den Autor, die Adressaten, die Quellengattung, den Erscheinungszeitpunkt, den Anlass, das Thema und die Intention des Textes nennen. Anschließend müssen Sie den gedanklichen Aufbau der Quelle und ihren Inhalt wiedergeben. Dabei können Sie entweder dem Textverlauf folgen oder Ihre Analyse nach übergreifenden Gesichtspunkten gliedern. Auch eine Mischform ist denkbar. Vergessen Sie nicht, Ihre Ausführungen mithilfe direkter und indirekter Zitate am Text zu belegen und durch die Verwendung des Konjunktivs die Distanz zur Quelle zu wahren.*

Einleitung
Quelle, Autor
Anlass
Datierung
Thema
Veröffentlichung

Bei der vorliegenden schriftlichen Quelle handelt es sich um einen Auszug aus einer **Ansprache**, die **Wilhelm Pieck** – zu diesem Zeitpunkt Präsident der Deutschen Demokratischen Republik (DDR) – anlässlich des **zehnten Jahrestags der deutschen Kapitulation** im Zweiten Weltkrieg am 7. Mai 1955 im Radio gehalten hat. Zwei Tage zuvor waren die **Pariser Verträge** in Kraft getreten, durch welche die **Bundesrepublik weitgehende Souveränitätsrechte** erhielt und Mitglied der **NATO** wurde. Pieck beleuchtet in seiner **politischen Rede** die **Entwicklung der beiden deutschen Staaten** seit der Niederlage im Zweiten Weltkrieg. Seine Ansprache wurde am 8. Mai 1955 unter dem Titel „Verteidigen wir unsere Errungenschaften!" in der Zeitung „Neues Deutschland", dem Parteiorgan der Sozialistischen Einheitspartei Deutschlands (SED), sowie in vielen weiteren Zeitungen der DDR veröffentlicht.

Somit richtet sie sich in erster Linie an die **Bevölkerung der DDR**, indirekt aber auch an alle anderen Deutschen (vgl. Z. 1). Dem Redner geht es darum, die Entwicklung der **DDR als Erfolgsgeschichte** darzustellen und **für die Wiedervereinigung zu werben**.

Adressaten

Intention

strukturierte Textwiedergabe

1. Teil:

Beurteilung des Kriegsendes für Deutschland

Nach einer direkten Anrede seiner Zuhörerschaft (vgl. Z. 1 f.) bewertet Wilhelm Pieck in einem **ersten Teil** (Z. 3–39) das **Kriegsende** aus mehreren Perspektiven **positiv für die Entwicklung der DDR**. So stellt er fest, dass die Kapitulation im Mai 1945 die endgültige **Diskreditierung des deutschen Militarismus und Imperialismus** bedeutet habe. Der 8. Mai 1945 müsse für die Deutschen deshalb als eine „**Erlösung** aus endlosem Krieg" (Z. 9) gesehen werden.

Beschreibung der Situation in der unmittelbaren Nachkriegszeit

Die unmittelbare **Nachkriegszeit** sei geprägt gewesen vom **völligen Zusammenbruch** der Infrastruktur, was Hunger, Krankheit und einen **Mangel an grundlegenden Gütern** wie Wasser und Strom nach sich gezogen habe (vgl. Z. 10 ff.). In dieser Lage hätten die **Sowjets zusammen mit den deutschen Kommunisten** – von Pieck „Antifaschisten" (Z. 13) genannt – die Initiative ergriffen und den **Wiederaufbau** in der Sowjetischen Besatzungszone (SBZ) **eingeleitet** (vgl. Z. 13 ff.). Weiterhin hätten die Sowjets die Ostdeutschen sowohl bei der Beseitigung des „kriegsschuldigen Imperialismus und Militarismus" (Z. 21) als auch bei der **Errichtung eines sozialistischen Staats** unterstützt (vgl. Z. 19 ff.). Insofern war das **Kriegsende** aus Piecks Sicht ebenso ein „Tag der **Rettung** […] der Nation" (Z. 15 f.) wie ein „Tag der **Befreiung**" (Z. 22 f.).

Lob für Politik der Sowjetunion in Bezug auf Deutschland

Die **Sowjetunion** habe in der Nachkriegszeit fest an der Seite der Deutschen gestanden: Sie habe der **DDR die Souveränität zurückgegeben** und Hilfe beim **Wiederaufbau** geleistet (vgl. Z. 24 ff.). Deutschlandpolitisch habe sie sich zudem stets für einen Friedensvertrag, für das deutsche Selbstbestimmungsrecht und **für die Wiedervereinigung** eines „unabhängigen, demokratischen und friedliebenden Deutschland[s]" (Z. 26 f.) eingesetzt. Dafür sei man der Sowjetunion zu Dank verpflichtet (vgl. Z. 30 f.).

gegenwärtige und zukünftige Entwicklungen in der DDR

Pieck beendet den ersten Teil seiner Ansprache mit einem **Blick auf Gegenwart und Zukunft**. Die letzten zehn Jahre hätten zu einem **wirtschaftlichen Aufschwung** geführt, sodass die DDR-Industrie momentan im Vergleich zum kapitalistischen System vor dem Zweiten Weltkrieg das Doppelte produzieren könne (vgl. Z. 32 ff.). Die **Regierung der DDR** habe sich dabei **im Sinne der Bevölkerung** stets „in den Dienst des Friedens, des Aufbaus und des Wohlstands" (Z. 35 f.) gestellt. Dies bedeute eine Verpflichtung für die „Werktätigen" (Z. 36), die erzielten **Erfolge in Zukunft noch zu übertreffen** (vgl. Z. 36 ff.).

In einem zweiten Teil seiner Ansprache (Z. 40–55) stellt Pieck der positiven Entwicklung in der DDR seine **negative Sicht auf Westdeutschland** gegenüber. Dort hätten sich nach der Kriegsniederlage die **alten militaristischen und imperialistischen Kräfte** behauptet, weshalb Pieck die Bundesrepublik als „militaristischen Obrigkeitsstaat" (Z. 51) und die Bundeswehr als „neue Wehrmacht" (Z. 52) charakterisiert. Die sogenannten Altnazis hätten die deutschen Interessen verraten, indem sie die **US-amerikanische Politik der Spaltung** Deutschlands unterstützt hätten (vgl. Z. 43 ff.). Durch die soeben abgeschlossenen **Pariser Verträge** sei das remilitarisierte Westdeutschland endgültig von den USA abhängig geworden. Die **Souveränität der Bundesrepublik** bezeichnet Pieck daher als „**Betrug**" (Z. 50). Allerdings lehne die Mehrheit der Westdeutschen diese Politik ab, weil sie verstehe, dass unter diesen Umständen eine **Wiedervereinigung mit der DDR unmöglich** werde (vgl. Z. 50 ff.).

2. Teil:
Kritik an Entwicklungen in Westdeutschland

Wilhelm Pieck schließt seine Ansprache mit einem **Appell zur Wiedervereinigung** (Z. 56–68), die in einem „demokratischen und unabhängigen Deutschland" (Z. 58) vollzogen werden solle. Dies gelinge jedoch nur, wenn sich alle „friedliebenden Deutschen" (Z. 59 f.), worunter Pieck die **Arbeiterschaft** versteht (vgl. Z. 47 f., 58 ff.), zu einem „**Volkskampf**" (Z. 62) zusammenschlössen. Nur so könne man die **Pariser Verträge**, die das Haupthindernis einer Wiedervereinigung darstellen würden, **rückgängig machen** (vgl. Z. 66 ff.). Daher sei der 8. Mai auch „ein Tag der Mahnung" (Z. 65) an alle Deutschen, das Ziel der deutschen Einheit nicht aus den Augen zu verlieren.

abschließender Appell:
Aufforderung zu gemeinsamem Kampf der Arbeiterschaft für Wiedervereinigung

2. *Die zweite Teilaufgabe besteht aus zwei Teilen. Zunächst sollen Sie die historischen Sachverhalte, auf die Pieck sich bezieht, in den Zusammenhang der deutsch-deutschen Geschichte zwischen 1945 und 1955 einordnen. Das bedeutet, dass Sie die von Pieck nur angedeuteten Phänomene und Entwicklungen mithilfe Ihres im Unterricht erworbenen Wissens durch zusätzliche Informationen und Beispiele verdeutlichen müssen. Anschließend geht es darum, herauszustellen, wie Pieck die beiden deutschen Teilstaaten jeweils beschreibt und welche Haltung seinen Äußerungen zugrunde liegt. Achten Sie bei beiden Aufgabenteilen darauf, sich an geeigneten Stellen auf die Quelle zu beziehen.*

Wilhelm Pieck betrachtet in seinen Ausführungen die Zeitspanne zwischen der bedingungslosen **Kapitulation Deutschlands** am 8. Mai 1945 (vgl. Z. 3 ff., 8 f.) und dem gegenwärtigen **Zustand der beiden deutschen Teilstaaten** zehn Jahre

historischer Kontext

später (vgl. Z. 32). Im Folgenden soll deshalb zunächst auf die Ereignisse der **Besatzungszeit** von 1945 bis 1949 näher eingegangen werden, um anschließend die **Zweistaatlichkeit** von 1949 bis 1955 zu beleuchten.

Deutschland in der Besatzungszeit

Probleme der unmittelbaren Nachkriegszeit

Wie es auch Pieck in seiner Rede andeutet (vgl. Z. 10 ff.), bestimmten nach der bedingungslosen **Kapitulation** Deutschlands die **Kriegsfolgen** den Alltag der Menschen. Zahlreiche deutsche **Großstädte** waren durch den Bombenkrieg **zerstört** worden. Grundnahrungsmittel und wichtige **Versorgungsgüter** waren **knapp**, sodass Wohnungsnot, Hunger und Kälte vorherrschten. Zudem mussten ca. 12 Millionen **Flüchtlinge und Vertriebene** integriert werden.

Bestimmungen der Potsdamer Konferenz

Auch die staatliche Zukunft war nach dem Krieg ungewiss. Deutschland war ein besetztes Land, in dem die oberste Regierungsgewalt von den **vier Besatzungsmächten** (USA, Großbritannien, Frankreich, UdSSR) ausgeübt wurde. Bereits auf der **Konferenz von Potsdam** (17. Juli bis 2. August 1945) zeigten sich jedoch die **gegensätzlichen Interessen der Siegermächte**, die durch die gemeinsamen Kriegsanstrengungen bisher überdeckt worden waren. Zwar hielt man an der **gemeinsamen Verwaltung** Deutschlands durch die Einrichtung eines Alliierten Kontrollrats in Berlin fest, konnte sich darüber hinaus aber nur auf „**Formelkompromisse**" bezüglich der „**5D**" (Dezentralisierung, Demilitarisierung, Denazifizierung, Demokratisierung, Demontagen) einigen. Diese Bestimmungen wurden von den Besatzungsmächten im Laufe der Zeit ganz **unterschiedlich umgesetzt**.

Weg zur Teilung Deutschlands

Während die **Sowjetunion** zur Behebung ihrer Kriegsschäden großen Wert auf **umfangreiche Demontagen** legte, strebten die **USA** danach, durch einen **raschen Wiederaufbau** einen starken **Weststaat als Bollwerk** gegen die Ausbreitung des Kommunismus zu schaffen. Zu diesem Ziel schlossen sich die britische und die amerikanische Zone 1947 zur **Bizone** zusammen, was für Pieck einen ersten Schritt auf dem Weg zur „Spaltung Deutschlands" (Z. 45) bedeutet. Doch **grenzte** sich nicht nur der **Westen zunehmend von der Sowjetzone ab**, sondern auch die **Sowjetunion trieb die Teilung Deutschlands voran**, indem sie sowohl der SBZ als auch den anderen osteuropäischen Staaten in ihrem Machtbereich die **Teilnahme am European Recovery Program** (ERP) der USA **untersagte**. Dieses auch Marshallplan genannte Unterstützungsprogramm sollte ab 1948 den **Wiederaufbau Europas** sowie die Ausrichtung der europäischen Wirtschaft nach dem amerikanischen Vorbild fördern. Während die westlichen Besatzungszonen also Kredite, Waren,

Rohstoffe und Lebensmittel aus den USA erhielten, betrieb die Sowjetunion im Ostteil Deutschlands eine **Sozialisierungspolitik**, mit der die Enteignung von Großgrundbesitz und Schwerindustrie einherging. Außerdem trat die Sowjetunion im März 1948 aus dem Alliierten Kontrollrat aus, was die Verhärtung der Fronten im entstehenden **Ost-West-Konflikt** offen zutage treten ließ.

Scheitern einer gemeinsamen Deutschlandpolitik

Die zunächst geplante gemeinsame Deutschland-Politik scheiterte endgültig, als die USA am 20. Juni 1948 in den **Westzonen** eine **Währungsreform** durchführten. Die Sowjetunion reagierte darauf mit der **Einführung der Ostmark in der SBZ** und verhängte eine **Blockade über Westberlin**. Die Westsektoren der Stadt mussten daraufhin fast ein Jahr lang über eine Luftbrücke von den Westalliierten mit Lebensmitteln versorgt werden („Rosinenbomber").

Zweistaatlichkeit in Deutschland

doppelte Staatsgründung im Rahmen des Kalten Kriegs

Mit der Übergabe der **Frankfurter Dokumente** an die westdeutschen Ministerpräsidenten am 1. Juli 1948 leiteten die Westalliierten schließlich die **Gründung eines westdeutschen Teilstaats** ein. Der indirekt gewählte **Parlamentarische Rat** sollte über eine vorläufige Verfassung, das **Grundgesetz**, entscheiden, das am 23. Mai 1949 verkündet wurde. Pieck spricht in diesem Zusammenhang in seiner Rundfunkansprache von der „Errichtung der separaten Bundesrepublik" (Z. 46). Als Reaktion darauf wurde am 7. Oktober 1949 mit Zustimmung der Sowjetunion die **Deutsche Demokratische Republik (DDR) gegründet**. Beide deutsche Staaten wurden bis 1955 in den jeweiligen politisch-militärischen **Machtblock des Kalten Kriegs** integriert. Konrad Adenauer trieb als Bundeskanzler die **Westintegration** der Bundesrepublik voran, um schrittweise **Souveränitätsrechte** von den Siegermächten **zurückzuerlangen**. 1951 wurde die Bundesrepublik in den **Europarat** aufgenommen, 1952 gründete sie gemeinsam mit Frankreich, Italien und den Benelux-Staaten die **Montanunion**. Am 5. Mai 1955 – zwei Tage vor der Ansprache Piecks – traten schließlich die **Pariser Verträge** in Kraft (vgl. Z. 48 f.). Mit diesen wurde die Bundesrepublik in das **nordatlantische Verteidigungsbündnis** (NATO) aufgenommen, womit für Pieck einhergeht, dass „Westdeutschland zur Militärbasis und zum Aufmarschgebiet für neue Kriegsabenteuer" (Z. 61 f.) gemacht wird. Zeitgleich erhielt die Bundesrepublik mit Ausnahme der Verantwortlichkeiten der Siegermächte für Westberlin und Deutschland als Ganzes die **fast vollständige Souveränität** zurück. Am 14. Mai 1955 reagierte die Sowjetunion darauf mit der **Gründung des Warschauer Pakts** als Militärbündnis zwischen der

UdSSR, den kommunistischen Staaten Osteuropas und der DDR.

Auch **wirtschaftlich** entwickelten sich in beiden deutschen Staaten **unterschiedliche Systeme:** In der **Bundesrepublik** wurde die **Soziale Marktwirtschaft** eingeführt, in der die Regierung durch sozialstaatliche Maßnahmen Härten des Kapitalismus abfedern sollte. Mit diesem Konzept erlebte die Bundesrepublik in den 1950er-Jahren einen rasanten wirtschaftlichen Aufschwung („**Wirtschaftswunder**"), der zu einem deutlichen Rückgang der Arbeitslosigkeit und zu bescheidenem Wohlstand führte. So trugen die wirtschaftlichen Weichenstellungen zur **Akzeptanz des Weststaats in der Bevölkerung** bei.

unterschiedliche Systeme in West und Ost:

Soziale Marktwirtschaft und „Wirtschaftswunder" in der Bundesrepublik

Demgegenüber gestaltete sich die wirtschaftliche Entwicklung in der **DDR** weitaus schwieriger. Die Umstellung auf eine **staatlich gelenkte sozialistische Planwirtschaft** durch Bodenreform und Kollektivierungsmaßnahmen hatte eine deutlich **geringere Produktivität** als im Westen zur Folge. Am 17. Juni 1953 zeigte sich die Unzufriedenheit der Bevölkerung mit dieser Entwicklung: Die Erhöhung von Arbeitsnormen bei niedrigeren Löhnen führte zu einem spontanen **Arbeiteraufstand in Ostberlin**, der sich rasch auf das gesamte Land ausweitete und schließlich mit sowjetischer Militärhilfe **gewaltsam niedergeschlagen** wurde.

sozialistische Planwirtschaft in der DDR

Sichtweise Wilhelm Piecks

positive Einschätzung der DDR

Für Wilhelm Pieck stellt jedoch die Entwicklung im Osten eine Erfolgsgeschichte dar, die aus seiner Sicht die **DDR** zu einem **positiven Gegenmodell zur Bundesrepublik** macht (vgl. Z. 32 ff.). Für ihn hat die DDR aus der totalen Niederlage 1945 die richtigen Konsequenzen gezogen und den vollständigen **Bruch mit** den negativen historischen Traditionen des **Militarismus**, **Imperialismus und Kapitalismus** herbeigeführt (vgl. Z. 19 ff.). Nur so sei ein antifaschistischer und demokratischer Neubeginn ermöglicht worden. Voraussetzung dafür sei die **Bündelung aller antifaschistischen Kräfte** gewesen: Dies betrifft nach Pieck die Kooperation der deutschen Kommunisten mit den Sowjets (vgl. Z. 12 ff., 19 ff., 27 ff.), aber auch die **Übereinstimmung** der Interessen und Ziele der **DDR-Regierung mit** den Wünschen **der Bevölkerung** (vgl. Z. 34 ff.). Entsprechend wird die **Sowjetunion** nicht als Besatzungsmacht gesehen, sondern als zupackende **Helferin** in der Versorgungskrise der Nachkriegszeit (vgl. Z. 12 f.), als konsequente **Unterstützerin** im Kampf gegen den Faschismus (vgl. Z. 19 ff.) und als selbstlose **Anwältin für** die Interessen eines **souveränen und demokratischen Deutschlands** (Z. 24 ff.).

Die **Bundesrepublik** dagegen stehe in der Kontinuität der **negativen** und unheilvollen **Traditionen der deutschen Geschichte**. Sie sei ein „militaristische[r] Obrigkeitsstaat" (Z. 51), in dem die „alten Kräfte des deutschen Imperialismus" (Z. 42 f.) wieder die Macht ausüben würden. Diese betreiben laut Pieck eine **Politik der Spaltung** in zwei Richtungen: Nach außen, indem sie die antikommunistische Politik der USA und Großbritanniens sowie die **deutsche Teilung unterstützen** würden (vgl. Z. 43 ff.), und nach innen, da ihre **Politik im Gegensatz zu** den Wünschen der **westdeutschen Bevölkerungsmehrheit** stehe (vgl. Z. 47 ff.). Entsprechend charakterisiert Pieck die Haltung der **westlichen Besatzungsmächte als eigennützig** und interessengeleitet. Die USA hätten die **Bundesrepublik** zu einem nur scheinbar souveränen „**Protektorat**" (Z. 49) gemacht. Westdeutschland diene ihnen als „Militärbasis und […] Aufmarschgebiet" (Z. 61) für einen **neuen Krieg**. Diese Politik, die laut Pieck in den Pariser Verträgen gipfelt, mache einen Friedensvertrag und ein **demokratisch geeintes Deutschland unmöglich** (vgl. Z. 65 ff.).

negative Einschätzung der Bundesrepublik

Im Ergebnis schlägt die **DDR** in Piecks Darstellung die Bundesrepublik auf allen Gebieten: **Wirtschaftlich** sei sie **doppelt so stark** wie der Kapitalismus vor dem Zweiten Weltkrieg, nach innen geeint und eine **wahre Demokratie**, außenpolitisch **souverän und gleichberechtigt** sowie durch den konsequenten Bruch mit der deutschen Vergangenheit **moralisch überlegen**. Mit dieser Ansicht steht Pieck in der **antifaschistischen Gründungstradition der DDR**, die eine zentrale Grundlage für die Legitimation und das Selbstverständnis des Oststaats in Abgrenzung zur Bundesrepublik bildete.

Fazit

3. *In der dritten Teilaufgabe geht es darum, ein Sachurteil zu Piecks Einschätzungen zu fällen. Sie müssen also auf der Grundlage von Teilaufgabe 2 und Ihres weiteren Kontextwissens überprüfen, inwieweit es Aspekte gibt, die Piecks Blick auf die Geschichte der DDR, die Bundesrepublik und die Siegermächte bestätigen oder einschränken bzw. entkräften. Dabei ist es sinnvoll, sowohl zustimmende als auch relativierende Gesichtspunkte näher auszuführen.*

Wie die vorherigen Ausführungen gezeigt haben, betrachtet Pieck die **DDR in einem sehr positiven Licht**, während er die **Bundesrepublik** als Störerin des Friedens und **Verursacherin von Spannungen** darstellt. Im Folgenden soll deshalb untersucht werden, inwieweit Piecks Sichtweise auf die beiden deutschen Staaten sowie die Politik der Siegermächte zutreffend ist.

Hinführung zur Beurteilung

Piecks Feststellung einer **personellen Kontinuität** zwischen dem NS-Staat und der frühen Bundesrepublik ist nicht von der Hand zu weisen. So zog sich die Entnazifizierung nach der Bestrafung der Hauptkriegsverbrecher (Nürnberger Prozesse) in den westlichen Besatzungszonen zunächst länger hin, weil man versuchte, den **Grad individueller Schuld und Belastung** eines jeden Deutschen zu ermitteln. Im Zuge des sich verschärfenden Ost-West-Konflikts wurde die **Entnazifizierung** dann relativ **abrupt beendet**, ohne dass alle Verfahren abgeschlossen waren. Weiterhin bedienten sich die Besatzungsmächte und auch die spätere Bundesrepublik zahlreicher im Nationalsozialismus **belasteter Führungskräfte**, z. B. in Medizin, Justiz, Verwaltung und Industrie, um ein reibungsloses Funktionieren des Staats zu gewährleisten. Im Ergebnis wurde die **NS-Vergangenheit** nicht vollständig aufgearbeitet, sondern **verdrängt**.

zustimmende Aspekte
unvollständige und inkonsequente Entnazifizierung im Westen

Richtig ist auch, dass die **besatzungspolitischen Entscheidungen** der USA und Großbritanniens seit Gründung der Bizone die deutsche **Teilung immer wahrscheinlicher** machten. Zudem stand unter der Regierung Adenauer die **Westintegration im Vordergrund**, was die Wiedervereinigung zu einem eher nachgeordneten und langfristigen Ziel werden ließ. Adenauer wollte durch die **Westbindung** die bundesdeutsche Souveränität wiedererlangen und die Sicherheit der Bundesrepublik vor dem Kommunismus garantieren. Aus diesem Grund **lehnte** er Vorschläge der Sowjetunion zum Abschluss eines Friedensvertrags oder zur Wiedervereinigung – z. B. in der **Stalin-Note** von 1952 – als Versuch **ab**, die Annäherung an den Westen zu stören und Gesamtdeutschland in den sowjetischen Machtbereich zu integrieren.

Beförderung der deutschen Teilung durch Politik im Westen

Die Politik der **Westintegration** wurde allerdings **nicht** von allen politischen Kräften **widerspruchslos geteilt:** Die **SPD** stellte die **Wiedererlangung der Einheit** in den Vordergrund ihrer Politik und plädierte für ein **neutrales Gesamtdeutschland** als dritte Kraft neben den beiden Supermächten USA und UdSSR. Die **Kontroverse** über den richtigen Weg in der Deutschlandpolitik prägte die innenpolitische Diskussion der ersten Hälfte der 1950er-Jahre ebenso wie die heftigen **Debatten über die deutsche Wiederbewaffnung**. Insofern hat Pieck recht, wenn er darauf verweist, dass die Politik der Westbindung und damit der Teilung nicht von allen Deutschen unterstützt wurde.

Kritik an Adenauers Politik der Westintegration in der Bundesrepublik

Man muss jedoch feststellen, dass bestimmte Aspekte von Pieck einseitig und zum Teil übertrieben dargestellt werden. So ist seine Version von einer uneigennützigen sowjetischen Politik zu relativieren. Die **Demontagen und Reparationsentnahmen**

relativierende Aspekte
Rolle der Sowjetunion im Vorfeld der Teilung

durch die Sowjetunion, die noch bis in die 1950er-Jahre andauerten und von Pieck mit keinem Wort erwähnt werden, sollten sowjetische Kriegsschäden kompensieren und belasteten den wirtschaftlichen Aufbau in der SBZ stark. Des Weiteren diente die schnelle sozialistische Umgestaltung der SBZ der **Einbindung Ostdeutschlands in den sowjetischen Sicherheitsgürtel** von Satellitenstaaten westlich der UdSSR. Diese Maßnahmen **verschärften** genau wie die Vorbereitung einer Oststaatsgründung seit 1947 oder die Berlin-Blockade 1948 das **Misstrauen der Westmächte** gegenüber den sowjetischen Zielen. So nahm auch die Sowjetunion die deutsche Teilung zumindest billigend in Kauf.

Unzufriedenheit der DDR-Bevölkerung mit Politik der Regierung

Ähnlich kritisch ist Piecks Behauptung vom Erfolg der ostdeutschen Wirtschaftspolitik sowie einer **Übereinstimmung der Interessen und Ziele von DDR-Regierung und -Bevölkerung** zu betrachten. Zwar stieg auch in der DDR der Lebensstandard an, was die Versorgungslage verbesserte. Dennoch lag das **Wirtschaftsniveau** deutlich **unter dem westdeutschen**. Zudem verschlechterte sich die Lage nach 1953 zunehmend und die staatlich gelenkte Produktion konnte mit der Nachfrage nicht Schritt halten. Wie der **Arbeiteraufstand** von 1953 zeigt, herrschte durchaus Unzufriedenheit mit dem DDR-Regime und seiner Wirtschaftspolitik. Dieser Unmut führte dazu, dass bis zum **Mauerbau** 1961 zahlreiche Menschen der DDR den Rücken kehrten.

unzutreffende Einschätzung der Pariser Verträge

Letztendlich ist auch Piecks Deutung, dass die **Bundesrepublik durch die Pariser Verträge ein „Protektorat"** (Z. 49) der USA geworden sei, übertrieben. Die Pariser Verträge gewährten Westdeutschland nur zehn Jahre nach dem Zweiten Weltkrieg eine **weitreichende** und nicht nur scheinbare **Souveränität**. Die Bundesrepublik wurde im europäischen Einigungsprozess und im Rahmen der **NATO** ein **gleichberechtigter Partner**. Auch lässt sich aus den innenpolitischen Diskussionen um den Zielkonflikt zwischen **Westintegration** und Wiedervereinigung nicht schließen, dass der überwiegende Teil der westdeutschen Bevölkerung gegen die Westintegration war. Ein **antikommunistischer Grundkonsens** in der Bundesrepublik spätestens seit der Berlin-Blockade, der Gewinn an Souveränität sowie die Garantie von Freiheit und wirtschaftlichem Wohlstand durch die USA fanden **breite Zustimmung**. Diese zeigt sich auch darin, dass **Adenauer** 1957 trotz des Zurückstellens einer aktiven Wiedervereinigungspolitik die **absolute Mehrheit** erringen konnte.

Insgesamt wird deutlich, dass Pieck die **Politik** und die Absichten **des Westens einseitig negativ** darstellt, die **Leistungen der ostdeutschen** und sowjetischen **Politik** dagegen positiv **überhöht**. Seine Sichtweise ist geprägt vom antifaschistischen **Gründungskonsens der DDR**, nach dem der ostdeutsche Teilstaat sich durch den Aufbau des Sozialismus auf der „richtigen" Seite der Geschichte befinde, während die **Bundesrepublik in der Kontinuität zum** Militarismus und Imperialismus des besiegten **Nationalsozialismus** stehe. Piecks Rundfunkansprache muss also als Teil der **SED-Propaganda** kritisch infrage gestellt und in Teilen zurückgewiesen werden. **Fazit**

B: Analyse von Darstellungen und kritische Auseinandersetzung mit ihnen

Aufgabenstellung Punkte

1. Analysieren Sie den Text. 26

2. Erläutern Sie ausgehend vom Text Stärken und Erfolge der Weimarer Republik *(14 Punkte)* und arbeiten Sie lang- und kurzfristige Belastungsfaktoren der Weimarer Republik heraus *(14 Punkte).* 28

3. Nehmen Sie zu der Aussage des Autors Stellung, dass man die Weimarer Republik nicht mehr als eine schwache Demokratie bezeichnen sollte (vgl. Z. 68 f.). 26

M: Tim B. Müller: Die starke Demokratie

Nicht nur im Fußball kennt man die Art von Berichterstattung, in der sich mit dem Ergebnis – und oft sogar dem aktuellen Spielstand – die Bewertung ändert. Wer siegt, hat zuvor alles richtig gemacht; wer verliert, bei dem war es schon lange abzusehen: Mentalität, Taktik, Nachwuchsarbeit, alles in der Krise. Intellektuell überzeugend sind solche Urteile nicht. Sie verdoppeln einfach, was auf dem Platz gerade zu sehen ist, verlängern es in die Vergangenheit und kleiden es in die Sprache der Kausalität. Die klügeren Sportreporter spotten gern selbstironisch über diese Standards ihres Metiers.

Einer ähnlich selbstkritischen Haltung bedarf es bei Historikern, vor allem, wenn es um die Geschichte der deutschen Demokratie im Allgemeinen und um die Geschichte der Weimarer Republik im Besonderen geht. Zu groß ist hier die Verlockung, die Niederlage von 1933 kausal zu verdoppeln und den Anschein einer Notwendigkeit zu beschwören: Weil die Katastrophe eingetreten ist, muss sie sich ja aus dem Vorherigen ergeben haben. […]

Die jüngere Forschung hat diese Gewissheiten infrage gestellt. Was immer die Probleme der Weimarer Republik waren, wir können wenig darüber herausfinden, wenn unser Blick von den Nationalsozialisten ausgeht, die ihre Terrorherrschaft 1933 mit Gewalt etablierten, ihre Gegner zum Schweigen brachten, vertrieben oder ermordeten. […]

Die Weimarer Republik war nach damaligen Begriffen eine stabile Demokratie. Sie hatte früher als andere auch die Frauen zu Staatsbürgern gemacht und ihnen das gleiche Wahlrecht eröffnet. Ihre Sozialpolitik wurde weithin bewundert und zunehmend als Bürgerrecht und Ausdruck der Menschenwürde verstanden. Die staatsrechtliche und politische Debatte über Grundrechte, die Aufgaben des Staates und die Demokratie war brillant und bietet Anregungen bis heute. Die soziale Marktwirtschaft, der regulierte Kapitalismus, wurde erstmals experimentell erkundet. Die Republik war wehrhaft und verbot immer wieder demokratiefeindliche Organisationen. Mehr begeisterte Demokraten hätten ihr zweifellos gutgetan, aber deren Zahl war auch in anderen Demokratien jener Zeit noch gering.

Und wie ungerecht wäre es, zu übersehen, dass die Mitglieder des demokratischen „Reichsbanners Schwarz-Rot-Gold" noch 1932 die Anzahl der SA-Mitglieder sowie der deutsch-nationalen und kommunistischen Massenorganisationen zusammengenommen um ein Mehrfaches übertrafen. Nein, die Weimarer Demokratie war nicht schwach. Weder war sie von Anfang an zum Scheitern verurteilt noch 1930 am Ende, als die große Koalition zerbrach und die Präsidialkabinette begannen, noch nicht einmal 1932, als mit Franz von Papen erstmals ein antidemokratischer Politiker an die Macht kam.

[…] „Der Wendepunkt ist da", stellte das führende liberal-demokratische Blatt der Republik fest. Die NSDAP, zuvor geradezu zur Volkspartei angewachsen, war entzaubert und erlebte nun eine „Serie von Mißerfolgen und Verlusten". Für die *Frankfurter Zeitung* galt als erwiesen, „daß nichts falscher ist, als den Geist der freiheitlichen Demokratie in Deutschland totzusagen". Im Jahr 1932 habe „die Demokratie […] nicht weiter gelitten; sie hat während des letzten halben Jahres geradezu einen Triumph erlebt"[1].

Man kann solche Äußerungen nicht mit den alten Deutungsmustern begreifen; man muss sie zum Ausgangspunkt neuer Fragen an die Weimarer Demokratie machen. Das rechte Bürgertum integrierte sich nur langsam, die extreme Wirtschaftskrise erschütterte die Welt seit 1929, verschärft seit 1931, und trieb die Arbeitslosigkeit in extreme Höhen. Hunger und Leid waren real. Dass Brünings Sparpolitik diese Not zunächst verstärkte, dass sozialpolitische Hilfsmaßnahmen und mehr politisches Pathos geholfen hätten, steht außer Zweifel. Aber all diese Belastungen zerstörten weder die Demokratie, noch brachten sie Hitler an die Macht.

Wenn wir die Einsicht der internationalen Forschung berücksichtigen, nach der Demokratie eine Geschichte voller Widersprüche ist, dann kann dem demokratischen Experiment von Weimar endlich die historische Gerechtigkeit nüchterner Betrachtung widerfahren. Diese junge Demokratie, Teil einer Welt junger Demokratien, kam ziemlich weit voran mit ihrem Versuch, eine Balance der Grundspannung zwischen Volkssouveränität und Rechtsstaat, effizientem Regieren und Massenpartizipation herzustellen. […]

Eine überzeugende Geschichtswissenschaft kann die Vergangenheit nicht an späteren Gewissheiten messen, sie muss erforschen, welche Geschichte für die Zeitgenossen denkbar und machbar war, also ihre Zukunft, den Horizont ihrer Erwartungen. Woran Weimar gescheitert ist? Wir wissen noch viel zu wenig darüber, wir müssen noch viel genauer hinschauen. Aber so viel ist klar: Die Demokratie lässt sich nicht restlos absichern. Und wie auf dem Spielfeld ist auch in der Geschichte – und besonders in der Geschichte der katastrophalen Wirtschaftskrise – immer mit dem Faktor Kontingenz[2] zu rechnen, mit dem Zufall, damit, dass zur falschen Zeit die falschen Männer am falschen Ort sind. Aber dass die Weimarer Republik eine schwache Demokratie war, das sollte man einfach nicht länger behaupten.

Tim B. Müller: Die starke Demokratie. In: ZEIT Geschichte Nr. 3/2016, 06. 11. 2016, S. 66 –71. (Rechtschreibung und Hervorhebungen wie im Original)

Hinweise zum Autor:
Tim B. Müller ist ein deutscher Historiker.

Anmerkungen:
1 So die liberale Frankfurter Zeitung am 1. Januar 1933.
2 Kontingenz, *hier:* der Einfluss des nicht kalkulierbaren Zufalls auf die Geschichte.

Zugelassene Hilfsmittel: Wörterbuch zur deutschen Rechtschreibung

---

Lösungsvorschläge

Diese Aufgabe entspricht den folgenden aktuellen Schwerpunktthemen:
- ***Inhaltsfeld 4:** Die moderne Industriegesellschaft zwischen Fortschritt und Krise*
  - *Ursachen und Folgen der Weltwirtschaftskrise 1929*
- ***Inhaltsfeld 5:** Die Zeit des Nationalsozialismus – Voraussetzungen, Herrschaftsstrukturen, Nachwirkungen und Deutungen*
  - *Politische und ideologische Voraussetzungen des Nationalsozialismus*
- ***Inhaltsfeld 7:** Friedensschlüsse und Ordnungen des Friedens in der Moderne*
  - *Internationale Friedensordnung nach dem Ersten Weltkrieg*

1. *Die erste Teilaufgabe verlangt von Ihnen die Analyse eines Darstellungstextes. Dabei ist es wichtig, diesen zunächst kurz vorzustellen, indem Sie den Autor, die Adressaten, den Titel, die Textsorte, den Erscheinungszeitpunkt sowie Thema und Intention der Veröffentlichung nennen. Anschließend müssen Sie die zentralen Inhalte strukturiert und komprimiert in Ihren eigenen Worten wiedergeben. Dies gelingt Ihnen, indem Sie eine Einteilung nach Sinnabschnitten vornehmen und den Argumentationsgang herausarbeiten. Vergessen Sie nicht, sich an passenden Stellen mithilfe direkter und indirekter Zitate auf den Text zu beziehen.*

Einleitung
Autor, Textsorte
Titel, Datierung
Thema
Adressaten
Intention

Der **Historiker** Tim B. Müller behauptet in seinem **Artikel** „Die starke Demokratie", der 2016 in der Zeitschrift „ZEIT Geschichte" veröffentlicht wurde, dass die **Weimarer Republik** im Gegensatz zur allgemein verbreiteten Ansicht **stark** und überlebensfähig war. Im vorliegenden Auszug seiner **Darstellung** geht es Müller darum, den geschichtsinteressierten Leserinnen und Lesern der populärwissenschaftlichen Zeitschrift aufzuzeigen, dass man die **erste deutsche Demokratie** aus ihrer Zeit heraus verstehen müsse und sie **nicht allein von ihrem Ende her beurteilen** dürfe.

strukturierte Textwiedergabe
Forderung nach einer Neubewertung der Weimarer Republik

In einem ersten Sinnabschnitt seines Textes (Z. 1–19) plädiert der Historiker für eine **Neubewertung der Weimarer Republik**. So **kritisiert** er die Herangehensweise von Fachkollegen, die die **Entwicklung von ihrem Ergebnis her interpretieren** und alle vorherigen Ereignisse und Prozesse einseitig als Ursache dieses Resultats deuten würden. Müller vergleicht dieses Vorgehen mit dem von Sportreportern, deren Bewertung eines

Fußballspiels oft abhängig von Spielstand oder Ergebnis sei (vgl. Z. 1 ff.). Gerade im Hinblick auf die Weimarer Republik sei diese **Methode unangemessen** und müsse vermieden werden (vgl. Z. 9 ff.). Müller fordert also, die wissenschaftliche **Betrachtung der Weimarer Republik** stärker **von ihrer „Niederlage** von 1933“ (Z. 12) **abzukoppeln**. Nur dann könne man einen unverstellten Blick auf die Probleme der Weimarer Republik erlangen (vgl. Z. 15 ff.).

Darstellung der Weimarer Republik als starken Staat

Um dies zu untermauern, stellt Müller die **Weimarer Republik** im nächsten Sinnabschnitt (Z. 20–44) **als starken Staat** dar. Sie sei weder „von Anfang an zum Scheitern verurteilt“ (Z. 34) gewesen noch in ihrer Endphase. Vielmehr könne man sie nach zeitgenössischen Maßstäben durchaus als **fortschrittlich** sowie als „**stabile Demokratie**“ (Z. 20) bezeichnen. Als Belege für diese Behauptung führt Müller an, dass **Frauen** in der Weimarer Republik frühzeitig gleichberechtigte Staatsbürgerinnen geworden seien und man ihnen das **Wahlrecht** zugestanden habe (vgl. Z. 21 f.). Zudem sei die **Sozialpolitik** der ersten deutschen Demokratie „weithin bewundert“ (Z. 22) worden. Die damals geführten **Diskussionen um die Grundrechte** sowie um die Aufgaben eines demokratischen Staats würden bis heute Nachwirkungen zeigen, ebenso wie die ersten Versuche, das **kapitalistische Wirtschaftssystem zu regulieren** (vgl. Z. 23 ff.). Wie in allen Demokratien der damaligen Zeit sei zwar die Anzahl überzeugter Demokraten eher gering gewesen (Z. 28 f.), doch habe es sich bei der Weimarer Republik entgegen landläufiger Vorstellungen um eine **wehrhafte Ordnung** gehandelt. Dies beweise das entschiedene **Vorgehen gegen extremistische Kräfte** (vgl. Z. 26 f.). Außerdem habe noch 1932 der **Wehrverband der demokratischen Parteien**, das „Reichsbanner Schwarz-Rot-Gold“, mehr Mitglieder gehabt als die Kampfverbände der republikfeindlichen Parteien zusammen (vgl. Z. 30 ff.). **Zu keinem Zeitpunkt** sei das **Scheitern** der Weimarer Republik vorprogrammiert oder **unausweichlich** gewesen. Dies belegen laut Müller zeitgenössische Artikel liberaler Zeitungen, die noch im Januar 1933 mit Blick auf die Stimmenverluste der NSDAP Ende 1932 ausdrücklich einen Sieg der Demokratie gefeiert hätten (vgl. Z. 38 ff.).

Relativierung von Belastungsfaktoren der Weimarer Republik

Aufgrund dieser Beobachtungen müsse man auch die **Belastungsfaktoren** der Republik **relativieren**, was Müller im nächsten Sinnabschnitt ausführt (Z. 45–52). Weder das **antidemokratische Denken** im konservativen Bürgertum noch die immense **Arbeitslosigkeit** und das Elend in der **Weltwirtschaftskrise** oder die **Deflationspolitik Brünings** hätten zwangsläufig die Weimarer Republik zerstört (vgl. Z. 47 ff).

Folglich kommt Müller im letzten Teil seiner Ausführungen (Z. 53–69) zu dem Schluss, dass man die **Deutung der Weimarer Republik** um wesentliche Aspekte erweitern müsse. So habe die internationale Forschung nachgewiesen, dass **demokratische Entwicklungen nie geradlinig** verlaufen würden (vgl. Z. 53 f.). Vor diesem Hintergrund könne man der Weimarer Republik ein vergleichsweise erfolgreiches **Ausbalancieren der verschiedenen Spannungsfelder** in einem demokratischen Staat bescheinigen (vgl. Z. 56 ff.). Weiterhin müsse man Geschichte stärker aus der **Perspektive der Zeitgenossen** untersuchen, anstatt sie nur von einem bestimmten Endpunkt her zu betrachten (vgl. Z. 60 ff.). In diesem Zusammenhang verweist Müller auf den **Faktor Zufall:** Eine Demokratie lasse sich nie völlig absichern und man könne niemals ausschließen, dass „zur falschen Zeit die falschen Männer am falschen Ort sind" (Z. 67 f.). Schlussendlich bekräftigt der Historiker, dass – auch wenn man noch viel zu wenig über die Gründe für das Scheitern der ersten deutschen Demokratie wisse (vgl. Z. 63 f.) – die **Weimarer Republik keine schwache Demokratie** gewesen sei (vgl. Z. 68 f.).

Neubewertung der Weimarer Republik

2. *Die zweite Teilaufgabe ist zweigeteilt. In einem ersten Schritt sollen Sie, ausgehend von Müllers Darstellung, Stärken und Erfolge der Weimarer Republik zusammenhängend beschreiben und mithilfe Ihres im Unterricht erworbenen Wissens weiter ausführen. Für eine nachvollziehbare Strukturierung bietet es sich an, Oberbegriffe zu finden wie „Politik", „Wirtschaft" und „Gesellschaft". In einem zweiten Schritt müssen Sie Belastungen für die junge Demokratie aus dem Text herausarbeiten und in ihrem Kontext erläutern. Eine Gliederung ist Ihnen bereits in der Aufgabenstellung vorgegeben, da Sie sowohl lang- als auch kurzfristige Faktoren berücksichtigen sollen. In beiden Aufgabenteilen ist es sinnvoll, sich an geeigneten Stellen auf den Text zu beziehen.*

Müller geht im vorliegenden Textauszug auf zahlreiche **Stärken und Erfolge** der Weimarer Republik ein, die seiner Meinung nach teilweise bis heute nachwirken. So erwähnt er unter anderem das Frauenwahlrecht, die Debatte über Grundrechte, sozialpolitische Maßnahmen und den wehrhaften Charakter der Verfassung (vgl. Z. 21 ff.). Im Folgenden sollen die **positiven Errungenschaften** der Weimarer Zeit näher erläutert werden.

Stärken und Erfolge der Weimarer Republik

Mit dem Erlass der **Weimarer Reichsverfassung** am 11. August 1919 entstand in Deutschland eine Republik auf breiter **demokratischer Basis**. Neben der von Müller explizit genannten Einführung des **Wahlrechts für Frauen** (vgl. Z. 21 f.) wurde das **Wahlalter** von 25 auf 20 Jahre **herabgesetzt**. Die

Politik

Weimarer Reichsverfassung

Wahlberechtigten wählten die Abgeordneten nach dem **Verhältniswahlrecht**, bei dem jede Stimme berücksichtigt wurde, in den Reichstag. Die **Regierung** war von dessen Mehrheit abhängig und unterlag auf diese Weise der **parlamentarischen Kontrolle**. Weiterhin stärkte die Verfassung durch **plebiszitäre Elemente** wie Volksbegehren, Volksentscheid oder die Direktwahl des Reichspräsidenten die **Mitwirkungsmöglichkeiten** der Bevölkerung. Somit konnte der Obrigkeitsstaat des Kaiserreichs als überwunden gelten, da **Volkssouveränität**, **Grundrechte und Gewaltenteilung** in Deutschland Einzug gehalten hatten.

Schutzmechanismen für die Demokratie

Müller bezeichnet die Weimarer Demokratie zudem als „wehrhaft" (Z. 27), was im Hinblick auf die in der Verfassung enthaltenen **Sicherungen der Republik** berechtigt erscheint. So konnte der Reichspräsident nach **Artikel 48** in einer Gefährdungslage **Notverordnungen** mit Gesetzescharakter erlassen. Obwohl sich diese Befugnis in der Endphase der Weimarer Republik als destabilisierendes Element erweisen sollte, war sie ursprünglich zur **Verteidigung der Demokratie** gedacht. Die Verfassung durfte zudem nur mit 2/3-Mehrheit geändert werden und die Beamten waren auf dem Papier zur **Verfassungstreue** verpflichtet. Weiterhin gab es 1922 und 1930 zwei **Republikschutzgesetze**, auf deren Grundlage demokratiefeindliche Parteien, Schriften und Versammlungen verboten werden konnten. Dies führte zu mehreren **Parteienverboten** (u. a. der NSDAP), die auch Müller in seinem Artikel erwähnt (vgl. Z. 27).

Bewältigung von Krisen

Als Erfolg ist es auch zu bezeichnen, dass die Weimarer Republik sowohl innen- als auch außenpolitische **Krisen** meistern und diese **erfolgreich überwinden** konnte. So scheiterte 1920 der **Kapp-Putsch** an einem **Generalstreik**, weitere **Putschversuche** konnten mithilfe der Reichswehr **niedergeschlagen** werden und die Hyperinflation wurde mithilfe einer **Währungsreform** eingedämmt. Die Reparationsfrage wurde im **Dawes-Plan** (1924) sowie im **Young-Plan** (1929) geregelt. Darüber hinaus konnte Außenminister Gustav Stresemann durch den **Vertrag von Rapallo** 1922 sowie durch die **Verträge von Locarno** 1925 einen Ausgleich mit den ehemaligen Kriegsgegnern in Ost und West herbeiführen und so die außenpolitischen Spielräume Deutschlands erweitern. Diese Entwicklung hatte schließlich 1926 die Aufnahme Deutschlands in den **Völkerbund** und damit das **Ende der politischen Isolation** zur Folge.

Wirtschaft

Sozialpolitik

Im Bereich der Sozial- und Wirtschaftspolitik wurden **soziale Grundrechte** verankert, die laut Müller weitreichende Bewunderung hervorriefen (vgl. Z. 22). Dazu gehörten zum Beispiel der **Jugend- und Mutterschutz**. Weitere wichtige sozialpolitische Errungenschaften waren bereits im November 1918 im sogenannten **Stinnes-Legien-Abkommen** festgelegt worden. Es begründete u. a. die **Tarifautonomie** und den **Acht-Stunden-Tag**. Eine weitere bedeutende sozialpolitische Maßnahme war die Einführung der **Arbeitslosenversicherung** im Jahre 1927. Sie garantierte Arbeitslosen bis zu 39 Wochen finanzielle Unterstützung. Müller spricht im Zusammenhang mit der Sozialpolitik von einem „regulierte[n] Kapitalismus" (Z. 26), mit dem erste **Versuche zu einer sozialen Marktwirtschaft** gemacht worden seien.

Gesellschaft
kulturelle Blütezeit und Modernisierung

Kulturell war die Weimarer Republik gekennzeichnet durch eine Blüte von Literatur, Theater, Film und Musik („**Goldene Zwanzigerjahre**"). Kunstrichtungen wie der **Expressionismus** oder der **Bauhaus-Stil** waren vorherrschend. Die „neuen" Medien **Kino und Rundfunk** wurden weiten Teilen der Bevölkerung zugänglich und prägten eine neue **Massenkultur**. Vor allen in den Großstädten wurden überkommene gesellschaftliche **Normen infrage gestellt**, was z. B. im Bild der selbstbewussten, ökonomisch unabhängigen und **emanzipierten Frau** seinen Ausdruck fand.

Belastungsfaktoren der Weimarer Republik

Diesen Stärken und Erfolgen der Weimarer Republik stehen jedoch **Belastungen** gegenüber, auf die Müller ebenfalls eingeht. Dabei lassen sich Faktoren unterscheiden, die **langfristig** seit Beginn der Weimarer Republik wirkten, und solche, die erst **kurzfristig** in den letzten Jahren ihres Bestehens in Erscheinung traten.

langfristige Belastungen
Kriegsniederlage und Folgen

Langfristig war die Entstehung der Weimarer Republik geprägt von der **Kriegsniederlage**, deren Folgen den demokratischen Politikern angelastet wurden. Mit der **Dolchstoßlegende** verbreiteten ehemalige führende Militärs den Mythos, das unbesiegte deutsche Heer sei nur durch die Revolution in der Heimat zur Kapitulation gezwungen worden. Die demokratischen Politiker mussten den **Versailler Vertrag** unterzeichnen, der Deutschland durch **Gebietsabtretungen** und **Reparationen** materiell belastete, und wurden danach vor allem von rechtsgerichteten Kreisen als „Erfüllungspolitiker" verunglimpft. Für besonders große Empörung sorgte in weiten Teilen der Bevölkerung der sogenannte **Kriegsschuldartikel**, der Deutschland und seinen Verbündeten die Alleinschuld am Ausbruch des Ersten Weltkriegs zuwies und ein Gefühl nationaler Demütigung auslöste. Des Weiteren musste der neue Staat die **Kriegsanleihen** des Kaiserreichs tilgen, was eine der Ursachen für die **Hyperinflation** des Jahres 1923 war.

Um in der krisenhaften Situation 1918/19 die Verhältnisse zu stabilisieren und einen Bürgerkrieg zu verhindern, waren die Mehrheitssozialdemokraten um Friedrich Ebert **Kompromisse mit den Eliten des Kaiserreichs** eingegangen. So machten sie der Reichswehr das Zugeständnis, die militärischen Befehlsstrukturen nicht anzutasten („**Ebert-Groener-Pakt**"), und konnten so mithilfe des Militärs und von Freikorpsverbänden den kommunistischen Spartakusaufstand im Januar 1919 niederschlagen. Dies führte zur **Diskreditierung der SPD** in großen Teilen der Arbeiterschaft und vertiefte die **Spaltung der Arbeiterbewegung**, die bereits im Krieg begonnen hatte.

Zusammenarbeit mit „alten Eliten"

Auch in **Verwaltung und Justiz** blieben die **„alten Eliten"** des Kaiserreichs in der Verantwortung. Sie dachten überwiegend **konservativ und identifizierten sich nicht mit der Demokratie**. Dies hatte zur Folge, dass politische Straftaten von rechts nur mit milden Urteilen geahndet wurden (**Justiz „auf dem rechten Auge blind"**), während Vergehen von links oft übermäßig harte Strafen nach sich zogen. Ebenso waren weite Teile der übrigen Bevölkerung in ihrem Denken noch monarchistisch und **obrigkeitsstaatlich** geprägt sowie **ungeübt in demokratischen Prozessen**, worauf auch Müller in seinem Artikel hinweist (vgl. Z. 47).

Kontinuität antidemokratischer Werte

Kurzfristig kamen seit 1930 weitere Belastungsfaktoren hinzu, die von der **Staats- und Wirtschaftskrise** gekennzeichnet waren. 1930 zerbrach die letzte demokratisch gebildete Regierung unter Reichskanzler Müller an der **fehlenden Kompromissbereitschaft** der Koalitionspartner bei der Finanzierung der Arbeitslosenversicherung. Anschließend regierten seine Nachfolger Brüning, Papen und Schleicher ohne parlamentarische Mehrheit. Sie stützten sich stattdessen auf das Notverordnungsrecht des Reichspräsidenten und erließen so Gesetze ohne parlamentarische Beteiligung (**Präsidialkabinette**). Darauf weist auch Müller in seinem Artikel hin (vgl. Z. 35).

kurzfristige Belastungen

politische Instabilität in der Endphase

In dieser Zeit traf die vom New Yorker **Börsenkrach** 1929 ausgelöste **Weltwirtschaftskrise** das Deutsche Reich mit besonderer Härte und führte zu einer **Massenarbeitslosigkeit** (vgl. Z. 47 ff.), die ungefähr jede zweite Familie betraf. Die **soziale Not** und das Elend weiter Bevölkerungsteile konnten von den noch schwachen Sozialsystemen der Weimarer Republik nicht aufgefangen werden. Zusätzlich verschärft wurde die Krise durch die **Deflationspolitik** von Reichskanzler Brüning (vgl. Z. 49 f.), der versuchte, die Staatsfinanzen durch einen rigiden Sparkurs zu sanieren. Die Kaufkraft verringerte sich immer

Weltwirtschaftskrise und Massenarbeitslosigkeit

weiter und führte zu Bankrotten sowie einem Anwachsen der Arbeitslosigkeit.

Diese Krisen hatten ein **Erstarken antidemokratischer Kräfte** zur Folge. So fiel der **Aufstieg der NSDAP** zur Massenpartei in die Zeit seit 1930 und fand seinen Höhepunkt bei den Reichstagswahlen im Juli 1932. Die Nationalsozialisten verfolgten seit dem gescheiterten Putsch von 1923 das Ziel, das demokratische System mit legalen Mitteln von innen heraus auszuhöhlen („**Legalitätstaktik**“), und nutzten den Reichstag für antidemokratische Propaganda. Paramilitärische Einheiten von Kommunisten und Nationalsozialisten lieferten sich untereinander, aber auch mit dem „Reichsbanner Schwarz-Rot-Gold“, das von Müller als zahlenmäßig überlegen erwähnt wird (vgl. Z. 30 ff.), erbitterte **Saal- und Straßenschlachten**. Dies schuf **bürgerkriegsähnliche Zustände** und ließ das Vertrauen der Bevölkerung in das bestehende System schwinden.

Erstarken antidemokratischer Kräfte

Schließlich gewannen **konservative bis reaktionäre politische Kreise an Einfluss** (Müller spricht in diesem Zusammenhang davon, dass „zur falschen Zeit die falschen Männer am falschen Ort sind“, Z. 67 f.), die wie Franz von Papen die Demokratie durch ein **autoritäres Staatssystem** ersetzen und Deutschland zu alter Stärke führen wollten. Sie verfolgten das Ziel, Hitler und die NSDAP in eine konservative Koalition einzubinden, und konnten den ebenfalls **antidemokratisch denkenden**, aber zunächst zögernden **Reichspräsidenten** Hindenburg letztlich davon überzeugen, **Hitler** am 30. Januar 1933 zum **Reichskanzler** zu ernennen.

antidemokratische Einstellung Hindenburgs

3. *In der dritten Teilaufgabe geht es darum, den Schlusssatz des Textauszugs auf der Grundlage Ihres Sachwissens zu prüfen und dadurch zu einer abschließenden Einschätzung zu kommen. In Ihrer Erörterung sollten Sie zwischen zustimmenden sowie relativierenden bzw. ablehnenden Aspekten unterscheiden. Beenden Sie Ihre Ausführungen mit einem zusammenfassenden Fazit.*

Müller kommt in seinen Ausführungen zu dem Schluss, dass man die **Weimarer Republik nicht als schwache Demokratie** bezeichnen sollte (vgl. Z. 68 f.). Im Folgenden soll erörtert werden, inwiefern dieser Forderung recht zu geben ist, inwiefern sie aber auch relativiert oder zurückgewiesen werden muss.

Hinführung zur Stellungnahme

Zunächst einmal lassen sich einige Punkte finden, die Müllers Sichtweise stützen. So wurde mit der **Weimarer Reichsverfassung** eine **freiheitliche staatliche Grundordnung** etabliert, die viele Merkmale einer starken Demokratie aufwies. Beispielsweise wurde der **Reichstag demokratisch** von Männern und

zustimmende Aspekte

Verfassung mit starken demokratischen Elementen

Frauen über 20 **gewählt** und auch der Reichspräsident als Staatsoberhaupt wurde direkt vom Wahlvolk bestimmt. Zudem gab es mit Volksbegehren und Volksentscheid weitere **Elemente einer direkten Demokratie**, mit denen das Volk auf politische Entscheidungen Einfluss nehmen konnte. Der Reichstag besaß im Gegensatz zu seiner Vorgängerinstitution im Kaiserreich wirkliche **demokratische Befugnisse**, da die Regierung seines Vertrauens bedurfte und er an der **Gesetzgebung** beteiligt war. Es standen ihm also **Kontrollrechte** zu, mit denen die Macht der Exekutive beschränkt wurde. Das letztliche **Scheitern** der Weimarer Republik kann demzufolge **nicht** ursächlich der **Verfassung angelastet** werden.

erfolgreiches Überstehen von Krisen

Die Stärke der Weimarer Demokratie zeigte sich auch daran, dass sie sich **in mehreren Krisen erfolgreich** behaupten konnte. So setzte sich bereits in den Wirren der Revolution von 1918/19 das **parlamentarische System** durch, das in der Wahl zur verfassunggebenden Nationalversammlung im Januar 1919 bestätigt wurde. Die siegreichen Parteien der **Weimarer Koalition** (SPD, DDP und Zentrum) standen vorbehaltlos zur Republik und ihrer demokratischen Verfassung. Im **Krisenjahr** 1923 zeigte das entschlossene und zugleich verfassungstreue Handeln von Politikern wie Gustav Stresemann, dass die **Demokratie nicht chancenlos** war. So konnte 1924 eine **Stabilisierungsphase** eingeleitet werden, in der die Republik außenpolitische Anerkennung fand, innenpolitisch zur Ruhe kam, der Sozialstaat ausgebaut wurde und sich ein reges geistiges und kulturelles Leben entfaltete. In diese Zeit fällt auch die Gründung des **Reichsbanners „Schwarz-Rot-Gold"**, das sich für den Schutz der Republik einsetzte. Es beweist, dass sich **Teile der Bevölkerung durchaus mit der Demokratie identifizierten** und zu deren Verteidigung bereit waren.

relativierende Aspekte

Schwächen der Verfassung

Allerdings hatte die Weimarer Republik auch einige grundlegende **Mängel**, die es rechtfertigen, sie als **schwache Demokratie** zu bezeichnen. In der **Verfassungsrealität** begünstigte das demokratische Verhältniswahlrecht das Entstehen von **Klientelparteien**, die nur Einzelinteressen bestimmter Gruppen vertraten, führte zur **Zersplitterung** des Reichstags und **erschwerte stabile Regierungsbildungen**. Immer wieder wurden Regierungen durch Misstrauensvoten gestürzt, der unverhältnismäßig starke Reichspräsident („**Ersatzkaiser**") löste den Reichstag nach Artikel 25 der Verfassung auf und schrieb Neuwahlen aus. Dieses Instrument führte zusammen mit einer **missbräuchlichen Anwendung des Notstandsartikels** durch Reichspräsident Hindenburg zu einer **Aushöhlung der Verfas-**

sung in der Staatskrise seit 1930. Diese ließ das Vertrauen in die Fähigkeiten des demokratischen Systems schwinden und steigerte die **Politikverdrossenheit**.

fehlende Unterstützung für Demokratie

Zudem standen die Verantwortungsträger in Politik, Militär, Verwaltung und Justiz der pluralistischen **Demokratie teilweise** skeptisch gegenüber. Auch aufgrund mangelnder Erfahrung mit demokratischen Prozessen zeigten sie sich oft **nicht bereit**, **Kompromisse einzugehen** oder Verantwortung für das Funktionieren des Systems zu übernehmen. Doch nicht nur die „alten Eliten", sondern auch weite Teile der übrigen Bevölkerung **identifizierten sich nicht mit dem neuen Staat**. Revolutionsfurcht und Empörung über den Friedensvertrag im nationalen Bürgertum sowie die Enttäuschung über die „steckengebliebene Revolution" in der Arbeiterschaft führten zur **Ablehnung der Weimarer Republik** von rechts wie von links. Diese **fehlende Unterstützung** zeigte sich bereits in den Wahlen zum ersten Reichstag 1920, bei denen die Parteien der Weimarer Koalition ihre Mehrheit verloren. Aber auch später wurde immer wieder deutlich, dass es der Gesellschaft **an demokratischem Bewusstsein mangelte**. Gerade in Bezug auf die Endphase der Republik kann man Müller entgegenhalten, dass eine Demokratie immer nur so stark ist wie die Unterstützung, die sie aus der Bevölkerung erhält. Der Weimarer Republik muss man demzufolge eine gewisse Schwäche attestieren.

Fazit

Insgesamt zeigt sich also, dass den **Stärken** der Weimarer Republik auch erhebliche **Schwächen** gegenüberstanden. Eine **einseitige Charakterisierung** Weimars als starke Demokratie ist daher ebenso **unangemessen** wie eine Deutung als schwache Demokratie. Da allerdings, wie Müller betont, oft vor allem die Defizite der Weimarer Republik hervorgehoben werden, kann es angebracht sein, ihre **Stärken besonders herauszustellen**. Eine solche Akzentuierung rückt ins Bewusstsein, dass die **historische Entwicklung** zwischen 1918 und 1933 nicht nur für die Zeitgenossen offen war, sondern die Weimarer Demokratie auch aus heutiger Sicht **nicht zwangsläufig** in die NS-Diktatur münden musste.

Abiturprüfung NRW – Geschichte 2022
Grundkurs

Um Ihnen die Prüfung 2022 schnellstmöglich zur Verfügung stellen zu können, bringen wir sie in digitaler Form heraus.

Sobald die Original-Prüfungsaufgaben 2022 freigegeben sind, können sie als PDF auf der Plattform **MyStark** heruntergeladen werden (Zugangscode vgl. Farbseiten vorne im Buch).

Prüfung 2022

www.stark-verlag.de/mystark